战略支援部队信息工程大学著作出版基金

东盟防务外交

张 燕 著

Defence Diplomacy
in
ASEAN

时 事 出 版 社
北 京

前　言

防务外交作为一种广义的外交和安全政策工具，自冷战结束后得到快速发展。防务外交注重武装力量和相关设施间的非对抗性合作，强调通过建立战略接触增加防务透明度，改善安全困境。因此，防务外交被视为应对战略环境不确定性的重要机制，尤其是对于防务能力较弱的东盟国家而言。在本书中，东盟防务外交特指东盟成员国间、东盟成员国与域外行为体间、东盟与域外行为体间为协调防务政策和开展防务合作而实施的制度化安排，旨在预防地区冲突，保障地区安全，与防务合作、军事合作和军事外交具有相似的内涵。

东南亚区域主义认为，冷战结束后，东盟国家希望在不断演变的国际环境中自主决定命运，尝试通过设置区域机制安排约束域外大国，阻止单边主义，赋予小国参与并引导建构区域机制的话语权，具体表现为“东盟方式”和“东盟中心性”。在安全领域中，东盟国家通过合作安全的模式实现区域的共同稳定和安全，应对危害主权独立、领土完整和人民安全的传统与非传统安全威胁。相应的，东盟防务外交的发展与东南亚区域主义和安全区域主义的演变密切相关。随着冷战对峙的终结、非传统安全挑战的凸显、区域安全机制的升级、集体身份与共同体意识的强化和东盟一体化的确立，东南亚地区的防务合作逐步体现出东盟化、务实化和机制化的演变脉络，表明东盟国家在防务合作领域已经达成较高共识。

东盟防务外交的前身可以上溯至二战结束后东南亚国家开展防务合作的演变历程，可以大致分为初创期（1954—1991 年）、发展期

（1992—2002 年）和加强期（2003 年至今）三个发展阶段。在 2006 年首届东盟防长会上，东盟首次引入防务外交这一安全合作新术语，标志着东盟防务轨道的正式启动。现阶段东盟框架内主持防务外交的最高协调与合作机构是东盟防长会和防长扩大会。两者是以东盟为核心和主要驱动力的防务合作机制，体现出东盟防务外交实现了内部整合与外部增强。2015 年，东盟宣布正式建立政治安全共同体。以防长会和防长扩大会为代表的防务轨道作为东盟政治安全共同体的重要组成部分，能够引领东南亚地区内多层次、多轨道、多领域的防务合作协同开展，共同推进东盟一体化建设。

本书将从东盟成员国之间、东盟与外部行为体、东盟成员国与外部行为体三个层面研究东盟防务外交：东盟内部在不同时期里存在双边和小多边防务合作，及以东盟防长会为代表的多边防务合作；东盟与外部行为体的防务合作主要包括东盟地区论坛防务轨道和东盟防长扩大会两部分；东盟成员国与外部行为体的防务合作主要体现在东盟成员国与美国、中国、日本、印度、韩国、澳大利亚等国间开展的双边防务合作，以及以五国联防、西太平洋海军论坛、香格里拉对话会、北京香山论坛为代表的多边防务合作。

从宏观层面看，进入 21 世纪后，“印太”概念的逐步走实引起了东盟各国的高度关注。为维护东盟的区域中心地位，东盟在政策延续的基础上主动寻求机制升级，推出《东盟印太展望》，正式参与印太地区的机制建构竞争。东盟希望通过防务和安全合作保障内部团结，通过加强与域外大国的双边和多边合作提高协同作战和应对非传统安全挑战的能力，通过大国对冲的方式把握合作主动权，不断提升防务外交的发展水平。从微观层面看，互操作性是东盟防务外交的重要评价指标和关键建设内容，可以从技术、程序和人员三个领域探讨：技术互操作性强调通过军事装备和国防工业合作实现硬件、装备和系统的标准化；程序互操作性强调实现防务理论和程序的通用性，便于后续工作的开展和职能的迭代；人员互操作性强调通过多边防务合作、训练与演习、防务人员制度性合作实现防务术语和技能的一致性。分析印太背景下的东盟防务外交及其互操作性，能够从宏观和微观两个层面入手，进一步加深对于东盟防务外交的理解和认识。

东盟国家普遍属于中小国家，奉行大国平衡有助于在自主性和安全保障之间寻求平衡。中美开始对抗性安全竞争后，美国希望利用东盟多边主义和双边同盟的约束机制来建立以美国为中心的区域安全网。在这种背景下，东盟国家成为美国争取的目标，面临较为艰难的外交抉择。因此，中国与东盟开展防务合作，有助于缓解我国周边安全压力，避免受到美国主导的地区安全秩序的封锁。我国应首先把握东南亚区域主义的实质，支持东盟一体化和东盟中心性，推动中国和东盟的防务合作机制化，寻找非传统安全合作增长点，与东盟各国开展差异化防务合作，加快推进南海行为准则磋商，并重视评估美国集团的区域防务合作进程。希望我国与东盟在战略伙伴框架下不断推进防务合作向纵深发展，为保证区域的长久安全与稳定贡献力量。

目　录

绪　论

防务外交（defence diplomacy）是一种由西方国家提出的广义外交和安全政策工具，目前尚未获得公认的学术定义。一般认为，防务外交可视作盟国、伙伴国或竞争国的武装部队及相关机构在和平时期所从事的非对抗性合作，旨在通过战略接触增加防务透明度，避免武装冲突，改善安全困境。在本书中，防务外交与防务合作、军事合作及军事外交具有相似的内涵。东盟防务外交特指东盟成员国间、东盟成员国与域外行为体间、作为独立行为体的东盟与域外行为体间为预防军事冲突、保障地区安全、协调防务政策、进行防务合作而开展的制度化安排。这些制度安排主要通过多轨机制实施，即轨道一：政府首脑、部门部长和军队首长；轨道二：国防学院、国防部关联智库/研究机构；轨道三：民间社会和非政府组织。① 东盟防务外交涉及人道主义援助和救灾、海事安全、反恐、维和、军事医学、人道主义排雷、网络安全、国防工业等领域，采用训练演习、情报共享、军官互访、军体竞赛等方式，旨在建立互信，预防冲突，提高协同性和一体化水平，通过合作安全维护国家和地区的和平与稳定。

相比欧盟的共同防务政策而言，东盟防务外交作为一种外交实践，虽尚处起步阶段，但已取得长足进展。从广义上看，东盟防务外交属于东南亚防务外交的范畴，与东南亚区域主义的演进

① See Seng Tan, "NGOs in Conflict Management in Southeast Asia, International Peace-keeping," Vol. 12, No. 1, 2005, pp. 41 - 55.

密切相关，其发展受到国际态势、区域形势和国内局势的综合影响，并随着非传统安全挑战的凸显、集体身份与共同体意识的强化和东盟一体化的确立而不断升级，呈现出机制化、务实化和东盟化的特点，表明东盟国家已经在防务合作领域达成较高共识。

在本书中，东盟防务外交涵盖前东盟时期的防务合作，共分为初创期（1954—1991 年）、发展期（1992—2002 年）和加强期（2003 年至今）三个发展时期。在东南亚地区，防务外交最早出现于冷战初期，由“东南亚条约组织”和“五国联防”开启先河。东盟成立后，《东盟宣言》（ASEAN Declaration）及后续系列权威文件中确立了基本合作准则“东盟规范”（Norms of ASEAN）和独有决策程序“东盟方式”（ASEAN Way），其中规定的安全规范与原则包括：不使用武力与和平解决争端、地区自治和集体自主、不干涉国家内部事务、抵制东盟军事协定及偏好双边防务合作。① 这四种核心规范与原则引导东南亚地区的安全机制日趋成熟。冷战结束后，区域形势发生新变化，促使东盟在政策延续的基础上主动寻求机制升级。1992 年第 4 届东盟首脑会确定了“合作安全”机制，主张将东盟范围扩大到印支国家，在军事、政治、经济、社会、环境等领域展开广泛的安全合作，并出现了“第二轨道”对话和协商机制。2003 年以后，东盟防务外交建设得以显著加强，其标志是第 9 届东盟首脑会通过了《东盟第二协议宣言》（Declaration of ASEAN Concord II），宣布东盟将在 2020 年全面建成以“东盟安全共同体”（后改为“东盟政治安全共同体”）“东盟经济共同体”和“东盟社会文化共同体”为三大支柱的“东盟共同体”（ASEAN Community）。2006 年和 2010 年，首届东盟防长会（ADMM）和东盟防长扩大会（ADMM +）在东盟框架内召开。在首届东盟防长会上正式引入了“防务外交”的概念，标志着东盟正式启动防务轨道。东盟防长会、防长扩大会及相关制度安排共同构成了东盟防务外交最重要的制度安排。

---

① ［加］阿米塔·阿查亚著，王正毅、冯怀信译：《建构安全共同体：东盟与地区秩序》，上海人民出版社 2004 年版，第 67 页。

东盟作为东南亚地区乃至亚太地区最成功的多边合作典范，拥有较为丰富的一体化经验。东盟防务外交作为东盟一体化和东盟中心性的关键支柱，是应对地区战略环境变化和安全威胁变化的重要手段。在区域内外利益攸关国构建的各种安全防务合作网络中，东盟创建和主导的区域安全合作框架与美国主导的“轴辐”“菱形”和“网状”安全同盟体系并立竞争。为了维护来之不易的中心地位，东盟希望将利益攸关国纳入现有的东盟防务合作机制，同时运用东盟整体力量参与塑造不断演变的区域秩序，进而在区域互动与合作中获得优势地位，巩固东盟中心性。因此，东盟必将努力维护内部团结，利用防务外交等各种方式不断推进共同体建设，提升东盟对于战略格局演变的应对能力。同时，东盟防务外交有利于对冲印太战略背景下美国同盟体系给亚太地区安全格局带来的非均衡性，对于区域安全和稳定具有重大意义。

面对当前出现的逆全球化浪潮、大国对抗等复杂的外交环境，在一定程度和一定时期内，“回到区域”成为我国布局谋篇、蓄势待发的可能图景和重要支点。目前，中国与东盟关系不断走向成熟，在战略伙伴框架下呈现出全方位、多层次、宽领域的合作格局。国际形势和时代趋势要求我国在与东盟的战略伙伴合作中不仅需要继续保持经济贸易合作优势，更要在政治安全和社会人文领域开展深入合作。在国际政治中，由于防务涉及国家主权，被视为敏感的“高政治”领域，是合作走向深化的关键指标。为增强理解和互信，我国应切实尊重并深入研究东盟防务外交的内涵外延、历史演变、现实诉求及发展逻辑，分析研判其未来走势，从而推动双方防务合作不断走深走实，共同面向建立亚洲命运共同体的目标稳步迈进。

第一节 什么是防务外交

外交和军事都属于政治范畴，是国家推行对外政策的两种重要手段。外交是指通过磋商等和平手段实现对外政策目标，军事是指在传统/非传统战争形势和无战争形势下运用军事进攻、防守、威慑、干预、协助等力量推行对外政策，两者往往相互作用、相互影响。外交手段是和平时期首选的对外政策工具，军事工具则是应对危机或冲突的必要手段。在国际体系的无政府状态中，外交和军事是国家意志的不同形式在不同领域的体现，集中为国家目标服务，其互动关系大致体现为四种状态：军事与外交协调发展，共同促进国家战略目标的实现，如治下和平或均势；军事与外交重叠，即军事外交或防务外交模式；军事对外交的僭越，即运用武力解决本应属于外交范畴的问题，如干涉行为；外交对军事的折冲，即外交无视或者回避军事力量的存在与运用，如绥靖。① 虽然在实现国家目标的过程中，军事与外交会产生多种形式的互动，但从根本上看，任何外交行为都建立在一国实力、尤其是军事实力的基础上。这里的军事不再只是工具，更是保障外交主体安全和获得国际平等的力量表达。

在全球化日益加剧的背景下，国家安全的内涵与外延出现重大变化，经济、环境、社会等非传统安全挑战开始凸显，各种聚焦于传统和非传统安全议题的多边制度促使军事力量和防务部门在国际事务中的传统作用发生变化，开始承担维和、救灾、反恐等多样化职责，以应对新的安全挑战，由此出现了防务和外交的重叠化趋势，即防务外交。"防务外交"作为国际关系术语出现于冷战结束后，表现为军事力量参与外交政策，其作用"从军事领域过渡到政治领域"，② "认为通过帮助促进一个更加合作与稳定的国际环境，武装部队及相关国防基础设施有潜力为国际安全做

① 张芳：《当代中国军事外交——历史与现实》，时事出版社 2014 年版，第 3—4 页。

② Anton Du Plessis, "Defence Diplomacy: Conceptual and Practical Dimensions with Specific Reference to South Africa, Pretoria," Jun. 5, 2009, https://repository.up.ac.za/bitstream/handle/2263/10381/DuPlessis_Defence%282008%29.pdf?sequence=1&isAllowed=y, p. 95.（上网时间：2020 年 11 月 14 日）

出贡献”。[①] 英国将防务外交表述为“提供力量来满足国防部为消除敌意而开展的各种活动……从而为预防和解决冲突做出重大贡献”;[②] 西班牙政府将防务外交描述为利用武装部队的能力支持国家外交，强化国家利益。[③] 从广义上看，马丁·埃德蒙（Martin Edmonds）和葛瑞格·米尔斯（Greg Mills）认为防务外交是指“在国外非战争行动中，依照专业技能和原则运用武装部队完成国家的对外政策目标”,[④] 安德鲁·科特蒂（Andrew Cottey）和安东尼·福斯特（Anthony Forster）认为防务外交是“和平时期合作利用武装部队及其相关基础设施（主要是国防部）作为外交和安全政策的工具”,[⑤] 安东·杜·普莱西斯（Anton Du Plessis）将防务外交定义为“在非战争行动中使用武装部队，以其训练有素的专门知识和纪律为基础，实现国家内外政策目标”,[⑥] 穆塔纳（K. A. Muthana）认为（防务）外交寻求不使用武力而实现最大的国家利益，最好不招致怨恨。[⑦]

这些定义将防务外交与和平时期的武装部队及防务设施合作视作对外安全政策尤其是军事合作与军事援助的工具。因此，从狭义上看，防务外交指派出军事人员（包括驻外武官）预防冲突

---

① Andrew Cottey and Anthony Forster, “Reshaping Defence Diplomacy: New Roles for Military Cooperation and Assistance,” Oxford: Oxford University Press for the International Institute of Strategic Studies, 2004, p. 77.

② Ministry of Defence (United Kingdom), “Policy Paper No 1: Defence Diplomacy,” London, 1998, p. 2.

③ Spain Ministerio De Defensa, “Defence Diplomacy Plan,” Spain, 2012, p. 16.

④ Martin Edmonds and Greg Mills, “Beyond the Horizon: Defence, Diplomacy and South Africa's Naval Opportunities,” Braamfontein: South African Institute of International Affairs, 1998, p. 106.

⑤ Andrew Cottey and Anthony Forster, “Reshaping Defence Diplomacy: New Roles for Military Cooperation and Assistance,” London: Oxford University Press for IISS, 2004, pp. 7-15.

⑥ Anton du Plessis, “Defence Diplomacy: Conceptual and Practical Dimensions with Specific Reference to South Africa,” Strategic Review for Southern Africa, Vol. 30, No. 2, 2008, p. 92.

⑦ K. A. Muthana, “Military Diplomacy,” Journal of Defence Studies, Vol. 5, No. 1, 2011, p. 1.

和解决冲突，① 即通过武装部队的和平合作与劝说行动避免冲突和强制行动。这不同于依靠军事实力开展的强制性外交，因而可被称为“军事外交”（military diplomacy）。

从英国、美国、欧盟开展的防务外交实践来看，其具体行动包括联合军控项目、军事训练与教育、对外军事互动、对外军事资助、联合军事交流和训练、官方对外军售、人道主义与救援行动、预防冲突、军事维和、危机管理、司法制度建设等内容。基于此，《剑桥当代外交手册》将防务外交活动分为六大领域：1. 规划和执行武装部队的任务和活动；2. 派遣国防武官；3. 联合国维和行动；4. 国防教育交流；5. 国际防务会议；6. 武器和军事装备购置及后勤管理等。② 学界对防务外交形成了三个共识：1. 涉及和平时期武装部队及相关机构所从事的合作性活动；2. 涉及武装部队之间在一系列议题上的合作，既包括传统的军事义务，如针对竞争对手的反制衡努力，也包括传统义务外的新角色，如维和、和平强制、促进善治、对自然和人道主义事件做出反应、保护人权等；3. 涉及盟国、伙伴国乃至潜在竞争对手之间的军事合作；③ 防务外交这种合作和平或非暴力内涵赋予其软权力的特性。④ 本书中，防务外交可被视为公共外交的组成部分，由国家防务部门策划，由武装部队或防务部门中的非作战人员实施，负责为国家提供安全和防务产品，着重在武装部队间建立信任关系，通过特定的防务合作保障国家、区域及世界的和平与稳定，属于广义的防务外交。

---

① G. R. Berridge and Alan James, “A Dictionary of Diplomacy (Second Edition),” Houndmills: Palgrave Macmillan, 2001, p. 66.

② Juan Emilio Cheyre, “Defence Diplomacy,” in Andrew F. Cooper and Jorge Heine, et al. eds., “The Oxford Handbook of Modern Diplomacy,” Oxford: Oxford University Press, 2013, pp. 374 - 375.

③ 郑先武：《东盟安全共同体建设与东南亚多边防务外交转型》，《南洋问题研究》2018 年第 3 期，第 31—51 页。

④ Gregory Winger, “The Velvet Gauntlet: A Theory of Defense Diplomacy,” in A. Lisiak and N. Smolenski eds., “What Do Ideas Do?” Vienna: IWM Junior Visiting Fellows' Conferences, Vol. 33, 2014, pp. 1 - 10.

第二节 什么是东盟防务外交

本书中的东盟防务外交属于广义范畴，特指东盟成员国间、东盟成员国与域外行为体间、作为独立行为体的东盟与域外行为体间为预防军事冲突、保障地区安全、协调防务政策、进行防务合作而开展的制度化安排。

历史上，由于绝大多数东南亚国家都曾遭受殖民，格外珍惜二战后来之不易的独立自主，所以长期对于开展区域性防务合作持反对态度。“在东盟形成过程中，各成员国间达成一致，不愿缔结军事协定，但并未完全排除军事合作作为未来选择的可能性。”① 随着国家间就区域和国际安全事务交换意见、开展合作的程度日益加深，以及安全概念的拓展和非传统安全问题的凸显，东盟国家无法依靠自身实力获得有效的安全保障，转而寻求区域内和区域间双边和多边形式的安全防务合作。东盟防务外交从而作为重要的安全政策工具得以发展，体现出东南亚国家防务合作的制度化水平从国家层面上升到到区域层面、从双边拓展到多边、从区域内扩大到区域间、从非正式发展到正式的不断演变。

具体而言，东南亚地区的双边和多边防务合作在二战后已经出现。双边防务合作主要体现为地区内密集的双边“防务蜘蛛网”和地区国家与域外大国开展的双边防务合作。多边防务合作包括“东南亚条约组织”（SEATO，菲律宾和泰国参加，1955—1977 年）、五国联防（Five - Power Defence Arrangements，1971 年起新加坡和马来西亚参加）、西太平洋海军论坛（Western Pacific Naval Symposium，1988 年）、亚太安全研究中心

① Amitav Acharya, “The Association of Southeast Asian Nations: ‘Security Community’ or ‘Defence Community’?” Pacific Affairs, Vol. 64, No. 42, 1991, p. 3.

（1995年）①、香格里拉对话会（2002年起）、东南亚合作反恐海上联合演习（2002年起）等跨区域多边机制，以及统称为东盟地区论坛“防务轨道”（defence track）的亚太高级军官计划（1999年起）、国防大学校长会议（1997年起）、防务官员会议（2002年起）等区域内多边机制。②

2003年10月，在第9届东盟首脑会上通过了《东盟第二协议宣言》，提出在2020年全面建成东盟共同体（ASEAN Community），包括安全共同体③、经济共同体和社会文化共同体。2004年11月，第10届东盟首脑会通过《万象行动纲领（2004—2010）》（Vientiane Action Programme）和《东盟安全共同体行动计划》（ASEAN Security Community Plan of Action），正式将召开年度东盟防长会作为预防冲突的主要战略。④ 2006年5月，首届东盟防长会召开并通过《成立东盟防长会概念文件》（Concept Paper for the Establishment of an ASEAN Defence Ministers' Meeting），旨在通过东盟防长会构建的安全对话机制增进相互理解，促进地区和平与稳定。在此次防长会中正式引入“防务外交”这一安全合作新术语，“标志着东盟正式启动其防务轨道”。⑤ 2007年11月，第13届东

---

① 亚太安全研究中心（Asia - Pacific Center for Security Studies，APCSS）是隶属于美国国防部的研究所，于1995年9月4日在夏威夷檀香山正式成立。该中心聚焦于地区和全球安全问题，邀请美国和亚太国家的军事和文职代表参加在夏威夷和整个亚太地区举办的综合性行政教育和研讨会。该中心通过发展和维护区域内安全从业人员和国家安全机构之间的关系来支持美国太平洋司令部。

② Desmonn Ball, "Reflections on Defence Security in East Asia," RSIS Working Paper, No. 237, Singapore: Nanyang Technological University, 2012, pp. 13 - 15.

③ 2009年3月第14届东盟首脑会将“东盟安全共同体”改名为“东盟政治安全共同体”。

④ "ASEAN Secretariat. ANNEX for ASEAN Security Community Plan of Action," Nov. 30, 2004, http://asean.org/? static_post = annex - for - asean - security - community - plan - of - action.（上网时间：2020年5月12日）

⑤ "Government of Singapore. 10 years of ASEAN Defence Ministers' Meeting: Significance and Milestones," May 24, 2016, https://www.gov.sg/~/sgpcmedia/media_releases/mindef/press_release/P - 20160524 - 1/attachment/Fact% 20Sheet. pdf.（上网时间：2020年7月6日）

盟首脑会上通过的《东盟宪章》(ASEAN Charter) 明确规定“东盟中心性”① 为各类区域性安排的“首要驱动力量”(primary driving force),从而进一步推动东盟制度化、规范化的发展。2008 年 12 月生效的《东盟宪章》将建成东盟共同体的时间提前至 2015 年底。2009 年 3 月第 14 届东盟首脑会通过《东盟政治安全共同体蓝图》(ASEAN Political – Security Community Blueprint),希望通过加速建立东盟共同体来加强东盟一体化,增强东盟在区域架构的中心作用和推动作用。蓝图充分肯定东盟安全对话 (ASEAN Security Dialogue)、东盟地区论坛及其框架下的防务官员对话 (ARF Defence Officials' Dialogue) 和安全政策会议 (ARF Security Policy Conference)、东盟防长会 (ADMM) 和东盟防务高官会 (ASEAN Defence Senior Officials' Meeting) 在建立信任措施和预防性外交中发挥的作用,并启动东盟防长扩大会 (ADMM +) 和“东盟防务与安全制度网络”(NADI)。2010 年 10 月首届东盟防长扩大会在越南召开,东盟 10 国与中国、美国、新西兰、印度、韩国、日本、俄罗斯、澳大利亚 8 个对话伙伴国参会。

截至 2021 年 6 月,东盟共举行了 15 届防长会和 8 届防长扩大会。东盟防长会作为东盟安全共同体的最高部长级防务机制,其主要职能是主导区域、次区域、区域间的防务合作机制,在东盟内部所有防务会议中处于最高地位,直接对东盟首脑会负责,其下指导东盟防长非正式会、东盟陆军高官多边会、东盟空军高官会等各项活动;东盟防长扩大会是东盟防长会的组成部分,负责在维护东盟中心性的前提下与域外国家开展防务合作与互动;东盟防务与安全制度网络 (NADI) 是配合东盟防长会与防长扩大会的政策智库,属于第二轨对话机制,能够与第一轨的具体实践进行有效互动。

总体而言,东盟提出的合作安全主张减少安全困境,反对威

① 东盟中心性是指东盟在相关区域、次区域和区域间合作架构中处于领导位置,主导制度、规范、计划的设计与建构。

慑手段，强调与对手一起获得安全，而不是针对对手的安全。在区域内，东盟成员国的防务力量在东盟防长会的框架内转变任务和职能，成为建设东盟政治安全共同体的有生力量和重要支柱；在区域间，《东南亚友好合作条约》的缔约国形成了非武力和非干涉的共识，东盟地区论坛、东盟防长扩大会等合作机制为推动亚太各国的安全对话与防务合作提供了制度与平台支持，切实维护东盟中心性。由此可见，东盟防务外交的进程从东南亚条约组织、东南亚联盟、马菲印（尼）联盟（MAPHILINDO）发展到东盟防长会和东盟防长扩大会，随着东盟中心性的确立和东盟政治安全共同体的建立而不断深入推进，在东南亚和亚太地区的安全合作机制中发挥出日益显著的作用。

第三节　研究东盟防务外交的意义

防务外交是和平时期外交与防务工具的联合使用。东盟防务外交是在全球化背景下为应对日益复杂的传统和非传统安全形势应运而生的制度安排，并随着东盟政治安全共同体的建设而不断向纵深发展，为东盟各国及域外行为体就安全防务问题加强沟通、增进理解、避免冲突、开展合作提供了重要的制度平台，为保持地区和平与稳定做出了重要贡献。本书采用理论与案例、历史与现实相结合的综合方法。在理论分析框架上，不拘泥于现实主义、自由主义和建构主义等国际关系研究的主流范式，而是强调其相关性，采用范式互补的方法，用现实主义分析物质性权力对东南亚区域主义的影响，用制度主义解读区域治理体系的制度化合作安排，用建构主义观察共同体建设的观念结构、集体认同和社会规范等。

从理论上看，东盟防务外交属于安全区域主义在东南亚地区的具体实践，是该区域“综合安全”理念与欧洲“集体安全”理念的融合，是现存区域规范与新兴跨国规范的互动与调适。产生于东南亚地区的安全区域主义实践用事实挑战了现实主义者强调的传统军事安全和国家主导的均势、霸权、协调和联盟等安全秩序模式，① 印证了自由主义者主张的国家间安全竞争、合作关系及集体安全制度等安全秩序模式，发展了建构主义者强调的综合安全议题和认知的、建构的“安全共同体”等安全秩序模式，能够通过现实经验不断推动国际关系理论产生全球、区域间、区域内、国家等多层次，军事、政治、经济、社会等多维度，国家、组织等多元行为体的理论综合。

从实践上看，由于区域主义通常与多极化紧密联系，东南亚十国联合组成的东盟组织在发展演进过程中逐步形成了国际关系的新兴力量来源，在区域格局中发挥引领作用，在一定程度上制衡大国的优势格局，能够促进国际关系向多极化发展，有利于亚太甚至全球安全形势的安全稳定。当前，东南亚地区内稳定的区域安全秩序尚未形成，传统和非传统安全问题始终是区域内外各国关注的焦点，多种表面或潜在因素影响着各国间安全关系的发展，使得区域安全态势复杂化。其中，大国关系是关键影响因素，结构性对抗与有限度合作在很长一段时期内将是亚太大国安全关系的主流。美国不断寻求巩固并扩大其印度洋—太平洋网络同盟体系，导致亚太安全关系的不稳定性与非对称性不断增长。在东盟看来，从“亚太”到“印太”的地缘架构升级和安全网络构建对于其中心地位提出了不小的挑战。东盟为保护“东盟主导，大国参与”的合作模式，必将产生加强内部整合与机制建设、保持地区安全架构中心地位的动机。东盟希望通过加强共同体建设巩固区域合作机制的主导地位，通过与域外大国发展对称的外交合

---

① David A. Lake and Patrick M. Morgan eds. , “Regional Orders: Building Security in a New World,” University Park, PA: The Pennsylvania State University Press, 1997, pp. 125 - 139, pp. 140 - 143.

作关系进行制衡，避免任由大国在本地区进行安全角力，维护地区的繁荣稳定。防务外交作为维护地区安全稳定的关键因素和东盟共同体的重要组成部分，必然会在地区安全格局变动中表现出新的动向，值得密切关注和认真分析。

中国虽然是东盟最重要的战略伙伴之一和大多数成员国的战略伙伴，但安全与防务合作一直是双方关系的短板，这是在历史和现实原因的综合影响下造成的。研究东盟防务外交，能够为深化中国与东盟的务实防务合作、增进战略伙伴关系、共同应对地区安全机制新挑战和新变化提供学理支撑。中国有意愿、有实力与东盟及其成员国在当前基础上提升防务合作层次，拓展防务合作领域，完善防务合作的战略规划和制度安排。这更能在照顾东盟成员国诉求和坚持自身底线的前提下，参与设计符合各方利益的区域安全机制，显示出我国追求世界和平、倡导人类命运共同体、建设中国—东盟命运共同体的诚意，为应对区域安全架构的升级演变表明中国立场、提出中国方案。

第一章

区域视角下的东盟防务外交

从广义上看，东盟防务外交属于东南亚防务外交的范畴，可以理解为东南亚区域内和区域间出现的多层次、多轨道、多领域的防务合作。区域主义成为评估东盟防务外交发展状况的重要理论。区域主义从二战后区域组织的建立开始起步，能够促进国际关系的多极化和民主化，是当今国际关系中最引人注目的现象之一。区域主义的基本内容是通过多边主义和区域组织的形式促进区域各国的团结与合作，解决分歧和冲突，实现区域和平与稳定。一些区域组织作为小国联合自强的产物出现，形成国际关系中的新兴力量来源，能够制衡大国对区域的干涉和介入。20 世纪 50 年代以来，东南亚地区在持续变化的区域安全环境中不断演进，体现出从旧区域主义到新区域主义的发展图景。在这一过程中，区域内和区域间的双边、小多边和多边防务合作密集出现，旨在应对传统和非传统安全挑战，保护区域的和平、繁荣与稳定。

第一节 区域主义和安全区域主义

一、区域主义

区域被定义为在特定地理范围内彼此相邻的一组国家,① 且必须具有相似的文化价值、社会联系和共同历史遗产。② 区域主义(Regionalism)是指在互利基础上，存在地缘联系或地理相近的国家、地区或机构参与的制度化多边合作实践，大致包含政治、经济、社会文化三种互动内容，具有区域性、集团性和超国家性，其目标和动力是成员体的共同利益。区域主义通常与多极化联系紧密，一些小国联合形成的区域组织逐步构成国际关系中的新兴力量来源，能够在一定程度上制衡大国的优势格局，促进国际关系向多极化发展。区域主义通常要求成员体让渡部分国家主权以推行区域或跨区域安排，因而主权让渡程度与区域融合程度密切相关。区域主义作为一种解决区域问题的政治途径，在二战后成为国际关系中的一种重要现象。

本研究涉及到两种类型的区域主义理论，即旧区域主义和新区域主义。旧区域主义通常指二战后以两极对抗的冷战格局为背景、以西欧区域合作与经济一体化实践为代表、由超级大国自上而下、从外到内、从全球到区域推行的区域主义运动。③ 旧区域主义通常局限于既定的地理区域，表现为区域政府间组织，以单一

① Craig A. Snyder, "Contemporary Security and Strategy," Palgrave: Macmillan, 2008, p. 228.

② Björn Hettne and Fredrik Söderbaum, "Theorizing the Rise of Regionness," London: Routledge, 2002, p. 39.

③ Hettne B., "The New Regionalism: Implications for Global Development and International Security," Helsinki, 1994, p. 4.

的经济、政治或安全组织形式出现，具有封闭的特征，如北约、华约、欧洲经济共同体等。冷战结束后，两极体系由复杂的区域关系所替代。欧洲、亚洲、美洲和非洲都在全球化背景下出现了区域一体化建设浪潮，这种区域主义新潮流被学界称为新区域主义。① 新区域主义是对全球化的一种全面回应，是成员国面对全球化的各种积极和消极影响，用从内到外和自下而上的方式自愿自发的加强合作的过程。"'新旧区域主义'之间有三种差异。第一，旧区域主义被认为是两极时代和冷战时期的产物，是内向型和排他性的，而在多极化的世界秩序中形成的新区域主义是外向型和非排他性的。第二，政府从外部（从上）创造了旧区域主义，新区域主义从内部（从下）自发形成，其中成员国本身是主要参与者。第三，旧区域主义为具体经济目标产生，而新区域主义则涉及多个领域。"② 在区域主义的影响下，国际体系无政府状态的假设产生不同程度的削弱。介于国家和全球之间的区域逐步拥有了自治性力量，在区域发展治理和世界秩序演变中发挥着重要作用。

国际关系学界一直对于区域主义的理解存在争论，尤其是在现实主义、制度主义和建构主义之间。这些西方主流国际关系理论大多建立在对全球体系层次的结构分析基础之上，对于区域主义的解释主要是按照各自理论主张将分析演绎下移到区域层次。他们对于区域安全的不同理解体现为如何为区域安全创造有利条件。③ 从现

---

① 详见 Louise Fawcett and Andrew Hurrel eds. , "Regionalism in World Politics: Regional Organization and International Order," Oxford: Oxford University Press, 1995; Raimo Värynen, "Regionalism: Old and New," International Studies Review, Vol. 5, No. 1, 2003; Chungyao Yi, "Emergence of Regionalism: About State Preference Formation," University of Leeds, POLIS Working Paper, 2007; Björn Hettne and András Inotai, "The New Regionalism: Implications for Global Development and International Security," Tokyo: UNU/WIDER, 1994.

② Bjorn Hettne and András Inotai, "The New Regionalism: Implications for Global Development and International Security," Helsinki: UNU/WIDER, 1994, pp. 1 - 2.

③ Craig A. Snyder, "Regional Security and Regional Conflict," Geelong: Australia, SIPS, 2007, p. 4.

实主义角度看，由于缺乏互信，区域国家间的合作是困难的。区域合作确实源于共同利益，但由于各国重于考量自身利益而难以维持。[①] 从这个角度看，区域一体化永远不会实现。军事合作最有可能在该区域与域外共同敌人打交道时出现。一旦敌人消失，区域国家间的关系就会发生变化，产生疑惧，导致战争。[②] 从制度主义的角度看，区域机构将有助于抑制国家利益，克服国际无政府状态，促进区域合作，创造区域安全。[③] 这种观点与现实主义者的观点相反。赫德利·布尔（Hedley Bull）认为，如果建立偶然性和对等性的体系，就可以产生“合作原则”。[④] 在这里，“偶然性”的定义是，对愿意合作的国家给予奖励，对拒绝合作的国家进行惩罚。海伦·米尔纳（Helen Milner）进一步指出，获得奖励的国家之间相互交织的关系需要一种平衡的回报。[⑤] 在国际关系实践中，从安全合作领域获得的回报可用于共享经济发展，如欧盟；或者共享区域稳定，如东盟。现实主义和制度主义所主张的区域安全的决定性因素是，前者认为军队是安全最重要的因素，而后者认为除军事外，政治和社会都可能构成区域安全的重要方面。[⑥]

与现实主义或制度主义不同，建构主义者认为区域安全可以通过社会互动来构建，这种社会互动将在国家之间建立共同的身份和利益。亚历山大·温特（Alex Wendt）指出，只要满足知识

---

① John J. Mearsheimer, “The False Promise of International Institutions,” International Security, Vol. 19, No. 3, 1994, pp. 4 –49.

② John J. Mearsheimer, “Back to the Future: Instability in Europe after the Cold War,” International Security, Vol. 15, No. 1, 1990, pp. 5 –56.

③ Robert O. Keohane, “After Hegemon: Cooperation and Discord in the World Political Economy,” Princeton: Princeton University Press, 1984, p. 189.

④ Hedley Bull, “The Anarchical Society: A Study of Order in World Politics,” Basingstoke: Macmillan, 1977, p. 67.

⑤ Hellen Milner, “International Theories of Cooperation amongst Nations: Strengths and Weaknesses,” World Politics, Vol. 44, 1992, pp. 446 –496.

⑥ Craig A. Snyder, “Regional Security and Regional Conflict,” Chicago, IL Snyder, 2007, p. 5.

共享、物质资源共享和可行性三个基本条件，这个状态就可以实现。[①] 这些将构成一个有效的区域安全体系。在本质上，这是一个区域的共同身份。比约恩·赫特纳（Björn Hettne）指出，区域安全分析中的“旧”“新”形式之间的区别在于，过去区域本身不是行为者，只是一个行动的“层次”或者“空间”。[②] 新区域主义的特色之一就是将区域化视作动态的、历史的和建构的，呈现出从松散的“区域合作”到紧密的“区域一体化”的发展过程。正是通过区域性的发展，一个区域能够从被动的组成部分转变为自主发挥权力。[③] 赫特纳认为并不存在“自然”或“给定”的区域，区域总是“处在不停的建构之中”。他使用“区域性”（regionness）界定“用于体现崛起的区域内的跨国利益的方面，一个地理区域从一个被动客体转化成为一个主动主体的过程”，并划分了五种程度的区域性阶段：1. 区域空间（Regional Space，元区域）；2. 区域复合体（Regional Complex，作为社会体系的区域）；3. 区域社会（Regional Society，区域公民社会）；4. 区域共同体（Regional Community，一种行为主体）；5. 区域国家（Region State，一种制度化的政治实体）。[④] 安德鲁·赫里尔（Andrew Hurrel）指出，区域主义可以被界定为国家主导的政治项目，旨在促进区域级别的政府间政策合作。[⑤] 他也将区域主义分为五个阶段：1. 区域化（Regionalization），或称“非正式区域主义”，是一种自发的

---

① Alexander Wendt, “Constructing International Politics,” International Security, Vol. 20, 1995, pp. 71 – 73.

② Björn Hettne, “Development, Security and World Order: A Regionalist Approach,” European Journal of Development Research, Vol. 9, No. 1, 1997, p. 97.

③ Craig A. Snyder, “Regional Security and Regional Conflict,” Chicago, IL Snyder, 2007, p. 6.

④ Shaun Breslin eds., “New Regionalisms in the Global Political Economy,” Routledge, 2002, pp. 33 – 47.

⑤ Andrew Hurrell, “Regionalism in Theoretical Perspective,” in Louise Fawcett and Andrew Hurrel eds., “Regionalism in World Politics: Regional Organization and International Order,” Oxford: Oxford University Press, 1995, pp. 39 – 40.

经济过程，导致一定程度的经济相互依存或一体化；2. 区域意识或认同（Regional Awareness and Identity），指通过特定的相同或相似的价值观或历史事件，形成一种同属一个特定群体的认同；3. 区域国家间合作（Regional Inter - State Cooperation），即由一些成员国政府出面建立的正式或非正式制度性合作机制；4. 国家推动的一体化（State - Promoted Integration），指政府有意识地制定促进一体化的政策；5. 区域内聚体（Regional Cohesion），是上述过程的任意组合。① 因此，新区域主义理论“不能仅涉及兴起的区域本身，它必须是一种关于变革中的世界秩序和多层次治理模式的理论”。②

在研究方法上，新区域主义主要采用体系研究方法，如戴维·莱克（David A. Lake）和帕特里克·摩根（Patrick M. Morgan）的全球—区域—国内“三层博弈”分析方法③、巴瑞·布赞（Barry Buzan）等人采用的国内—区域—区域间—全球“四层互动”模式④和比约恩·赫特纳等人的全球—区域间—区域—国家—地方“五层互动”分析方法。⑤ 同时，新区域主义认为区域主义应包含多层次动力、多元行为主体、政治、经济、安全、文化等多个实践领域的互动分析，承认区域主义与全球化、国家主义共存于同

① Louise Fawcett and Andrew Hurrell eds. , “Regionalism in World Politics: Regional Organization and International Order,” Oxford University Press, 1995, pp. 37 - 73. 转引自张振江：《区域主义的新旧辨析》，《暨南学报》（哲学社会科学版）2009 年第 3 期，第 101—108 页。

② Amitav Acharya, “Regionalism and the Emerging World Order: Sovereignty, Autonomy, Identity,” in Shaun Breslin et al. , “New Regionalism in the Global Political Economy: Theories and Cases,” Routledge, 2002, pp. 20 - 32.

③ David A. Lake and Patrick M. Morgan, “The New Regionalism in Security Affairs,” in David A. Lake and Patrick M. Morgan eds. , “Regional Orders: Building Security in a New World,” University Park: The Pennsylvania State University Press, 1997, pp. 3 - 19.

④ Barry Buzan, “Ole Weaver. Regions and Powers: The Structure of International Security,” United Kingdom: Cambridge University Press, 2003, p. 72.

⑤ Björn Hettne, “Globalization and the New Regionalism: the Second Great Transformation,” in Björn Hettne and András Innotai et al. eds. , “Globalism and the New Regionalism,” Basingstoke: Macmillan, 1999, pp. 11 - 16.

一进程之中。

当前，越来越多的新区域主义研究聚焦于区域主义与区域外环境（extra – regional environment）间的关系。① 在这一背景下，新区域主义研究特别聚焦于不断凸显的全球化的状态。赫特纳认为区域化是全球化不可分割的一部分，是对全球化进程的政治反应。② 他进一步指出，区域主义的特点是当单独国家不再可行、世界还没有准备好成为一体时成为一个中途站。根据这一定义，区域主义可以充当利于全球合作的桥梁。③ 从另一个角度看，由于区域主义是国家主导的政治项目，政府是区域主义的主要设计师，参与国事实上还可能认为区域主义是对抗全球化进程引发的竞争压力的一种防御机制。④

另外，随着新区域主义的兴起，区域间主义也在全球范围内快速发展。区域间主义源于新区域主义，是“来自两个或两个以上的特定国际区域或次区域的各种行为主体（包括国家和非国家）推动区域间制度化合作的各种思想、观念、计划及实践进程。”⑤ 区域间主义的核心行为体现为“国家行为体、国家间与全球性组织和非国家行为体（尤其是跨国公司、兴起中的公民社会组织和其他非政府组织）的复合体”构成一种“利益攸关者”互动的区域间协作关系，⑥ 其出发点是不同国际区域间正式或非正式的制度

① Fredrik Söderbaum, “Introduction: Theories of New Regionalism,” in Fredrik Söderbaum and Timothy M. Shaw eds., “Theories of New Regionalism: A Palgrave Reader,” Basingstoke: Palgrave Macmillan, 2003, p. 4.

② Björn Hettne, “Beyond the ‘New’ Regionalism,” Sweden: New Political Economy, 2006, p. 547.

③ Björn Hettne and András Inotai, “The New Regionalism: Implications for Global Development and International Security,” Tokyo: UNU/WIDER, 1994, p. VI.

④ Theodore Palagidis and Harry Papsotitoru, “Globalization or Regionalism? States, Markets, and the Structure of International Trade,” Review of International Studies, No. 28, 2002, pp. 519 – 535.

⑤ 郑先武：《区域间主义治理模式》，社会科学文献出版社第 2014 年版，第 50 页。

⑥ Michael Reiterder, “Interregionalism as a New Diplomatic Tool: The EU and East Asia,” European Foreign Affairs Review, Vol. 11, No. 12, 2006, p. 230.

化关系，涵盖“组织/集团与组织/集团”“组织/集团与单一行为体”等合作形式，比如，东盟—中国属于“集团对国家”，东盟—欧盟属于“集团对集团”，东盟+3属于“集团对区域”，东盟地区论坛属于多个行为体构成的不具有独立角色性的跨区域安排等。区域间主义的核心治理问题是管理两个或两个以上特定区域各类行为体间面临的政治、安全、经济、社会等一系列共同问题，旨在维护国家、区域和跨区域的安全、稳定和发展，其治理基础条件包括权力平衡、利益共享和认同强化，其可能路径包括制度建设、规范扩散和议题设置等。[①] 由此可见，区域间主义是在区域间各类行为主体的关系互动新层次中引入新区域主义理论的努力。霍华德·鲁文（Howard Loewen）和德克·纳博斯（Dirk Nabers）指出“区域间制度创建了全球治理体系中一个新的政策层次。”[②] 赫特纳认为，区域间主义是推动新区域主义建构世界秩序的重要努力，是“区域主义理论化的最新进展”，是新区域主义理论化进程的一个缩影。[③] 因此，区域间主义具有重要的理论和现实意义。

值得注意的是，区域化模式的实践在世界各地呈现出多样性，这是因为区域化的动力来自于区域内行为体的利益考量，并受到区域内特定政治、经济、社会、文化条件的制约，具有自身节奏和方式。因此，经典理论范式对于新区域主义存在一定的适用限度，针对特定区域的经验归纳性研究同样具有重要意义。就东南亚地区一体化而言，一直被主流学界认为具有松散、缓慢、脆弱和非正式的特征。实践经验表明，从1967年东盟成立，到1992年东盟六国倡导“自由贸易区”，到1999年东盟扩展为十国，到

---

① 郑先武：《区域间主义治理模式》，社会科学文献出版社第2014年版，第75页。

② Howard Loewen and Dirk Nabers, “The Asia – Europe Meeting (ASEM) and its Contribution to the Political Management of Globalization,” in Jürgen Ruland and Gunter Schubert et al. eds., “Asian – European Relations: Buliding Blocks for Global Governance?” London: Routledge, pp. 95 – 110.

③ Björn Hettne, “Beyond the ‘New’ Regionalism,” New Political Economy, Vol. 10, No. 4, 2005, pp. 543 – 571.

2003 年东盟倡导“东盟共同体”，到 2015 年 12 月宣布成立“东盟共同体”，东南亚地区的一体化进程不仅始终没有停止，还在亚太地区合作中发挥出中心和引领作用，成为学界关注和研究的焦点。

二、安全区域主义

冷战后，区域安全的内涵出现了很大的拓展，涉及军事、经济、政治、社会等各个领域。安全区域主义（Security Regionalism）兴起于 20 世纪 90 年代末，其学术渊源与冷战后综合安全研究和区域主义研究密切相关。安全区域主义作为区域主义的实践之一，既超越了以往传统地区安全研究的局限，又吸纳了区域主义研究中对区域一体化进程和区域治理的分析框架，① 体现出区域主义在安全领域的互动，是区域一体化建设过程中对区域安全的建构和治理。

约瑟夫·奈（Joseph Nye）指出，一个特定区域的国家有责任维护该地区的稳定与安全。他定义了两大类型的区域主义：参与正规经济一体化的微观区域经济组织和致力于控制冲突的宏观区域政治组织。② 赫特纳认为，安全区域主义是指“在特定地理范围内——一个建设中的区域，将包含国家之间和国家内部冲突关系的安全复合体转变为包含对外合作关系和国内和平的安全共同体的努力”。③ 其中，“安全复合体”是一系列复合行为主体，根据权力结构、安全依存、敌友关系等复合因素进行政治、经济、

① David A. Lake and Patric M. Morgan, “The New Regionalism in Security Affairs,” in David A. Lake and Patrick M. Morgan eds. , “Regional Orders: Building Security in a New World,” University Park: The Pennsylvania State University Press, 1997, pp. 3 – 19.

② Joseph S. Nye, “Peace in Parts: Integration and Conflict in Regional Organizations,” Boston: Little Brown and Co, 1971.

③ Björn Hettne, “Regionalism, Security and Development: A Comparative Perspective,” in Björn Hettne and Andrs Innotai eds. , “Comparing Regionalism: Implications for Global Development,” Basingstoke: Palgrave, 2001, p. 13.

军事、社会、环境等领域的复合型互动，即“一组单元，它们的安全化和非安全化及其主要过程被紧密地联系在一起，以致于其安全问题不能被孤立分析或解决”。① 而“安全共同体”则能够共享和平解决冲突的观点和认同，将一国安全与他国安全联系起来，将传统安全与经济文化等因素联系起来，通过合作的方式和平解决冲突。其成员共享认同、价值观和意图，在多方面有直接联系和互动，展现出因接触产生的互惠性及保持和平变化的可靠预期。② 从“安全复合体”发展到“安全共同体”，建构主义者分别提出了“梯级论”“阶段论”“非安全化”等理论。虽然其观点存在明显差异，但都认为安全共同体属于社会建构的“主体间”过程，规范、认同等因素发挥决定性作用。而规范、认同等因素受到体系机构变化和区域内生动力（区域内部社会化和制度化）发展的影响，进而推动安全区域主义的发展。

建构主义常被用来解读安全共同体。建构主义认为，塑造安全共同体的话语主要体现在三个方面，即社会性建构、规范和物质力量：1. 安全共同体由社会性建构，属于国家间合作，应被理解为一种社会过程，最终能够阻止参与者之间发生战争；2. 安全共同体的规范尤其重要，能够调节国家利益，发展集体认同；3. 新现实主义和大多数自由主义理论都认为国家利益由物质力量和国家关切决定（如权力和财富），而建构主义认为，尽管物质力量依然重要，但包括思想、文化和身份认同在内的主体间因素在外交政策互动中起着决定性作用。③ 通过关注规范的建构作用，建构主义提出了若干一体化理论的原始见解，包括社会化对于创造

① Buzan, Ole Weaver and Jaap de Wilde, “Security: A New Framework for Analysis,” Boulder: Lynne Rienner, 1998, p. 201.

② Emanuel Adler and Michael Barnett, “A Framework for the Study of Security Communities,” in Emanuel Adler and Michael Barnett eds., “Security Communities,” Cambridge: Cambridge University Press, 1998, pp. 30 – 35.

③ Alexandra Retno Wulan and Bantarto Bandoro, “ASEAN's Quest for a Full – Fledged Community,” Jakarta: CSIS, 2007, pp. 7 – 8.

集体利益和身份的影响；规范在社会化进程中发挥至关重要的作用；国家间的和平行为构成了安全共同体的核心等。建构主义能够解释文化规范的作用和“自己人感受”的形成，这是安全共同体的重要特征。①

随着各种非传统安全问题的凸显，区域安全需求的综合性与依存性大为增强。梅里·卡巴莱诺（Mely Caballero）认为，由于近年来全球化的影响，本质上被定义为非军事性的非传统安全威胁快速扩张。与传统安全威胁不同，非传统安全威胁不是一个国家就能完全解决的。相反，鉴于非传统安全威胁存在广泛的影响，需要区域合作和多边合作进行应对。② 他指出，这种非传统威胁可以突破外交壁垒，鼓励地区一体化。由于现有全球机制的诸多局限，区域一体化组织及其相关机制的作用对于维护区域的安全与和平稳定起着十分关键的作用，而合作安全的模式则成为冷战后区域安全建构和治理的主要模式。③ 安全区域主义和经济区域主义形成了区域一体化进程的重要支撑，体现出当今区域主义的基本诉求。

三、东南亚安全区域主义

东南亚是多样性程度很高的区域，各国与域外行为体的联系

---

① Reuben Martine, “Regionalism Agenda in Africa in an Era of Globalization,” Paper for Presentation at the Conference Regionalism and the Taming of Globalisation, University of Warwick, UK, Oct. 15, 2005, http://www2.warwick.ac.uk/fac/soc/csgr/events/conferences/2005_conferences/8_annual_conference/papers/.（上网时间：2019 年 12 月 12 日）

② Mely Caballero – Anthony, “Non – Traditional Security Challenges, Regional Governance, and the ASEAN Political – Security Community,” Singapore: RSIS, Working Paper No. 7, Sep. 2010a, p. 1.

③ Elzbieta Stadtmuller, “The Regional Dimension of Security,” in Mary Farrell, Björn Hettne and Luk Van Langenhove eds., “Global Politics of Regionalism: Theory and Practice,” Pluto Press, 2005, pp. 104 – 119. 转引自朱瀛泉等：《全球化背景下安全区域主义研究》，南京大学出版社 2015 年版，第 4 页。

都非常紧密，发展出具有自身特色的区域主义及安全区域主义。东南亚区域主义受到新旧两波区域主义的影响，充分体现出“一个地理区域从一个被动客体转化成为一个主动主体的过程”，其规范和原则是不使用武力与和平解决争端、区域自治和集体自主、不干涉国家内部事务、抵制军事协定及偏好双边防务合作。① 东南亚区域主义虽然涉及多个领域，仍以国家主导的、自上而下的政治项目为主。新旧区域主义在东南亚地区的界限较为模糊，但其总体发展趋势是一致的。

二战后，东南亚区域主义的焦点之一是区域国家依赖域外大国防范内部和外部威胁。其中，泰国和菲律宾与美国存在同盟关系，马来西亚和新加坡与英国存在安全合作关系，区域国家之间的安全合作较为松散。东南亚区域早期合作的努力可以追溯到二战后新兴国家维护自身独立的时期。② 1954 年 9 月，英国、法国、美国、新西兰、澳大利亚、巴基斯坦、菲律宾和泰国签订了《东南亚集体防务条约》，催生了以牵制亚洲共产主义势力为目的的东南亚条约组织。20 世纪 60 年代以后，独立的区域意识在东南亚地区显现，催生了次区域合作机制，即泰国、马来西亚和菲律宾三国创建的东南亚联盟和马来西亚、菲律宾和印尼启动的马菲印联盟。东南亚联盟属于经济、政治、社会合作组织，马菲印联盟是区域安全组织，后来两者都并入东盟。

在旧区域主义浪潮盛行的冷战时期，东南亚国家对于域外大国的介入深感忧虑，认为有必要对外部势力竞争做出统一回应，通过不干涉与和平解决争端的基本原则，减少冷战对于地区稳定的负面影响。1967 年 8 月，东南亚国家联盟（简称东盟）成立。东盟在本质上具有浓厚的政治目的，希望形成一个预防冲突和战

① ［加］阿米塔·阿查亚，王正毅、冯怀信译：《建构安全共同体：东盟与地区秩序》，上海人民出版社 2004 年版，第 67 页。

② Roger Irvine, “The Formative Years of ASEAN: 1967 - 1975,” in Alison Broinowski eds., “Understanding ASEAN,” London: Macmillan Press, 1982, p. 8.

争的机制。这样一来，东南亚国家虽然无法阻止大国干预区域事务，但能够提高其在处理大国关系时的议价能力。印尼外长亚当·马利克（Adam Malik）指出："东南亚是许多主要大国政治及物质利益交汇的地区，它们之间政策相互作用的频率和强度，以及它们对地区国家的支配性作用，必然会对政治现实产生直接影响。在这种情况下，地区小国没有任何希望对大国的支配性方式产生任何影响，除非它们集体行动，直到它们有能力形成一个内部团结稳定和有共同目标的地区。因此，东盟内部的区域合作也是其成员国有意识努力的结果，它们试图在该地区新的大国平衡的稳定过程中进一步确定自身地位，实现自身理念和目标。"① 新加坡前外长拉惹勒南（S. Rajaratnam）认为："英国决定在20世纪70年代撤出东南亚地区，其结果是终结了近2个世纪以来欧洲在该地区的决定性影响。20世纪70年代也看到美国撤出对东南亚事务的直接影响。几个世纪以来，东南亚第一次开始自主决定自身事务。这必定需要填补大国遗留的真空，否则就会导致听命于外部力量填补权力真空的悲惨命运。我们自己能够而且应该填补这个真空，不必利用军事手段，而是在合作和集体努力下，通过增强我们的社会、经济和政治基础来填补这个真空。"② 新加坡前总理李光耀（Lee Kuan Yew）也指出，区域主义有利于东盟国家"在大国达成和解时会考虑到东盟国家的利益"。③

冷战结束后，两极体系的崩溃为所有国家平等地讨论安全问题铺平了道路。面对这种局面，东盟国家采取了与大国之间建立

---

① Adam Malik, "Regional Cooperation in International Politics," Regionalism in Southeast Asia, Jakarta: CSIS, 1975, pp. 162 – 163.

② 第二次东盟部长会议声明，Jakarta, 6 August 1968，转引自 Thakur Phanit, "Regional Integration Attempts in Southeast Asia: A Study of ASEAN's Problems and Progress," Ph. D. Dissertation, Pennsylvania State University, 1980, pp. 32 – 33.

③ Sunday Times, Singapore, Mar. 18, 1978.

平衡的战略。[①]“作为一个机构，东盟发挥了外交工具的作用，协调区域立场。”[②] 东盟与外部行为体开展的合作主要体现为三种形态：东盟与单独国家合作，即东盟与美国、中国、印度、澳大利亚、俄罗斯等国建立的一系列战略伙伴关系；东盟与区域组织合作，如东盟与欧盟的战略伙伴关系；东盟或东盟国家公民社会组织所主导的跨区域安排，如东盟地区论坛、东盟防长扩大会等。[③] 在区域间合作框架下，各方不断就防务合作达成共识，逐步形成各种合作机制，推动东盟一体化建设进程不断向纵深推进。同时，新的形势推动东盟以独立行为体的角色在国际事务中发挥日益重要的主体作用，通过区域间制度化合作和大国平衡战略逐步将自身置于“关键节点”“推动者”甚至“领导者”的位置，逐步将域内外行为体纳入自身主导的框架机制里，发挥区域中心和引领作用。在东盟的官方文件里，这种作用被称为“东盟中心性”（ASEAN Centrality），表明东盟在推进地区一体化进程、构建地区秩序架构等领域发挥出关键作用。

东南亚的早期区域合作推动了“亚洲方式”的产生，其本质包括亚洲区域自主、不干预主义、主权与文化平等、共识性决策、非正式的渐进主义、泛亚洲精神及关注经济发展、拒绝多边军事防务等核心内容。[④] 东盟在亚洲方式的基础上逐步形成了“东盟方式”，继承了基于协商共识的不干涉、非武力、区域自主、和平

① Muthiah Alagappa, “Regional Arrangements and International Security in Southeast Asia: Going Beyond ZOPFAN,” Contemporary Southeast Asia, Vol. 12, No. 4, 1991, pp. 269 – 305.

② Leszek Buszynski, “ASEAN: A Changing Regional,” Asia Survey, Vol. 27, No. 7, 1997, p. 765.

③ 朱瀛泉等：《全球化背景下安全区域主义研究》，南京大学出版社 2015 年版，第 130 页。

④ Amitav Acharya, “Whose Ideas Mater? Agency and Power in Asian Regionalism,” p. 61 – 68. 转引自郑先武：《东南亚早期区域合作：历史演进与规范建构》，《中国社会科学》2017 年第 6 期，第 187—204 页。

解决争端、尊重成员国主权和领土完整的行为准则。[1] 东南亚区域主义，尤其是东盟方式，可被视为一种认同建构过程。“这种认同建构过程既依靠国家间关系的常规的‘现代的’原则，也依靠本地区盛行的社会化和决策过程中的传统的和特殊文化的模式。”[2] 东盟方式可被视作以高度协商一致为特征的决策过程，偏好非正式性，不喜欢制度化合作，采用协商一致的运作理念和实践方式。大部分学者认为，“协商”和“一致”来源于爪哇村落社会的“协商”（musyawarah）与“一致”（mufakat）的决策习俗。“协商”可被视作“集中进行非正式讨论和慎重讨论的前谈判阶段，这个阶段最终会达成共同体的普遍一致”。[3] “一致”不是“一致同意”，“不是每一个成员国总是感到满意”，但是，“只要他们的根本不被忽视，它们就愿意走下去”。[4] 由于“决策中的一致原则是一种确保成员国国家利益不能让步、不能做任何违背它们意愿的事情的安全机制”，[5] 所以“协商一致”的有效性有限，更适合避免冲突而非解决冲突。

在东南亚区域主义的框架下，东南亚安全区域主义产生于应对外部威胁和内部威胁、传统威胁和非传统威胁的现实需要。外部威胁来源于全球和区域间等外部层次，包括由全球化引发的安全问题和来自外部大国的威胁，如美国的亚太政策、南海争端、1997 年亚洲金融危机、2008 年全球性金融危机等；内部威胁来源于区域内和国家等内部层次，如海洋资源争端、领土领海边界争端、军备竞赛、分离主义、海盗袭击等。尤其是随着恐怖主义、极端主义等非传统安全威胁的快速扩张，东盟领导人更新了安全

① Amitav Achary, “Ideas, Identity, and Institution - Building: from the ‘ASEAN Way’ to the ‘Asia - Pacific Way’?” The Pacfic Review, January 1997, pp. 319 - 346.

② ［加］阿米塔·阿查亚，王正毅、冯怀信译：《建构安全共同体：东盟与地区秩序》，上海人民出版社 2004 年版，第 38 页。

③ Kamarulzaman Askandar, “ASEAN and Conflict Management: The Formative Years of 1967 - 1976,” Pacific Review, Vol. 6, No. 2, 1994, pp. 57 - 69.

④ Straits Times, Nov. 13, 1994, p. 17.

⑤ Straits Times, Nov. 13, 1994, p. 17.

挑战的内涵，将非传统安全威胁纳入议程。非传统安全威胁不是一个国家就能完全解决的，往往需要区域治理与多边合作。“这种加强合作的趋势导致合作授权范围从经济合作扩大到安全合作”,① 促使东盟采用区域治理与多边合作的方式应对新型安全挑战。由此可见，多层次、多领域的安全需要促使东南亚区域的安全依存程度日益增强，合作安全成为应对危害国家主权、领土完整和人民安全的传统和非传统安全威胁的必然选择，构成东南亚安全区域主义的重要内容。

东南亚安全区域主义主张合作安全的理念，试图将包含国家之间和国家内部冲突关系的安全复合体转变为包含对外合作关系与国内和平的安全共同体，总体呈现出内部驱动、多层次发展、从弱到强、从传统安全到综合安全的发展进程，是在东南亚区域主义主导下，相关国家在全球、区域和国家三个层次进行综合安全互动的结果。因此，东盟作为放弃使用武力手段解决区域内冲突的区域集团,② 自成立以来一直致力于以和平合作的方式解决成员国之间的争端。尽管出台了若干制度性安排，但东盟防务外交的目标是合作安全，在很大程度上仍然是一种建立信任的、温和的非正式做法。

从本质上看，合作安全属于东南亚“综合安全”与欧盟“集体安全”的融合，是新兴的跨国规范与现存的区域规范的趋同。③“综合安全”观源于印尼于20世纪60年代提出的“国家抗御力”(national resilience) 及由此产生的“区域抗御力”(regional resili-

---

① Mely Caballero - Anthony, “Non - Traditional Security Challenges, Regional Governance, and the ASEAN Political - Security Community,” Singapore: RSIS, Asia Security Initiative Policy Series, Working Paper No. 7, 2010a, p. 4.

② Mely Caballero - Anthony, “Non - Traditional Security Challenges, Regional Governance, and the ASEAN Political - Security Community,” Singapore: RSIS, Asia Security Initiative Policy Series, Working Paper No. 7, 2010a, p. 4.

③ Amitav Acharya, “How Ideas Spread: Whose Norms Matter? Norms Localization and Institutional Change in Asian Regionalism,” International Organization, Vol. 58, No. 1, 2004, pp. 239 - 274.

ence)。印尼前总统苏哈托指出："对内而言，国家抗御力是指在面对国家社会变迁导致的各种脆弱性时有能力保持自身认同；对外而言，国家抗御力是有能力面对无论何种形式的所有外部威胁。因此，国家抗御力涵盖一个国家所有领域的强化，包括意识形态、政治、经济、社会、文化及军事领域。"① 更进一步，"如果每一个成员国都发展出自身国家抗御力，一个区域的抗御力就可能逐渐产生。这样，所有成员国都有能力集体解决他们的共同问题，并一起为他们的未来和福祉负责。"② 这种概念获得其他东盟国家的理解和支持，并在不断演进中促进了东盟综合安全观的形成。欧盟"集体安全"是指成员国通过有组织的制度化方式结合在一起，以集体的力量共同打击威胁其任何成员国安全的行为，其指向是各成员国之间的合作。东南亚引进集体安全观后，希望建构一种解决安全问题的对话框架。1992 年第 4 次东盟首脑会结合实际情况，授权东盟在东南亚内部和亚太层面上处理安全问题，组织区域安全对话，建构合作安全。③ 总之，东盟合作安全与"亚洲方式"和"东盟方式"一脉相承，以东盟规则为基础，结合"综合安全"与"集体安全"，不仅将东盟范围主动扩大到印支国家，还通过一定的制度化方式，在军事、政治、经济、社会、环境等领域展开广泛的安全合作。东盟合作安全倾向于协商、透明、预防、保证和互相依存，被称为冷战后"最有效的"区域安全机制。④

---

① Yayasan Proklamasi CSIS, "Regionalism in Southeast Asia," Jakarta: CSIS, 1974, p. 8.

② Dewi Fortuna Anwar, "National versus Regional Resilience? An Indonesian Perspectives," in Derek da Cunha eds., "Southeast Asian Perspectives on Security," Singapore: ISAS, 2000, pp. 82 - 83.

③ ASEAN Basic Documents, "Singapore Declaration of the Fourth ASEAN Summit," Jan. 27, 1992, http://www.aseansec.org/1396.htm.（上网时间：2020 年 9 月 12 日）

④ 克雷格·A. 斯奈德：《区域安全结构》，载克雷格·A. 斯奈德等编，徐纬地等译：《当代安全与战略》，吉林人民出版社 2001 年版，第 140—146 页。

第二节 东盟防务外交的演变脉络

东盟防务外交的演变与国际格局和安全威胁的变化密切相关。从国际层面看，东盟面临着国际秩序大振荡下的全球治理体系加速重构的压力；从区域层面看，东盟面临着在域外大国间进行战略平衡来谋求自身安全发展的压力，以及成员国间难以解决的安全问题，如领土主权和自然资源争端等；从国内层面看，一些成员国面临着民族分离主义、宗教极端主义、经济衰退、贪污腐败、军事政变等安全威胁。东南亚国家最初通过与域外国家开展一系列双边和小多边防务合作增进了彼此间的信任，逐步发展出解决共同安全问题的合作机制，具备应对地区安全问题的能力。随着东南亚地区的安全压力日趋多元，东盟开始独立调动自身机制应对挑战，主导开展更为系统和有效的各级防务合作。通过防务合作，东盟能够促进相互信任，增强自身凝聚力。因此，东盟防务外交的目标是在东盟引领下就应对内外安全挑战达成共识，反映出东盟认识到地区安全问题需要通过集体努力加以解决的态度。①在本研究中，东盟成立前在东南亚地区存在的各类集体防务机制被视作东盟防务外交的前身，所以东盟防务外交的演变大致分为初创期（1954—1991 年）、发展期（1992—2002 年）和加强期（2003 年至今）三个阶段。从长远看，东盟将继续培养面对安全威胁和挑战的共同立场，并在维护东盟中心性的基础上开展防务外交，切实推进东盟一体化建设。

---

① Rizal Sukma, "The ASEAN Political and Security Community (APSC): Opportunities for the R2P in Southeast Asia," The Pacific Review, Vol. 25, No. 1, 2012, pp. 136 - 139.

一、初创期（1954—1991年）

除泰国外，东南亚国家都是在二战后才获得独立。这些国家与前宗主国的关系及获得独立的方式、进程和障碍在很大程度上决定了该地区防务政策的走向。其中，菲律宾和马来西亚基本以和平方式获得独立，采取亲西方或中立立场，主张外交附依；印度尼西亚、越南和缅甸以武装斗争的方式获得独立，倾向于反西方和反殖立场，主张外交独立。在冷战时期，美苏两大阵营在东南亚地区分别扶持代理人，争取中立国家，造成地区意识形态两极分化，安全形势长期动荡。

（一）东南亚条约组织（SEATO）

首先出现在东南亚地区的集体防务组织是东南亚条约组织，这是1954年9月8日美国、英国、法国、澳大利亚、新西兰、泰国、菲律宾和巴基斯坦在马尼拉签订《东南亚集体防御条约》后于1955年2月成立的政治军事组织，是战后美国在东南亚地区建立的首个安全合作机构，也是冷战时期美国为对抗社会主义阵营所建构的集体防务体系的重要组成部分。① 总体而言，“成立北大西洋条约组织是为了遏制波罗的海的共产主义帝国，而建立东南亚条约组织则是为了阻止共产主义在亚洲的进一步扩张。”② “东南亚条约组织是北大西洋条约组织的一个翻版，为华盛顿介入东南亚事务提供了法理依据”，③ 其战略意图是与北约、中约（中部条约组织，CENTO）和澳新美条约（ANZUS）联结成为反共联盟

① Paul E. Eckel, “SEATO: An Ailing Alliance,” World Affairs, Vol. 134, No. 2, 1971, pp. 98 - 100.

② Louis J, Halle, “The Cold War as History,” New York: Harper and Row, 1967, p. 338.

③ ［美］孔润华、沃伦·科恩主编，周桂银等译：《剑桥美国对外关系史（下）》，新华出版社2004年版，第317页。

之弧。①

东南亚条约组织设想涵盖“东南亚的一般地区，包括亚洲各方的全部领土，以及西南太平洋的一般地区，不包括北纬21度30分以北的太平洋地区”，② 涵盖所有东南亚国家。然而，该联盟由西方国家倡议，与1949年亚洲会议提出的“加速非殖民化进程”的精神背道而驰，除菲律宾和泰国外，其他国家拒绝加入。《东南亚集体防御条约》规定，一旦成员国的安全受到威胁，应采取共同防御措施。该组织的三项工作原则为：1. 为该地区提供军事或防御盾牌；2. 防止和打击颠覆活动；3. 协助亚洲伙伴发展社会、经济和文化。然而，由于大部分成员国对于军事事务热情不高，东南亚条约组织的军事和防务合作项目有名无实，仅限于有限的联合军演。有学者评价“东南亚条约组织的基本职能是一个反共情报交换站。东南亚条约组织自始至终与其说是一个实体，还不如说是装点门面。”③ 随着美国在越南战争中失败和中美关系的缓和，东南亚条约组织于1975年9月宣布解散。虽然只有菲律宾与泰国参加的东南亚条约组织无法代表东南亚国家的政治取向，但外部主导的安全合作机制引发了东南亚领导人进行本土性、自发性区域防务合作的尝试。

（二）东南亚联盟（ASA）

东南亚联盟是由马来西亚、泰国和菲律宾组建的区域组织，标志着东南亚区域主义的兴起。虽然东南亚联盟存在的时间较短（1961.7—1967.8），但为理解东南亚地区内的集体防务传统提供

① John Stirling, “ASEAN: The Anti - Domino Factor,” Asian Affairs, Vol. 7, No. 5, 1980, p. 274.

② “The Southeast Asia Collective Defence Treaty,” Jul. 11, 2021, https://www.legislation.gov.au/Details/C1954A00077/ced05584 - 8d8b - 469d - bfca - d1e8b01a5581.（上网时间：2019年3月12日）

③ ［美］约翰·F. 卡迪，姚楠等译：《战后东南亚史》，上海译文出版社1984年版，第410页。

了一个极好的机会。① 从表面上看，东南亚联盟旨在促进东南亚的经济、技术和文化合作。② 但本质上，这是马来西亚、泰国和菲律宾三个亲西方国家希望借助地区合作压制共产主义运动的尝试，正如泰国国防部长在成立宣言签署前表态：“这一阶段或水平的合作应迅速被军事政策的协调所取代和统筹。”③ 只是由于担心分裂东南亚的非共产主义国家，才提出不针对任何集团，主要促进经济与文化合作。④ 因此，东南亚联盟的建立基础是共产主义威胁，这也限定了它的安全作用。⑤

由于泰国和菲律宾加入了美国主导的东南亚条约组织，美国与泰国缔结了军事援助协定，马来西亚与英国签订了防务协定，所以东南亚联盟各成员对于区域内安全合作的预期并不高。由于东南亚联盟在政治上从属于美国在东南亚的利益，⑥ 奉行外交中立的印尼、柬埔寨和缅甸为避免亲美反共的敏感立场，相继回绝了参加东南亚联盟的邀请，从而限制了东南亚区域主义的发展。此外，马来西亚和菲律宾关于沙巴（Sabsh）主权归属问题的冲突导致东南亚联盟于1963年基本陷入瘫痪状态。但是，东南亚联盟确实就东南亚区域主义的经济社会合作、组织管理制度和运行决策方式提供了经验，为成立东南亚国家联盟奠定了基础。

---

① Vincent K. Pollard, “ASA and ASEAN, 1961 - 1967: Southeast Asian Regionalism,” Asian Survey, Vol. 10, No. 3, 1970, pp. 244 - 255.

② 王世录：《谈东南亚联盟与东盟的本质区别》，《东南亚》1999年第4期，第28—40页。

③ Vincent K. Pollard, “ASA and ASEAN, 1961 - 1967: Southeast Asian Regionalism,” Asian Survey, Vol. 10, No. 3, 1970, p. 245.

④ Shaun Narine, “Explaining ASEAN Regionalism in Southeast Asia,” Boulder: Lynne Rienner Publishers, 2002, p. 11.

⑤ 韦红：《20世纪60年代初东南亚地区主义发展受挫原因再思考》，《华中师范大学学报》（人文社会科学版）2004年第1期，第83—87页。

⑥ Vincent K. Pollard, “ASA and ASEAN, 1961 - 1967: Southeast Asian Regionalism,” Asian Survey, Vol. 10, No. 3, 1970, p. 246.

（三）马菲印联盟（MAPHILINDO）

马菲印联盟是东南亚地区第一个由结盟国家（马来西亚、菲律宾）与不结盟国家（印尼）组成的区域合作组织，其名称来源于每个成员国的国名缩写（Malaysia、Philippines、Indonesia），是成员国为满足各自现实需要而出现的政治产物。从本质上看，马菲印联盟是在马来族群认同的基础上三国对于东南亚区域主义的界定。这也是苏加诺领导下的印尼首次愿意加入一个区域性组织，因为“没有印尼的参与，东南亚区域合作的任何努力充其量只能获得有限的成就”。①

关于马菲印联盟的倡议首先出现在 1963 年 6 月三国外交部长会上，其目标是在经济、文化和社会科学领域开展合作。然而，该联盟很快陷入失败的境地。首先，印尼反对成立马来西亚联邦，并进一步发动了武装对抗马来西亚运动。其次，菲律宾声称对沙巴州的部分领土拥有主权，尽管英国代表马来西亚、美国代表菲律宾就这一主张展开对话，但在联合国研究小组尚未完成关于沙巴州人民自决的研究报告之前，马来西亚联邦政府于 1963 年 9 月 16 日宣告成立。此举引发了印尼和菲律宾的激烈反应：印尼拒绝承认新联邦并宣布对抗，而菲律宾则召回了驻吉隆坡的大使。最后，马菲印联盟因为族群性原因不能发挥团结东南亚国家的作用。菲律宾前总统迪奥斯达多·马卡帕加尔（Diosdado Pangan Macapagal）宣称马菲印联盟是“实现其终生梦想——统一马来民族的第一步……三胞胎长期被殖民养父母分离，现在至少要重新发现他们的共同起源，塑造他们的共同命运”。② 作为一个在族群、文化和自然资源方面具有高度异质性的区域，支持某个族群集团将会

① Bernard K. Gordon, “Regionalism in Southeast Asia: ASA's Political History,” in Robert O. Tilman eds., “Man, State, and Society in Contemporary Southeast Asia,” New York: Praeger Publishers, 1969, pp. 506 – 526.

② Jason D. Lewis, “The Integration of Southeast Asia: ASEAN's Role in the Creation of a Security Community,” Ph. D Dissertation, 1999, p. 64.

阻碍东南亚区域主义的发展。新加坡前总理李光耀指出，马菲印联盟基于族群统一的存在正在危及该地区的政治稳定。①

虽然马菲印联盟因为优先考虑国家利益而非区域利益而遭到失败，但东南亚领导人从中意识到国家之间需要建立平等的关系。只有通过相互信任和相互理解，将共同利益置于相互分歧和自身利益之上，才能实现组织的团结。可以说，马菲印联盟并未真正消失，由其引发的团结合作以及优先考虑区域利益而非国家利益的理念构成东盟的基础。

（四）东南亚国家联盟（ASEAN）

1967年8月，印尼、泰国、新加坡、菲律宾和马来西亚在曼谷举行会议，发表《曼谷宣言》（《东南亚国家联盟成立宣言》），正式宣告东南亚国家联盟（简称东盟）成立。东盟的成立与美国的鼓励和支持有一定关系。二战后美国开始加强介入东南亚，其目标是拉拢更多东南亚国家，遏制共产主义扩张，维护其区域利益。为此，美国提供经济援助，支持东南亚国家进行政治联合，并在东南亚条约组织、东南亚联盟、马菲印联盟等组织陷入瘫痪后再次推动东南亚区域主义的发展，鼓励东南亚国家领导人成立一个更大的区域合作组织。

20世纪60年代中期，随着国际和东南亚局势的发展，特别是菲律宾、印尼与马来西亚关系缓和、新加坡独立后，保持东南亚地区中立、摆脱冷战军事行动的愿望使人们对东南亚区域主义重新产生兴趣，各国领导人开始考虑成立一个新的区域性合作组织。② 东盟缔造者们认识到区域合作必不可少，否则区域的未来将充满不确定性。如果一个新的区域组织可以缓和成员国之间紧张

---

① Jason D, “Lewis. The Integration of Southeast Asia: ASEAN's Role in the Creation of a Security Community,” Ph. D Dissertation, 1999, p. 65.

② Gerald Tan, “ASEAN: Economic Development and Cooperation,” Singapore: Times Academic Press, 2000, pp. 9 – 10.

的政治格局，每个国家都可以把精力集中在经济发展上，这反过来又会降低共产主义对于国民的吸引力。① 在东南亚联盟的基础上加入政治和安全关系，很快就促成了东南亚国家联盟的成立。②

东盟的宗旨是促进东南亚国家的政治、经济、文化合作，并努力维护区域共同利益，促进地区团结、和平与稳定。③ 东盟区域安全的前提是政治稳定，政治稳定的基础是经济发展。正如《东盟宣言》声明，各成员国知悉区域不安全是政治不稳定、经济不发达及外部干预造成的。④ 只有成功解决这些问题，才能实现持久的区域安全。解决这些问题需要成员国的共同努力，推动区域经济增长、社会进步和文化发展，并始终尊重国家间的正义与法治，提升区域的和平与稳定。⑤

1969 年美国出台“尼克松主义”，鼓励亚洲盟友自己承担国内安全和军事防务的责任。东南亚领导人认识到区域安全和稳定完全取决于自身努力，认识到只有把自身利益放置于集体利益之下，才能在区域创造安全并持久生存下去。此后，东盟改变了合作方向，从优先考虑经济到更加关注安全。1971 年，东盟成员国签署了《和平、自由和中立区宣言》（ZOPFAN），声明“东南亚国家决心维护地区稳定与安全，避免任何形式的外部干涉，保护地区人民向往和追求的民族特征”。⑥ 东盟成员国对大国竞争的担忧和对外部保护的疑虑是建立中立区的基本原因。该宣言作为

① Peter M. Lodge, “The United States Role in the Creation and Development of the Association of Southeast Asian Nation,” Ph. D Dissertation Lodge, 1998, p. 116.

② Peter M. Lodge, “The United States Role in the Creation and Development of the Association of Southeast Asian Nation,” Ph. D Dissertation Lodge, 1998, p. 506.

③ Mohammad Faisol Keling, “The Development of ASEAN from Historical Approach,” Asian Social Science, Vol. 7, No. 7, 2011, p. 172.

④ “The ASEAN Declaration,” Jan. 27, 2016, https://asean.org/the-asean-declaration-bangkok-declaration-bangkok-8-august-1967/.（上网时间：2020 年 5 月 9 日）

⑤ “The ASEAN Declaration,” Jan. 27, 2016, https://asean.org/the-asean-declaration-bangkok-declaration-bangkok-8-august-1967/.（上网时间：2020 年 5 月 9 日）

⑥ “ASEAN Documents Series1967 - 1986,” The ASEAN Secretariat Jakarta, 1986, p. 30.

东盟初期安全与防务合作的最重要的举措，体现出东盟追求在大国保证下的地区和平、稳定与安全的战略目标。宣言表明，东南亚地区不再被认为是受到大国影响的地区，对于东盟成员国而言，这种中立是一种通过改善人民福祉确保成员国获得稳定与维护和平的方案。① 由于对"中立"概念的解释存在差异，宣言中体现出不干涉、不使用武力和区域自治的东盟特色，其模糊性也默许成员国与域外大国继续保持安全关系。然而，由于没有获得美国、中国和苏联三个大国的支持，这一概念被搁置多年。

从1967年东盟成立起到1991年冷战结束止，东盟从松散的联盟发展为实质性的合作，其转折点是1976年东盟5国首脑在印尼巴厘岛举行的第1次首脑会，将"长期以来只限于讨论层面的经济合作推进到实际执行阶段"，② 说明东盟成员国尽管把经济发展作为优先事项，但他们无法把经济发展问题和区域大国政治所带来的战争与和平的政治问题分开。③ 此次东盟首脑会签署了《东南亚友好合作条约》（Treaty of Amity and Cooperation in Southeast Asia）与《东盟协调一致宣言》（Declaration of ASEAN Concord），将政治与安全合作问题正式提上日程，开启了东盟发展史上的"突出政治时代"④。《东南亚友好合作条约》规定成员国有权免受外来干涉、颠覆和制裁，"能够集体地、迅速地对内部冲突及区域内外安全挑战做出反应，这基于一种共识，即一个共同体

① M. C. Abad, "The Role of ASEAN Security Multilateralism ZOPFAN, TAC and SEANWFZ," Bandar Seri Begawan: Paper presented at the ARF, Professional Development Programme for Foreign Affairs and Defence Officials, 2000, p. 3.

② 张锡镇：《当代东南亚政治》，广西人民出版社1994年版，第257页。

③ M. C. Abad, "The Role of ASEAN Security Multilateralism ZOPFAN, TAC and SEANWFZ," Bandar Seri Begawan: Paper presented at the ARF, Professional Development Programme for Foreign Affairs and Defence Officials, 2000, p. 2.

④ 王士录、王国平：《从东盟到大东盟——东盟30年发展研究》，世界知识出版社1998年版，第87页。

将在更大程度上提供以和平方式解决冲突的保证。”① 东盟安全合作开始向公开化、多边化、组织内部化转变，一致向越南施压，积极促成解决柬埔寨问题，不仅进一步增强了东盟认同意识，还提高了自身在区域和国际上的地位，呈现出“东盟是一个政治合作组织”② 的面貌。1978 年柬埔寨冲突爆发后，东盟计划建立一个东南亚无核区，并将其作为建立上述中立区的具体步骤之一。由于美国和东盟国家对此存在不同的诉求，无核区计划几乎处于搁置状态。《和平、自由和中立区宣言》《东南亚友好合作条约》和 1995 年签署的《东南亚无核武器区条约》（SEANWFZ）为东盟提供了管理区域安全的辅助机制，③ 用于预防和解决成员国间可能发生的冲突。

总体而言，从 1967 年到 1992 年，东盟主要呈现出政治论坛的面貌，正如印尼前外长亚当·马利克所说：“尽管一开始东盟被看作是一个经济、社会及文化合作组织，对于这些领域的考虑无疑是核心，但在五个成员国的政治框架中有个共识是第一位的，即首要目标是在东亚地区战略中如何更好地保证实现国家目标，这才是东盟国家联系在一起的主要动力。”④ 由于东盟创建者反对在自身框架内进行任何形式的多边军事合作，1968 年第 2 届东盟外长会正式做出不在东盟内部发展多边军事合作的决定，并长期坚持这一立场。马来西亚前总理侯赛因·奥恩称：“东盟成员国显然不希望把东盟由一个社会经济组织变成一个安全联盟，因为这

① Alexandra Retno Wulan and Bantarto Bandoro, “ASEAN’s Quest for a Full – Fledged Community,” Jakarta: CSIS, 2007, p. 3.

② ［新加坡］莱塞克·布辛斯基：《东盟的地区作用在变化中》，《南洋资料泽丛》1989 年第 1 期，第 4 页。

③ M. C. Abad, “The Role of ASEAN Security Multilateralism ZOPFAN, TAC and SEANWFZ,” Bandar Seri Begawan: Paper presented at the ARF, Professional Development Programme for Foreign Affairs and Defence Officials, 2000, p. 1.

④ Regional Co – operation in International Politics, “Regionalism in Southeast Asia,” Jakerta: CSIS, 1975, p. 161, in Michael Leifer, “ASEAN and the Security of South – East Asia,” London: Routledge, 1989, p. 21.

只会在地区内产生误解，并会削弱东盟在社会经济及相关领域开展合作以促进和平稳定所取得的积极成果。”①

这一时期内，东盟成员国偏爱保持双边防务关系，赞成“在非东盟基础上成员国之间继续就安全事务进行符合彼此需要和利益的合作”，② 达成的共识是“将成员国之间的防务合作限制在外在于东盟的一种双边层面的合作，防止东盟变成一种军事联盟”。③ 所以，在东盟这一多边体系中，双边安全防务合作不断发展，如马来西亚与泰国在泰马边界的联合行动、马来西亚与印尼在婆罗洲边界的联合行动、印尼与菲律宾的边界行动、新加坡与马来西亚在五国联防中的合作等，合作内容包括共同训练、联合演习、边界巡逻、海上监察、情报共享等双边军事项目。当时密集的双边军事合作被时任印尼副总统德利·苏斯特利斯诺（Tri Sustrisno）称为“防务蜘蛛网”（defense spider web）。④ 虽然东盟内部诸如防务一体化、国防部长会等各种多边防务建议层出不穷，但都遭到否决。值得肯定的是，东盟早期坚持不涉及军事问题、主张在双边基础上进行合作的方式对于处理内部冲突具有积极意义，并为日后开展多边安全合作奠定了基础。

二、发展期（1992—2002 年）

冷战结束后，两极对峙终结。东盟迎来全面发展，主要体现在结构重组和功能拓展上：在结构重组方面，东盟继 1984 年文莱加入后开始扩张，并在越南（1995 年）、老挝（1997 年）、缅甸

---

① New Straits Times, 1 April 1976.

② ［加］阿米塔·阿查亚，王正毅、冯怀信译：《建构安全共同体：东盟与地区秩序》，上海人民出版社 2004 年版，第 85 页。

③ ［加］阿米塔·阿查亚，王正毅、冯怀信译：《建构安全共同体：东盟与地区秩序》，上海人民出版社 2004 年版，第 67 页。

④ William T. Tow, “Asia - Pacific Security Relations: Seeking Convergent Security,” Cambridge: Cambridge University Press, 2001, p. 266.

(1997 年) 和柬埔寨 (1999 年) 相继加入后形成东盟十国的格局，意味着冷战时期东盟五国与印支半岛的敌对状态正式结束；在功能拓展方面，东盟改变了偏重政治合作的机构形象，在其框架下促成了许多区域合作，特别是在经济发展领域。1992 年，东盟第 4 次首脑会签署了《1992 年新加坡宣言》(Singapore Declaration of 1992 Singapore)、《加强东盟经济合作框架协定》(Framework Agreement on Enhancing ASEAN Economic Cooperation) 等文件，决定建立东盟自由贸易区 (AFTA)，把东盟的经济合作推进到一个新阶段。

随着冷战后国际和区域安全环境发生重大变化，东盟成员国不仅受困于复杂的传统安全问题，海盗、毒品、走私、跨国犯罪、非法移民等非传统安全问题的凸显更加促使东盟成员国开始考虑通过加强安全合作以减少区域内日益严重的“低烈度威胁”，以维护地区集体安全，提高“地区复原力”。与此同时，东盟认识到其内部长期存在的领土和资源争端等不稳定因素在冷战后随着经济高速发展再度凸显，不仅导致成员国间的关系紧张，还可能招致外部势力干预，威胁整个区域的和平与安全。20 世纪 90 年代初出现的“逆裁军”潮流加剧了成员国间的猜忌，也对区域安全构成挑战。在这一背景下，东盟呼吁成员国增进互信，加深了解，加强安全合作，增加军事透明度，消除区域安全隐患。

虽然东盟安全合作的目标比冷战时期已经大幅拓展，但在合作机制上仍以双边为主，对多边乃至东盟全体成员国的集体安全合作机制多持保留意见。当时的主流观点认为，由于大部分成员国的双边防务合作机制及个别三边防务合作机制能够灵活运转，并且已经形成了有效的安全合作网络，能够应对各种威胁和挑战，因此没有必要再搞多边或集体安全合作机制，以免引发他国疑虑，破坏东盟的国际形象。① 然而，多边防务合作的势头开始在这一时期萌发。早在 1990 年印尼召开的一次安全研讨会上，时任印尼国防部长建议成立一个区域安全合作论坛，获得东盟各国的赞成。1992 年新加坡国防部主办了“首届亚洲太平洋国防大会”，希望将其发展成一个安全研究机构。②

1994 年 7 月，首届东盟地区论坛在泰国召开，为应对传统和非传统安全问题提供了新路径。东盟地区论坛是在东盟内部建立多边安全机制的重大进展，也是亚太地区最重要的多边安全制度。东盟地区论坛旨在使用多边机制替代传统的制衡手段，达到“软制衡”的目标，即通过国际制度实现制衡、维持均势。③ 随着美国、中国、日本、俄罗斯、印度等大国的参与，东盟在一定程度上实现了通过该论坛来牵制各个亚太大国、获得主导地位的目标。东盟地区论坛的发展进程分为建立信任措施、预防性外交及处理冲突设想三个阶段。目前，东盟地区论坛已经进入预防性外交阶段。经过多年发展，东盟地区论坛主要发挥了维护地区政治安全、建立信任和推进预防性外交的对话与合作机制作用，这种基于多边主义安全理念的制度建构使东盟迈出了多边合作的重要一步。作为当时亚太地区仅有的官方安全机制，东盟地区论坛已经初步形成具有亚太特色的预防性外交，一方面为地区安全对话合作提供平台，另一方面通过大国平衡战略维持地区均势。在东盟地区论坛的发展进程中也蕴含了防务合作的内容，如在其一系列制度化会议中设置了国防部副部长级官员参加的高官会，2004 年后建立了由成员国国防部副部长或相应级别的防务和安全官员参加的

---

① ［印尼］R. M. Sunardi：《地区安全合作与东盟地区论坛的未来》，载 Haidai Soesastro 等主编：《亚太地区的安全与经济合作结构》，印尼战略与国际问题研究所，1996 年，第 108 页。

② 刘稚：《90 年代东盟国家防务战略的调整变化》，《当代亚太》1995 年第 2 期，第 35—40 页。

③ 喻常森：《东盟地区论坛的目标及大国的立场》，《东南亚研究》2000 年第 4 期，第 22—26 页。

专门会议，增加了成员国在军事安全领域的对话和互信等。① 此外，东盟地区论坛开始重视东盟与地区其他防务合作机制的统筹配合。

三、加强期（2003 年至今）

2003 年第 9 届东盟首脑会通过《东盟第二协议宣言》（Declaration of ASEAN Concord II），提出建设包含安全、经济和社会文化三大支柱的东盟共同体，体现出东南亚区域主义的重大进展。由于东盟地区论坛、东盟 +3、东亚峰会等非中心多边合作机制无法有效处理领土争端、大规模杀伤性武器扩散等重大传统和非传统安全问题，2004 年 11 月第 10 届东盟峰会上通过的《东盟安全共同体行动计划》（ASEAN Security Community Plan of Action）规定东盟应召开年度国防部长会。2006 年启动的东盟防长会作为东盟最新的安全合作框架，标志着东盟防务外交的加强。

2006 年首届东盟防长会（ADMM）在吉隆坡召开，确立了其在东盟内部最高的防务磋商和安全合作机制的地位。“东盟防长会的设立反映了东盟各国防长全面解决地区安全问题的需要，部长们一致认为东盟防长会的具体目标是：1. 通过安全防务对话与合作促进地区和平与稳定；2. 指导东盟内部及东盟与对话伙伴之间现有的高级防务和军事官员在防务和安全领域的对话与合作；3. 通过增进对防务和安全挑战的理解以及增强透明度和开放性，促进互信与信心；4. 按照《东盟第二协议宣言》的规定，为建立东盟安全共同体（ASC）做出贡献，并敦促执行《万象行动纲领》（Vientiane Action Programme on the ASC）；5. 帮助东盟成员国建立应对共同安全挑战的能力，同时认识到东盟各国的不同实力；6. 通过增强对话和透明度促进防务机构之间的相互信任和信心；

① 陈寒溪：《东盟地区论坛的效力评估——一种理性主义视角》，《外交评论》2008 年 10 月，第 88—94 页。

7. 鉴于本地区面临的跨国安全挑战，通过防务与安全合作加强地区和平与稳定。① 东盟防长会概念文件规定：“设立东盟防长会是对其他区域性努力的补充，以促进区域防务和军事官员间的互动，促进安全对话与合作。”② 东盟防长会成立后，成为东盟成员国间通过对话协商和相互协调开展防务对话与合作的主要推动力。

2007 年第 2 届东盟防长会通过了 2008—2010 年工作计划、《东盟防长会概念议定书》、《东盟防长扩大会概念书》等文件，“第一是建立制度化框架，以对话和协商的形式加强东盟成员国和域外势力间的相互理解和对话；第二个框架如三年工作计划所述，涉及东盟军队之间的务实防务合作；第三个框架的重点是东盟各国防长让东盟以外的国家参与对话进程，但要以让东盟国家适应的速度”。③ 这种外向型的制度机制为东盟内部及其与域外伙伴开展广泛合作奠定了基础。2009 年第 3 届东盟防长会通过了部署军事能力进行人道主义援助和救灾的概念文件，并达成东盟防务部门与国内社会组织关于非传统安全问题方面的合作。2010 年第 4 届东盟防长会同意加强在国防和安全领域的合作，应对跨国非传统安全挑战。2011 年第 5 届东盟防长会通过了 2011—2013 年工作计划、区域防务合作概念书和建立维和中心网的建议，并在南海问题上采取同一行动规则。2012 年第 6 届东盟防长会就促进非传统安全合作、东盟安全共同体建设进程等问题进行了讨论。2013 年第 7 届东盟防长会讨论了在反恐、救灾、维和、海事安全等领域的合作事宜。2014 年第 8 届东盟防长会通过了 2014—2016 年工作计划，同意建立东盟防长会热线。2015 年第 9 届东盟防长会签署了维护地区安全与稳定、应对“伊斯兰国”威胁的联合声

① Bantarto Bandoro, “ASEAN Defence Cooperation: Current Trends and Future Development,” Southeast Asia Security Public Lecture Series III, 2009: pp. 2 – 3.

② Bantarto Bandoro, “ASEAN Defence Cooperation: Current Trends and Future Development,” Southeast Asia Security Public Lecture Series III, 2009: pp. 3 – 4.

③ Bantarto Bandoro, “ASEAN Defence Cooperation: Current Trends and Future Development,” Southeast Asia Security Public Lecture Series III, 2009: p. 4.

明，马来西亚提出建立一支东盟维和部队。2016 年第 10 届东盟防长会以“促进防务合作，实现活跃的东盟共同体”为主题，通过了《东盟防长扩大会关于建立网络安全专家工作小组的概念文件》《东盟军队关于人道主义援助和救灾待命小组的参考条款》《东盟军事医学中心参考条款》等。2017 年第 11 届东盟防长会通过了以 2017—2019 年工作计划和《海事互动细则的概念文件》为代表的 10 份概念文件。2018 年第 12 届东盟防长会以“加强合作，坚韧团结”为主题，强调以东盟为核心加强军事合作，落实全球首个“多边军机空中相遇行为准则”。2019 年第 13 届东盟防长会在“推动可持续发展伙伴关系”的理念下强调防长会和防长扩大会是区域防务与安全合作战略对话的重要平台，重申加强、巩固和优化东盟成员国间及与扩大合作国间的防务合作，通过了《用于辅助边境管理的东盟防务建设的概念文件》《设立东盟军事医学会议的概念文件》《海上互动准则》等文件。2020 年第 14 届东盟防长会通过了 2020—2022 年行动计划和《东盟国防部长关于加强防务合作，致力提高东盟团结凝聚力与积极主动适应能力的联合声明》等文件，彰显出东盟对维护区域和平、稳定、合作与发展所作出的承诺。

在东盟开放性原则指导下，东盟防长会下辖防长扩大会，用于指导东盟与域外大国之间开展的防务合作。首届东盟防长扩大会（ADMM +）于 2010 年在越南河内举行，参会代表由东盟 10 国国防部长与来自澳大利亚、中国、印度、日本、新西兰、俄罗斯、韩国和美国的 8 位国防部长组成，以加强非传统安全领域的务实合作为目标，在防务领域推动东盟政治安全共同体建设，成为亚太地区重要的多边安全合作机制。2013 年第 2 届东盟防长扩大会强调，在东盟主导下，东盟防长扩大会成为地区安全架构的关键组成部分。2015 年第 3 届东盟防长扩大会在美国的干扰下，未能如期发表联合宣言。2017 年第 4 届东盟防长扩大会在联合声明中强调和平解决争端，加强海事安全务实合作，共同打击暴力极端主义、激进主义和恐怖主义。2018 年第 5 届东盟防长扩大会通过了《建立务实信任措施的联合声明》《反对恐怖主义威胁的联合声明》等。2019 年第 6 届东盟防长扩大会指出，2018 年中国—东盟海上军事演习和 2019 年美国—东盟海上军事演习增进了东盟与中美之间的务实合作水平，强调依靠国际法原则、防长扩大会专家工作组和东盟主导的安全机制和平解决争端，才是有效应对地区安全威胁的可持续方式。2020 年第 7 届东盟防长扩大视频会庆祝了成立十周年，通过了《东盟防长扩大会各国国防部长关于战略安全愿景的联合宣言》。

东盟防长会（及防长扩大会）的形成与发展过程与东南亚以往的区域组织具有根本区别。那些区域组织都是建立在拥有既得利益的域外国家的倡议和支持的基础之上，而东盟防长会纯粹根据东盟倡议而设立，以东盟为核心和主要驱动力。东盟防长会与东盟一致，都主动认可并积极适应域外环境，积极与域外行为体开展交流合作。通过这种开放性，东盟防长会使东盟在应对区域安全挑战时，从域外国家的差异化视角和多样性资源中广泛汲取经验。这一与外部伙伴积极接触的外向型机制在东盟区域主义进程中具备高附加值。东盟成员国间的凝聚力与积极的外部接触相结合，能够增强东盟自身的韧性，并能够使东盟有建设性地影响大国之间关系的发展。① 如果东盟要实现持久的区域和平、稳定与安全，内部凝聚力和外部开放性都是必不可少的。

① Bantarto Bandoro, "ASEAN Defence Cooperation: Current Trends and Future Development," Southeast Asia Security Public Lecture Series III, 2009, pp. 1 – 8.

第二章

东盟安全共同体与防务外交

2003 年 10 月，第 9 届东盟首脑会推出东盟共同体计划。2015 年 11 月，第 27 届东盟峰会通过了《2015 年建成东盟共同体的吉隆坡宣言》，宣布以政治安全、经济、社会文化为三大支柱的东盟共同体正式建立，标志着东盟一体化进程取得阶段性成果。其中，东盟框架下防务外交的勃兴与发展成为东盟政治安全共同体（APSC）建设的主要成就之一。

第一节　安全共同体

在国际关系理论中，安全是一个重要且不断演变的概念。根据美国心理学家马斯洛的需求层次理论（Maslow's hierarchy of needs），安全是人的基本需求之一。同样，国家安全是国家的基本利益，是指国家既没有外部威胁和侵害又没有内部混乱和疾患的客观状态。然而，国家追求自身安全的行为可能适得其反，这就是 1950 年美国政治学家约翰·赫兹（John H. Herz）提出的“安全困境”。“安全困境”是指相互猜疑和相互恐惧的不安全感驱使各个权力单位（如国家）为了获取更大的权力而竞争，以便获得更大的安全。这种努力是自我破坏式的，因为彻底的安全终究是不可获得的。[①] 根据这一观点，国家满足安全需求而有所行动，无论意图如何，都会引发他国的不安全感。每一方都认为自己的措施是防御性的，而他国的措施则具有潜在的威胁性。[②] 这种悖论描述了在无政府状态下，国家“为了避免其他国家势力的影响而力图获得更多的权力时”，国家关系就陷入“追逐安全和权力的恶性循环之中”。[③]

为了缓解安全困境，国际关系学界陆续提出“共同安全”“综合安全”“合作安全”等概念，认为安全目标是综合性的，需要采取的途径和手段也是多面向的，通过合作性的政策和行为能够实现程度更高的安全。这些概念体现出合作共存的态度，而不是一方吃掉另一方的零和思维。随着安全概念和安全关系的发展，1957 年，卡尔·多伊奇（Karl W. Deutsch）等人提出了“安全共同体”（security community）概念，能够“真正确保此共同体的成员相互之间不会以武力相害，而是将以其他某种方式解决争端”。从功能上看，安全共同体是一些国家和组织为追求安全而组成的共同体，分为“合成安全共同体”（amalgamated security community）和“多元安全共同体”（pluralistic security community）两类，其成员必须具有认同感和“自己人的感觉”（we－feeling），能够通过整合实现各成员对“和平变化可靠的预期”。[④] 伊曼纽尔·阿德勒（Emanuel Adler）和迈克尔·巴尼特（Michael Barnett）认为安全共同体是指“由主权国家组成的跨国区域，区域内的人们对

① John Herz, “International Politics in the Atomic Age,” New York: Columbia University Press, 1959, pp. 231－235.

② 任晓：《安全——一项概念史的研究》，《外交评论》2006 年总第 91 期，第 36—45 页。

③ John Hertz, “Idealist Internationalism and the Security Dilemma,” World Politics, Vol. 2, 1950, p. 157.

④ Karl Deutsch, Sidney A Burrell, et al., “Political Community and the North Atlantic Area,” Princeton: Princeton University Press, 1957, pp. 5－6.

和平变化都持有可靠的预期”。① 综上所述，安全共同体意味着在一个区域内达成一种“共同体”意识，通过形成正式或非正式的制度和惯例，保证区域内的人们对于和平变化持有可靠的预期。② 安全共同体基本上将变化视为和平过程，主要以行为体之间的“感知”（perception）和“认同”（identification）为基础。③ 这种感知和认同能够解释为什么国家可以发展出更深层次的相互依存，发展出“自己人的感觉”，并最终放弃使用武力来解决彼此之间的争端。④

安全共同体与“联盟”和“防务共同体”（defence community）存在差别。阿米塔·阿查亚（Amitav Acharya）指出，防务共同体“意味着一种同盟关系，这种关系通常是针对预设和共识的外部威胁而构想和建立的”。⑤ 而安全共同体并不用于应对此类威胁，也没有针对外部威胁“组织联合防御”的职能。⑥ 一个安全共同体必须避免战争，建立在成员间根本的、明确的、利益长期交汇的基础上。⑦ 对和平变化的可靠预期是安全共同体存在的先决条件。但是，除非两个及多个国家在总体上具有共同体意识，否则这种预期不会成为现实。这反过来又保证他们将以和平方式解

---

① Emanuel Adler and Michael Barnett, “A Framework for the Study of Security Communities,” in Emanuel Adler and Michael Barnett eds. , “Security Communities,” New York: Cambridge University Press, 1998, pp. 30 – 35.

② Karl W. Deutsch, “Security Communities,” in James Rosenau eds. , “International Politics and Foreign Policy,” New York: Free Press, 1961, p. 98.

③ Donald J. Puchala, “The Integration Theorists and the Study of International Relations,” in Charles W. Kegley and Eugene M. Wittkopf eds. , “The Global Agenda, Issues and Perspectives,” New York: Random House, 1984, p. 189.

④ Joseph S. Nye, “Comparative Regional Intergration: Concept and measurement, International Organization,” Vol. 22, No. 4, 1968, p. 863.

⑤ Carlyle A. Thayer, “Arms Control in Southeast Asia,” Defence Analysis, Vol. 12, No. 1, 1996, p. 78.

⑥ Paridah Abdul Samad and Mochtar Mohammad, “ASEAN's Role and Development as a Security Community,” The Indonesian Quarterly, Vol. 23, No. 1, 1995, p. 68.

⑦ Benedict Anderson, “Imagine Communities, Revised and Expanded Edition,” London: Verso, 1991, p. 44.

决分歧。① 一个安全共同体显示出一组国家集团已经培养了长期和平互动的习惯，并排除使用武力解决集团成员冲突的可能，也指代由于一系列交流与合作而实现这一习惯性状态的一组国家，② 其成员国都持有“和平变化的预期”，排除了“使用武力手段解决问题”的可能。③ 安全共同体成员国开始认为，其安全与他国存在根本联系，它们的命运受到共同准则、历史、政治经验和地区位置的限制。④ 只有当各国达到通过合作才能获得安全的信任程度时，才会存在一个安全共同体。由此可见，联盟通常对于外部威胁具有共同认知，防务共同体是指“这个区域组织站在一个共同的军事阵线上来反对一个或多个外部行为体”，⑤ 而在安全共同体中可能存在双边或多边联盟，但其本身不认同一直存在外部威胁，其主要目标不是威慑或抵消一种共同威胁，而是在和平与稳定的状态下，形成行为体的共同利益。⑥

---

① Alexandra Retno Wulan and Bantarto Bandoro eds. , “ASEAN's Quest for a Full Fledge Community,” Jakarta: CSIS, 2007, p. 3.

② Alexandra Retno Wulan and Bantarto Bandoro eds. , “ASEAN's Quest for a Full Fledge Community,” Jakarta: CSIS, 2007, p. 8.

③ Karl W. Deutsch et al. , “Political Community and the North Atlantic Area: International Organisation in the Light of Historical Experience,” New York: Greenwood Press, 1957, p. 34.

④ Rizal Sukma, “The Future of ASEAN: Towards A Security Community,” Paper presented at the Seminar on ASEAN Cooperation: Challenges and Prospects in the Current International Situation, New York: Permanent Mission of the Republic of Indonesia to the United Nation, 2003, p. 85.

⑤ Lynn Miller, “The Prospect of Order Through Regional Security,” in Richard A. Falk and Saul H. Mendlovitz eds. , “Regional Politics and World Order,” San Francisco: W. H Freeman, 1973, p. 51.

⑥ ［加］阿米塔·阿查亚，王正毅、冯怀信译：《建构安全共同体：东盟与地区秩序》，上海人民出版社2004年版，第26页。

第二节 东盟政治安全共同体及其防务轨道

许多学者相信东盟可以成为一个多元化的安全共同体。谢尔登·西蒙（Sheldon Simon）认为，东盟可能成为一个安全共同体，其基础是东盟任何成员国都不使用武力，且认为没有必要使用武力解决区域冲突。① 东盟成为安全共同体是因为“没有一个成员国会认真考虑针对另一个国家使用武力来解决争端”。② 阿米塔·阿查亚认为，东盟的区域秩序概念集中于在东南亚创建安全共同体，即一群成员国相互分享“和平变化的可靠预期”，排除使用武力作为解决问题的一种手段。③ 在著作《构建东南亚安全共同体》（Construction a Security Community in Southeast Asia）中，阿查亚指出，东盟的组成包含了安全体制的要素，安全共同体更适合描述东南亚的安全体制。尽管亚洲的多样性非常明显，但亚洲内部在次区域以及区域层次上仍然存在着一种对集体认同的共识，体现为以不干涉他国内政、寻求协调一致为指向的“东盟方式”。④ 东盟方式强调非正式性和限度最小的组织性，与欧盟基于合法和正式组织的区域合作模式不同。东盟未发展制约机制，一直以积极的姿态定义区域认同，发展集体行动规则。根本的、一致的和长期利益汇合的安全目标使成员国放弃以武力作为解决冲突的手段，

---

① Sheldon W. Simon, “The Regionalization of Defence in Southeast Asia,” Pacific Review, Vol. 5, No. 2, 1992, p. 122.

② Alexandra Retno Wulan and Bantarto Bandoro eds., “ASEAN's Quest for a Full Fledge Community,” Jakarta: CSIS, 2007, p. 11.

③ Amitav Acharya, “The Association of Southeast Asian Nations: ‘Security Community’ or ‘Defence Community’?” Pacific Affairs, Vol. 64, No. 2, 1991, p. 11.

④ ［加］阿米塔·阿查亚，王正毅、冯怀信译：《建构安全共同体：东盟与地区秩序》，上海人民出版社2004年版，第124页。

为建设东盟安全共同体奠定了基础。通过研究在东南亚建立安全共同体的前景，阿查亚提出了适用于发展中国家的安全共同体框架：1. 国家间完全没有武装冲突，或在区域内没有发生这种冲突的可能性；2. 区域参与者间没有竞争性军事力量建设或者军备竞赛；3. 存在正式或非正式的制度和实践；4. 实现和平的必要前提是政治经济高度一体化。① 阿查亚表示，东盟具有成为东南亚安全共同体的潜力，这种观点得到区域内外学者和决策者的认可。

虽然在东南亚区域仍然存在许多尚未解决的矛盾和争端，但自东盟 1967 年成立以来，在缓解成员国紧张关系上已经取得了长足进展，成员国之间的组织性暴力已经大幅度降低，未发生大型战争或冲突，而是力图通过建设共同的行为规范和区域机制来管理和解决争端，实现合作安全。在 2003 年第 36 届东盟部长级会议上，印尼提议建立东盟共同体，和平解决东盟成员国间可能产生的纠纷。② 印尼关于安全共同体的最初设想符合阿查亚的定义，即能够在相当长的时间内对和平稳定的安全环境保持信心的主权国家集团。③ 这一概念排除了使用武力解决争端的可能性，期望通过信心和信任实现和平，与军事同盟存在显著区别。然而，印尼的设想颇具野心，包括建立一个反恐中心、进行维和行动联合训练、定期召开警察和国防部长会等。一些东盟成员国对此建议持谨慎态度，他们怀疑印尼可能会考虑建立军事联盟。因此，该提议未能获得东盟一致支持。

2003 年 10 月，东盟十国政府首脑在第 9 届东盟峰会上签署《东盟第二协议宣言》，标志着东盟开始共同体建设进程。东盟共同体包括安全共同体（后更名为政治安全共同体）、经济共同体和

---

① Carlyle A. Thayer, "Arms Control in Southeast Asia," Defence Analysis, Vol. 12, No. 1, 1996, p. 78.

② C. P. F. Luhulima, "Dinamika Asia Tenggara menuju 2015/The Dynamics of Southeast Asia Towards 2015," Jakarta: Pustaka Pelajar, 2011, p. 69.

③ Amitav Acharya, "Constructing a Security Community in Southeast Asia," Lindon: Routledge, 2001, p. 16.

社会文化共同体。宣言确定了东盟共同体的基本原则，重申了对《和平、自由和中立区宣言》《东南亚友好合作条约》和《东南亚无核武器区条约》等重要文件规定的东盟政治和安全基本原则的承诺，强调将于2020年建成的东盟共同体（后改为2015年建成）将依据“综合安全”理念而不是防务条约或军事联盟的方式确保东南亚地区的安全。宣言还指出，为应对诸如环境恶化、海洋安全等新出现的安全问题，确有必要共享信息和决策，以和平方式解决长期争端。东盟安全共同体的主要模式包括制定规范、预防冲突、解决冲突和冲突后和平重建。①

2004年11月第10届东盟峰会通过的《万象行动纲领》（The Vientiane Action Plan）指出，东盟共同体应通过政治与安全合作加强和平与稳定；重申《东盟第二协议宣言》规定的五个战略重点，即政治发展、规范的制定与分享、预防冲突、解决冲突和冲突后和平重建。② 同期发布的《东盟安全共同体行动计划》提出了更为具体的行动设想，如预警系统或军备登记，并规定召开旨在预防冲突的年度东盟防长会。③ 2007年第12届东盟峰会提出将在2015年底建立东盟共同体。随后在新加坡举行的峰会宣布，东盟安全共同体应发展成为一个更宽泛的共同体，更加重视如促进人权和民主等政治合作。2009年第14届东盟峰会通过《东盟共同体2009—2015年路线图宣言》，明确加强东盟防务与安全合作，以建成拥有共同价值和规范、以制度为基础、在区域综合安全基础上承担共同责任的外向型共同体，强化区域合作与共同体建设中的“东盟中心性”。路线图批准了《东盟防长会三年工作纲要

---

① Tomotaka Shoji, "ASEAN Security Community: An Initiative for Peace and Stability," NIDS Security Reports, No. 9, 2008, p. 26.

② ASEAN Secretariat, "Vientiane Action Programme," Vientiane, Laos, Nov. 29, 2004, http://www.asean.org/storage/images/archive/VAP - 10th% 20ASEAN% 20Summit. pdf.（上网时间：2020年4月28日）

③ "ASEAN Security Community Plan of Action," Jun. 14, 2012, http://www.asean.org/news/item/asean - security - community - plan - of - action.（上网时间：2020年4月30日）

(2008—2010)》，启动东盟防长扩大会和“防务与安全制度网络”(NADI) 二轨对话机制，进一步推动东盟防务外交的制度化。2015 年第 27 届东盟峰会通过《2015 年建成东盟共同体的吉隆坡宣言》，宣布东盟共同体正式成立。同期，东盟推出《2025 年东盟共同体愿景》《2025 年东盟政治安全共同体蓝图》《2025 年东盟经济共同体蓝图》和《2025 年东盟社会文化共同体蓝图》，将政治安全互信、区域经济整合与社会文化包容确定为三大支柱，为未来十年的东盟共同体建设制定了愿景规划。

《2025 年东盟政治安全共同体蓝图》（简称《蓝图》）包括 290 项措施，其建设目标是加强机制建设，提高人民素质，建立一个拥有共同价值和规范，以制度为基础，以人为本的和平、安全、稳定的共同体，进一步提升东盟在政治与安全领域的合作水平，维护和加强东盟在不断发展的区域架构里的中心地位，并以此为基础在全球范围内发挥建设性作用。建立东盟安全共同体的关键要素包括：增强东盟机制建设；加强东盟防长会就防务和安全问题进行战略对话并开展务实合作，并在东盟防长扩大会进程中增强东盟中心性；加强东盟地区论坛进程，使之成为能够对地区共同挑战作出务实有效反应的行动导向型机制；加强东亚峰会机制，使之保持为领袖牵头的外向型战略论坛，促进区域和平稳定；加强“东盟 +3”合作框架，使之成为实现地区长期目标的主要手段；及时有效地应对紧急问题或危机形势；加强东盟及时有效地解决非传统安全问题的能力，加强在打击跨国犯罪、贩卖毒品、人口贩运和走私、网络犯罪、武器走私领域的合作，加强反恐、边境管理、灾害应急与管理合作；以和平手段解决分歧和争端，促进预防性外交活动和解决冲突倡议；维护东南亚为无核武器和其他大规模毁灭性武器的区域，为裁军、不扩散与和平利用核能作出贡献；加强东盟地区海事安全，促进海事合作。蓝图同时指出，东盟保持区域中心地位的关键要素是在东盟主导机制（东亚峰会、东盟 +3、东盟地区论坛、东盟防长会、东盟防长扩大会）的基础上塑造不断演进的区域架构，增强东盟主导机制的有效性，精简工作程序，深化与对话伙伴的合作，接触新的潜在伙伴，增强东盟对共同关切的国际问题作出贡献和反应的能力。

《蓝图》设想东盟是一个基于规则的、分享共同价值观和准则的共同体，一个团结稳定、持续发展的集团，“在日益一体化和相互依存的世界上，对全面安全负有共同责任”。① 东盟政治安全共同体是一个“通过战略信任预防冲突、和平解决冲突和冲突后和平重建”实现共同安全的框架，② 其使命是把“政治和安全合作提升到一个更高的水平”，③ 即成员国间及与其他国家之间保持和平。按照这一设想，东盟国家除意识到其安全存在根本联系外，还对于和平解决争端保持了共同承诺。东盟国家在坚持维护内政不受他国干涉的同时“采用了对全体成员国都合适的速度”④ 推进共同体建设。东盟安全共同体以《和平、自由和中立区宣言》《东南亚无核武器区条约》和《东南亚友好与合作条约》等现有机制为基础，“决心确保其稳定和安全不受任何形式和方式的外来干涉”，⑤ 是东盟自成立以来政治安全合作的顶点。截至 2018 年，东盟完成了《蓝图》规定的 290 项措施中的 258 项，有助于提高人民生活质量，推进法治建设，巩固法律体系和司法基础，从而建设一个以法律为基础，以人民为中心的东盟共同体。⑥

---

① ASEAN Political - Security Community Blueprint, Jun. 12, 2013, http://www.aseansec.org/5187 - 18. pdf.（上网时间：2020 年 4 月 28 日）

② ASEAN Political - Security Community Blueprint, Jun. 12, 2013, http://www.aseansec.org/5187 - 18. pdf.（上网时间：2020 年 4 月 28 日）

③ Rizal Sukma, “The ASEAN Political and Security Community（APSC）: Opportunities for the R2P in Southeast Asia,” The Pacific Review, Vol. 25, No. 1, 2012, p. 136.

④ Rodolfo C. Severino, “The ASEAN Regional Forum,” Singapore: ISEAS, 2009, pp. 16 - 17.

⑤ Almagul Aisarieva, “ASEAN and Security Institutions: Focusing on the ASEAN Regional Forum and the ASEAN Political - Security Community,” Ristumeikan Asia Pacific University, 2013, p. 57.

⑥ 东盟检查《2025 年东盟政治安全共同体蓝图》的实施进度，2019 年 3 月 6 日，https://cn.qdnd.vn/cid - 6130/7187/nid - 558142. html。（上网时间：2020 年 5 月 28 日）

根据东盟宪章规定，东盟领导人峰会是东盟最高决策机构，下设东盟协调理事会、东盟共同体理事会和东盟秘书处。东盟协调理事会（始于2008年12月）是总体协调机构，由东盟外长组成，每年举行2次会议；共同体理事会由政治安全共同体理事会、经济共同体理事会和社会文化共同体理事会组成。这三个理事会各自下设专门性的部长机构。东盟政治安全共同体理事会（始于2009年4月）专门负责协调政治安全共同体事务。该理事会包括东盟外长会、东南亚无核武器区委员会、东盟防长会、东盟司法部长会、打击跨国犯罪部长会等（见图2－1）。理事会每年至少召开2次会议。东盟外交部长机制在东盟日常运行和政治安全共同体建设中发挥核心作用。东盟防长会是东盟内部最高的防务机制，虽非专门为政治安全共同体所设，但在共同体建设中起着不可替代的作用。东盟防长扩大会是由东盟防长会倡议创建的，其宗旨是增强东盟与亚太地区有关国家间的互信与合作，共同应对跨国性非传统安全挑战。

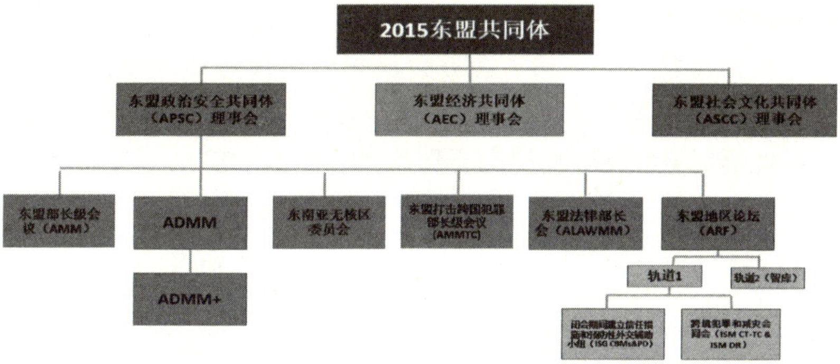

图2－1　东盟政治安全共同体架构

就东盟政治安全共同体和防务外交的关系而言，共同体建设有助于防务外交实现东盟主导化和发展机制化，而防务外交的东盟主导化和发展机制化又能够促进东盟一体化并维护东盟的区域中心地位。首届东盟防长会正式提出“防务外交”概念，标志着东盟正式启动其防务轨道，东南亚地区既有的各类防务合作进入防务外交发展时期，逐步向东盟主导化及发展机制化转型。东盟主导化主要指“东盟中心性”，即东盟在区域架构中处于引领和中心地位，为区域、次区域和跨区域合作制度和实践提供平台和框架，并将其纳入东盟主导的区域主义进程。该术语被明确载入2007年的《东盟宪章》，被定位为区域合作和共同体建设进程中各类区域安排的“首要驱动力量”。东盟防务轨道的最高协调与合作机构是东盟防长会（ADMM）和防长扩大会（ADMM+）。[①] 东盟通过防长会和防长扩大会主导的各类务实防务合作应对区域安全挑战，被称为东盟安全合作的“重要出发点”和建设东盟政治安全共同体的“重要检验标准”。[②] 2017年第11届东盟防长会将防长会和防长扩大会并称为“东盟政治安全共同体建设进程中的里程碑”。[③]

根据成立概念文件规定，防长会直接对东盟首脑会负责，在与东盟各类伙伴及东盟地区论坛的互动中处于“驾驶员”的位置，为东盟内部及东盟与对话伙伴之间的防务和安全领域、防务和军事高层对话提供指导，所有防务会议和活动报告都应提交防长会。防长会在东盟框架内部和外部所有与防务相关的会议中享有最高地位。此后，《东盟防长扩大会概念文件》（2007）、《东盟防长会

① ASEAN Secretariat, "Joint Declaration of the ASEAN Defence Ministers on Strengthening ASEAN Defence Cooperation for Stability and Development of the Region," May 11, 2010, https://admm.asean.org/dmdocuments/4.%20ANNEX%2010%20JOINT%20DECLARATION%20ADMM-4.pdf.（上网时间：2020年4月28日）

② Lianita Prawindarti, "The First ASEAN Defence Ministers Meeting: An Early Test for the ASEAN Security Community?" Singapore: Nanyang Technological University, RSIS Commentaries, No. 034, 2006, p. 1.

③ ASEAN Secretariat, "Joint Declaration of the ASEAN Defence Ministers on Partnering for Change, Engaging the World," Oct. 23, 2017, https://admm.asean.org/dmdocuments/2017_October_11th%20ADMM_Clark_23%20October%202017_%20Joint%20Declaration%20(as%20of%2023%20Oct%202017).pdf.（上网时间：2020年4月29日）

成员资格原则》（2009）、《东盟防长会形式与程序概念文件》（2009）和《东盟防长会结构与组成概念文件》（2009）共同确立了防长扩大会的原则、宗旨、结构和机制，强调防长扩大会作为防长会的组成部分，必须以维护东盟中心性为职责，与东盟政治安全共同体建设进程保持一致。此后，在第8、第9和第11届防长会上进一步规范了防长会及防长扩大会的机制、程序、地位和关系：东盟框架内所有相关的防务会议必须在防长会框架内召开，其活动只能由东盟成员国和东盟秘书处参加；防长扩大会是防长会与外部联系的首要平台，其活动由东盟成员国、8个对话伙伴和东盟秘书处参加；防长会与某一对话伙伴国的单独会议为非正式会议，需经东盟防长会同意并与该会议在同年度召开。① 此外，以东盟防务与安全制度网络为代表的防务外交第二咨议轨道是助力第一执行轨道进行东盟政治安全共同体建设的重要机制。东盟防长会、防长扩大会和防务与安全制度网络一起，整合乃至主导东盟框架内外已有的防务合作机制，促进东南亚地区防务外交的东盟化、制度化、务实化和规范化，在防务外交领域倡导、保持和发展东盟中心性。

除制度建设领域出现东盟化外，从“清谈社”到“任务导向”的防务外交务实化发展也助力东盟政治安全共同体的建设进程。第2届防长会出台的《东盟防长会三年工作纲要（2008—2010）》设置了东盟防务与安全合作的优先领域，即人道主义援助与减灾、海事安全、维和行动等。首届防长扩大会通过的《首届东盟防长扩大会河内宣言》和“主席声明”确定了人道主义援助与减灾、海事安全、军事医学、反恐、维和行动5个优先领域。此后又陆续增加了人道主义排雷行动和网络安全2个具体合作领域，并成立了7个对应专家工作组，具体合作方式包括研讨会、教育培训、演习演练等。第二轨道东盟防务与安全制度网络就海

① 郑先武：《东盟安全共同体建设与东南亚多边防务外交转型》，《南洋问题研究》2018年第3期，第31—51页。

事安全、维和行动、人道主义援助与减灾、网络安全等重大议题举行各类会议，助推东盟防务外交发展。与此同时，东盟地区论坛日愈关注非传统安全挑战，并以其框架下的多边防务演习为代表，开始从对话转向实质性的防务合作。总体而言，防长会和防长扩大会侧重于安全防务的务实合作，东盟地区论坛侧重于战略性外交对话。这些机制虽然存在功能差异，都是东盟为了谋求区域安全架构的中心地位而设立的，并通过不断整合推动建设东盟政治安全共同体。

由此可见，东盟建设政治安全共同体的进程引发了开启东盟防务轨道的现实需要，促使东盟相继启动防长会和防长扩大会，并以此为最高协调与合作机构，辅以东盟防务与安全制度网络二轨机制和东盟地区论坛下的防务合作，引领东南亚地区其他防务合作在多层次、多轨道、多领域上进行协同，推动东盟防务外交向东盟中心化、制度化和务实化发展，助力东盟政治安全共同体的建设。

第三节　东盟内部的防务外交

二战后，东南亚国家在反抗殖民和独立建国方面拥有共同的追求，但动荡的地区局势使国家生存成为压倒一切的核心利益，而长期殖民统治的隔阂使东南亚国家间存在着深刻的猜忌怀疑和意识形态差别。由于自身实力弱小、彼此相互猜忌且地区局势复杂，东南亚国家不仅难以向域内邻国提供实质性的军事援助，还倾向于采取“搭便车”的方式向域外国家寻求保护，导致外部大国更深地卷入其地区权力斗争之中。

学界相当一部分观点认为，大国影响是东盟建立、发展和扩大安全机制的重要动力。东南亚国家曾在冷战意识形态和军事对峙的影响下，在安全上普遍采取与外部大国结盟或合作的方式保护自身安全。而冷战时期地区安全局势的恶化表明，外部大国主导、东南亚小国附庸的方式无法保障小国安全，反而为大国进行权力控制提供了机会。因此，东盟在与大国竞争主导权、以制度制衡大国的过程中逐步产生内生性安全观念，产生众多本土双边和小多边防务合作形式，直至形成以东盟防长会机制为代表的防务轨道。东盟国家实现了从复合安全到合作安全再到安全共同体的跨越，以自主偏好和集体力量为基础的东盟内部凝聚力成为东南亚安全区域主义发展的主要内在动力，推动东南亚小国集团发展防务合作，为区域提供有效的公共安全产品。

一、双边防务合作

在内部层面，东盟成立初期强调经济、社会、文化合作，对军事与安全合作较为谨慎，主要依靠地区国家间的合作来和平解决争端。1971 年东盟外长会宣布建立一个和平、自由和中立的东南亚地区，说明东盟国家从完全依靠域外大国保护转而寻求地区权力均衡来保障安全与稳定。1976 年签署的《东南亚友好合作条约》强调必须在自力更生、团结尊重的基础上实现地区安全。因而在整个冷战时期，东南亚地区的安全防务合作主要表现为东盟成员国间的双边合作，支持“成员国在安全事务领域继续在东盟框架外进行符合其需求和利益的相互合作”,① 奉行的共识是“将成员国之间的防务合作限制为东盟框架之外的双边层面合作，防止东盟变成一种军事联盟”,② 通过防务合作实现优势互补，共同抵御国内和边境地区的各种安全威胁。

① ［加］阿米塔·阿查亚，王正毅、冯怀信译：《建构安全共同体：东盟与地区秩序》，上海人民出版社 2004 年版，第 85 页。

② ［加］阿米塔·阿查亚，王正毅、冯怀信译：《建构安全共同体：东盟与地区秩序》，上海人民出版社 2004 年版，第 67 页。

冷战期间东盟成员国双边防务合作的主要内容包括军队联训、联合军演、联合巡逻、海上联合检察、共同使用军事设施、交换分享情报、指挥员联席会等。① 总体具有如下特点：1. 利用互补优势满足军事需求。比如新加坡军备精良，战术先进，但地形狭小，缺乏军事训练空间；印尼装备落后，但国土辽阔。这种互补性为双方实现军事训练合作提供条件。1989 年 3 月签署的一项谅解备忘录允许新加坡军队在印尼训练。1991 年新加坡和印尼成功地联合开发了西亚布（Siabu）空军武器靶场（在苏门答腊岛东部）之后，在附近的北干巴鲁（Pekan Baru）开发了一个电子空战机动靶场（ACMR）。② 相似的军事训练合作还发生在新加坡与马来西亚、泰国和文莱之间。2. 开展边界地区军事合作，应对共同威胁。比如马来西亚与印尼从 1966 年开始在加里曼丹共同边界开展武装清剿活动，镇压共产党游击队，1972 年签订边界安全协定，镇压北加里曼丹叛乱，直至 1986 年彻底平息叛乱。马来西亚与泰国在 20 世纪六七十年代也曾在共同边境联合剿灭马共势力。3. 维护海事安全，共同应对海盗、走私、人口贩卖、跨国犯罪等非传统安全威胁。以打击马六甲海峡海盗势力为代表，例如印尼与马来西亚开展警察部队联合训练等。4. 用联合演习增加互信。如 1972 年印尼和菲律宾的联合海上演习是两个东盟国家之间第一次双边防务演习。一系列东盟国家双边合作紧随其后，如新加坡和印尼的联合海上军事演习（1974 年）、空中演习（1980 年）和地面部队演习（1989 年）等。从 1974 年开始，马来西亚和印尼多次举行代号为“马林多”（MALINDO）的联合演习，包括陆军演习（KEKAR MALINDO）、海军演习（MALINDO JAYA）、空军演习（ELANG MALINDO）、武装部队演习（MALINDO DAR-

---

① 陆建人：《东盟国家的安全合作及几点看法》，《战略与管理》1999 年第 4 期，第 26—31 页。

② Khoo How San, “The Role of Defence/Military in Regional Security Cooperation: An Interpretation of the ASEAN Practice,” Journal of the Singapore Armed Forces, Vol. 26, No. 3, 2000.

SASA）等。

冷战结束后，东盟成员国之间的双边防务合作有所增加，合作内容包括共同训练、联合演习、边界巡逻、海上监察、情报共享等双边军事项目，着重于增加理解和互信，提高共同应对非传统安全挑战的能力，比如印尼与马来西亚的“马林多”年度联合演习、马来西亚与印尼的年度联合边境巡逻、马来西亚与印尼两国互派军官参加军事教育和培训、马来西亚与新加坡在五国联防框架外举行的海军、空军与陆军联合演习、新加坡与马来西亚的联合演习、马来西亚与文莱的年度陆军联合演习、两年度联合演习、文莱与新加坡的联合演习、菲律宾与马来西亚海军的联合双边训练（MTA MALPHI – LAUT）、印尼与菲律宾的联合巡逻（CORPAT – PHILINDO）等（见表2－1、2－2）。

表2－1 东盟国家双边军事演习情况

东盟国家双边军事演习				
参与国	演习名称	类型	开始时间	频率
印尼—菲律宾	PHLINDO/CORPATPHILINDO	海上	1972	不定期
印尼—马来西亚	MALINDO JAYA	海上	1973	每年
印尼—新加坡	EAGLE	多类型	1974	每年
印尼—新加坡	ENGLEK	海上	1974	每两年
印尼—马来西亚	ELANG MALINDO	空中	1974	每两年
印尼—泰国	SEA GARUDA	海上	1975	不定期
印尼—马来西亚	KEKAR MALINDO	陆地	1977	每年
文莱—新加坡	PELICAN	海上	1979	每年
马来西亚—泰国	THALAY	海上	1980	不定期
印尼—泰国	ELANG THAINESIA	空中	1980	每年
印尼—新加坡	ELANG INDOPURA	空中	1980	每年
马来西亚—泰国	AIR THAMAL	空中	1981	每年
文莱—马来西亚	HORNBIL	海上	1981	不定期
印尼—马来西亚	KRIPURA MALINDO	陆地	1981	不定期

续表

东盟国家双边军事演习				
参与国	演习名称	类型	开始时间	频率
新加坡—泰国	SING - SIAM	空中	1981	不定期
印尼—马来西亚	TATAR MALINDO	陆地	1981	不定期
印尼—马来西亚	DARSASA MALINDO	多类型	1982	不定期
新加坡—泰国	THAI - SING	海上	1983	每年
马来西亚—新加坡	MALAPURA	海上	1984	每年
文莱—新加坡	TERMITE/FLAMINGARROW/JUGGERNAUT	陆地	1984	每年
印尼—新加坡	SAFKAR INDOPURA	陆地	1988	每年
马来西亚—新加坡	SEMANGAT BERSATU	陆地	1989	不定期
菲律宾—新加坡	ANOA - SINGA	陆地	1993	每年
文莱—新加坡	MAJU BERSAMA	陆地	1995	每年
新加坡—泰国	KOCHA SINGA	陆地	1997	每年
印尼—柬埔寨	VVIP GUARD	多类型	2007	每年
新加坡—马来西亚	SAREX MALSING	多类型	2018	每年
马来西亚—文莱	MALBRU/BRUMAL SETIA	陆地	1993	每两年
马来西亚—文莱	MERTAK BERSATU	陆地	1994	每年
菲律宾—马来西亚	MTA MALPHI - LAUT	海上	1994	每年

资料来源：Rodon Pedrason，“ASEAN's Defence Diplomacy：The Road To Southeast Asian Defence Community？”2015，p. 155.

表 2－2　东盟内部双边防务合作

东盟内部双边防务合作			
国家	协议	特殊事务	相关事务
马来西亚—泰国	边境协议	打击叛乱的边境事务	情报交换，联合军事演习，镇压叛乱军事行动和海事领域巡逻
马来西亚—菲律宾	边界协议	沙巴边界事务	联合军事演习和军事信息交换

续表

东盟内部双边防务合作			
国家	协议	特殊事务	相关事务
印尼—菲律宾	边界协议	边界事务	定期海军演习和海军巡逻，检查走私、海盗和非法武器运输
新加坡—菲律宾	训练设施协议	位于菲律宾的空军训练设施合作	
新加坡—泰国	训练设施协议	位于泰国的陆军训练设施合作	
新加坡—文莱	训练设施协议	位于文莱的陆军训练设施合作	
新加坡—印尼	训练设施协议	联合空中武器测试区和陆军演习区	马六甲海峡海军演习和联合海军巡逻
马来西亚—印尼	边界协议	加里曼丹边界事务	情报交换，联合军事演习，镇压叛乱军事行动和海事安全事务
马来西亚—新加坡	军事演习	年度军事演习	扩展为综合防空系统

资料来源：Rodon Pedrason，“ASEAN's Defence Diplomacy：The Road To Southeast Asian Defence Community?” 2015，p. 159.

东盟成员国之间一项重要的防务合作内容是在双边基础上沿共同的陆地和海上边界开展防务合作。“东盟内部有四项双边边界安全协议：泰国和马来西亚之间、马来西亚和印尼之间、菲律宾和印尼之间、马来西亚和菲律宾之间。与围剿有关的最重要的是马来西亚和泰国之间的协议，以及马来西亚与印尼之间的协议。”① 这种合作最成功的例子是1976年的泰马边界协议，该协

① Amitav Acharya，“Regional Military Security Cooperation in the Third World：A Conceptual Analysis of the Relevance and Limitations of ASEAN，” SAGE Publications，Journal of Peace Research，Vol. 29，No. 1，1992，p. 14.

议被认为是“两个东盟国家之间最广泛的联合军事行动制度化形式”,① 被用作其他东盟成员国之间就控制边界叛乱建立类似合作的基础。② 马来西亚和印尼在婆罗洲边界镇压叛乱分子的合作也顺畅有效。1984 年该协议修订后，新协议将现有的军事合作模式扩展到所有边界，包括海上边界及海空军的联合。③

东盟国家的双边防务合作不仅能够应对威胁和挑战，还有助于建立信任。马来西亚武装部队前司令哈希姆·穆罕默德·阿里（Hashim Mohammed Ali）将军明确表示，“东盟防务与安全合作的主要目标是减少冲突并促进建立信任措施。”④ 防务合作能够实现武装部队间的互操作性和一体化，增强保障自身安全的能力，增进国家间的相互理解。这种“防务蜘蛛网”式合作使“东盟领导人普遍相信双边合作比其他多边军事合作形式更有优势”。⑤ 马来西亚武装部队前参谋长声称：“双边防务合作是灵活的，提供了广泛的选择。它允许任何东盟伙伴决定它需要和能够提供的援助类型、时间和规模。国家独立和主权问题不受其他国家决定的影响。不像在联盟中，成员可以援引条约条款干涉另一伙伴的事务。”⑥

就东盟国家双边防务合作而言，仅举印尼、菲律宾、越南三国进行分析。印尼和菲律宾作为东盟创始国以及在苏禄海和西里

---

① Sheldon W. Simon, “The ASEAN States and Regional Security,” Stanford University: Hoover Institute Press, 1982, p. 88.

② Sheldon W. Simon, “The ASEAN States’ Obstacle to Security Cooperation,” Orbis, Vol. 22, No. 2, 1978, pp. 420 – 425.

③ Amitav Acharya, “The Association of Southeast Asian Nations: ‘Security Community’ or ‘Defence Community’?” Pacific Affairs, Vol. 64, No. 42, 1991, pp. 1 – 2.

④ Bandoro Bandoro, “The Prospect of ASEAN Military Cooperation: Implication for Regional Security,” in Tien, Hung Mao, Cheng, Tun Jen, “The Security Environment in the Asia – Pacific,” New York: Institute for National Policy Research, 2000, p. 193.

⑤ Tim Huxley, “ASEAN Defence Policies and Expenditures,” in Richard Solkolsky, Rabasa Angel and Neu C. Richard eds. , “The Role of Southeast Asia in U. S. Strategy toward China,” RAND Corporation, 2001, p. 43.

⑥ Amitav Acharya, “Regional Military Security Cooperation in the Third World: A Conceptual Analysis of the Relevance and Limitations of ASEAN,” SAGE Publications, Journal of Peace Research, Vol. 29, No. 1, p. 13.

伯斯海共同海上边界的安全伙伴，保持了较为紧密的防务关系，主要集中于应对跨国威胁和发展国防工业。两国自1975年以来一直参加边界委员会联合论坛。1997年签署《防务和安全领域合作活动协定》（Agreement on Cooperative Activities in the Field of Defense and Security）后，两国正式缔结防务关系。两国国防官员依托菲律宾—印尼联合防务合作委员会年度会议实施、管理和监督双边防务合作。2011年，印尼开始向菲律宾出口武器，包括飞机、弹药、突击步枪等。印尼国防高官将菲律宾视作出口目的地和潜在的生产合作伙伴。2014年1月，菲律宾签署向印尼购买2架NC 212i轻型通用运输飞机的协议（2018年6月交付）。这些飞机由印尼PT Dirgantara公司自主生产，标志着印尼与菲律宾的国防工业合作迈出第一步。① 2016年印尼向菲律宾出口第1艘战略海运船，2017年交付第2艘。此外，两国也在反恐和情报交换方面继续努力，有望建立正式的机密信息共享机制。

越南与印尼的双边伙伴关系可追溯至2003年《关于友好和全面伙伴关系框架的宣言》（Declaration on the Framework of Friendly and Comprehensive Partnership），宣布两国就面临的区域和全球挑战开展合作。② 2010年，两国签署了一份关于防务官员合作的谅解备忘录，重点是加强双边对话、人道主义援助和国防工业关系。③ 2013年，两国提升为"战略伙伴关系"，两国外长签署了

① Prashanth Parameswaran, "Aircraft Delivery Puts Indonesia - Philippines Defense Cooperation in the Spotlight," The Diplomat, Jun. 25, 2018, https://thediplomat.com/2018/06/aircraft-delivery-puts-indonesia-philippines-defense-cooperation-in-the-spotlight.（上网时间：2020年2月12日）

② Hoang Anh Tuan, "Why the New Vietnamese - Indonesian Strategic Partnership Will Strengthen ASEAN," East Asia Forum, Aug. 20, 2013 http://www.eastasiaforum.org/2013/08/20/why-the-new-vietnamese-indonesian-strategic-partnership-will-strengthen-asean/.（上网时间：2020年2月12日）

③ "Indonesian Defense Chief Visits Vietnam," Tuoitre News, Aug. 9, 2016, http://tuoitrenews.vn/politics/36398/indonesian-defense-chief-visits-vietnam.（上网时间：2020年2月12日）

2014—2018年伙伴关系行动计划。① 2016年2月，两国军方同意加快联合巡逻与反恐合作，建立海军热线和防务政策对话机制。2017年10月，越南国防部长出访印尼，签署《2017—2022年防务合作共同愿景宣言》。该宣言旨在促进防务伙伴关系，促进双方海空军和海岸警卫队开展联合行动，维护地区安全与稳定，探索国防工业合作，并在应对非传统安全威胁方面进行合作。② 2018年4月，越南—印尼双边合作委员会第3届会议在河内举行。双方同意建立保护渔船和打击海上犯罪的协调机制。③ 越来越多的协议和高层访问表明，印尼和越南的防务关系可能不断增强。

菲律宾与越南自1975年以来逐步改善关系，于2010年10月签署了一项防务谅解备忘录，随后在2015年宣布了一项战略伙伴关系协议，其目标包括每年进行助理秘书长/总干事级国防交流，建立副部长级国防战略对话，开展传统和非传统安全领域合作等。④ 2016年杜特尔特出访越南，两国总统呼吁继续进行防务政策对话，加强海岸警卫队和海军机制，改善海上安全。双方还寻求就禁毒、反恐、海上安全等共同关心的问题交流信息。2018年8月第3届防务合作工作组（DCWG）召开，菲律宾防长出访越南。2014年发起的敦谦沙洲（Sand Cay）争议地区轮流巡逻的信任倡议，也于2017年和2018年进行。2016年12月，菲律宾 Ra-

---

① "Vietnam, Indonesia Celebrate 60 - Year Relations," VietnamNet, Dec. 21, 2015, http://english. vietnamnet. vn/fms/government/149476/vietnam - - indonesia - celebrate - 60 - year - relations. html.（上网时间：2020年2月12日）

② "Vietnam, Indonesia Sign Cooperation Agreements," Nhan Dan, Aug. 23, 2017, http://en. nhandan. com. vn/politics/external - relations/item/5440902 - vietnam - indonesia - sign - cooperation - agreements. html.（上网时间：2020年2月12日）

③ "Vietnam - Indonesia Cooperation Committee Convenes Third Meeting," Voice of Vietnam, Apr. 18, 2018, http://english. vov. vn/diplomacy/vietnamindonesia - cooperation - committee - convenes - third - meeting - 372873. vov.（上网时间：2020年2月13日）

④ "Prashanth Parameswaran. Military Meeting Puts Japan - Vietnam Defense in the Headlines," Jan. 11, 2018, The Diplomat, https://thediplomat. com/2018/01/military - meeting - puts - japan - vietnam - defense - ties - in - the - headlines/.（上网时间：2020年2月12日）

mon Alcaraz 号舰艇对越南金兰湾进行为期 5 天的港口访问，两国海军进行了一系列联合演习，包括搜救、人道主义援助和救灾。①这项活动旨在促进两国海军在情报、技术和训练领域的互动。2017 年 4 月，越南 Le Quy Don 286 号训练船停靠马尼拉港。2017 年，越南派遣一艘海岸警卫队船访问马尼拉。2018 年 11 月，两国在有争议的东北礁举行体育友好比赛。2019 年 8 月，越南与菲律宾举行第四次防务政策对话，旨在加强双边防务伙伴关系。两国防务关系不断深化，在多边框架内的代表团交流、对话、磋商、培训与合作等诸多领域取得了实际成果。在新冠肺炎疫情期间，双方以虚拟形式举行了防务政策对话、防务合作联合工作组、双边海军和防空磋商、预防新冠肺炎合作等活动。②

二、小多边防务合作

维克多·查（Victor Cha）将“小多边主义合作”定义为“针对共同关注的特定安全议题，参与成员数量为三到四个的安全论坛或者对话”，而且主要关注传统安全问题。③ 澳大利亚学者罗瑞·梅卡福（Rory Medcalf）则将“小多边合作”定义为次级国家群体为了补充地区范围的双边和多边合作的自主选择。④ 这里的小多边安全合作是指多于两个但少于全体成员国的围绕传统和非传

① “Frances Mangosing. PH Navy Ship to Make 5 - Day Port Visit to Vietnam,” Inquirer. net, Oct. 3, 2017, http://globalnation. inquirer. net/150330/ph - navy - ship - make - 5 - day - port - visit - vietnam.（上网时间：2020 年 2 月 13 日）

② “Vietnam promotes defence cooperation with Philippines,” Vietnam net, Jun. 3, 2021, https://vietnamnet. vn/en/politics/vietnam - promotes - defence - cooperation - with - philippines - singapore - 742456. htm.（上网时间：2020 年 3 月 6 日）

③ 张勇：《奥巴马政府的亚太地区“少边主义”外交浅析》，《美国研究》2012 年第 2 期，第 66—81 页。

④ Rory Medcalf, “Squaring the Triangle: An Australian Perspective on Asian Security Minilateralism,” in Rory Medcalf, William T. Tow, et al., “Assessing the Trilateral Security Dialogue,” The National Bureau of Asian Research, 2008, p. 25.

统安全问题进行的合作。在东南亚地区早期出现的本土小多边合作是被视为东南亚区域合作里程碑的东南亚联盟和马菲印联盟，为东南亚区域主义的发展提供了组织形式、合作实践等各方面的宝贵经验。

东盟在成立时为避免产生“军事联盟”的印象，特意淡化多边军事合作。1968 年第 2 届东盟外长会正式作出不在东盟内部发展多边军事合作的决定。因此，冷战时期东盟成员国间的安全合作多限于双边。冷战结束后，国际和地区局势的巨变导致东盟成员国间的安全合作目标发生拓展，需要建立信任措施来共同应对日益猖獗的海盗、走私、跨国犯罪等非传统安全威胁。

东盟成员国的小多边防务合作首先始于应对马六甲海峡频发的海盗袭击。数据统计表明，作为世界上最繁忙的航道，近 40% 的国际贸易运输量经过马六甲海峡，涵盖全球几乎 50% 的货物，是海盗与恐怖分子的理想目标。1995—2003 年，全球 25% 的海盗袭击发生在东南亚，① 而马六甲海峡的海盗活动占全球海盗活动的 40%。1992 年初，马六甲海峡沿岸的印尼、马来西亚和新加坡开展联合打击海盗行动。三国军警分享相关情报，组织联合巡逻，清剿海盗据点，建立反海盗中心。2004 年印尼海啸过后，该地区海盗活动大幅升级。为应对日益猖獗的海上恐怖主义，印尼、马来西亚和新加坡于 2004 年开启名为“马新印尼”（MALSINDO）的地区安全机制。三国各派 5—7 艘军舰在各自海域内常年巡逻，并使用特定的交流和统筹系统进行协同。该机制的重点是海上监视，旨在缩小各国打击海盗行动的水平差距。随后，三国同意在马六甲海峡和新加坡建立“航行安全和环境保护合作机制”（Co-operative Mechanism on Safety of Navigation and Environmental Protection）以及由空中联合巡逻构成的“空中之眼”（EiS）平行倡议。

---

① Tai Wei Lim, “Fighting Piracy on the ASEAN Seas,” Mar. 27, 2018, https://theasiadialogue.com/2018/03/27/fighting-piracy-on-the-asean-seas/.（上网时间：2020 年 3 月 6 日）

2006年，“马新印尼”机制与“空中之眼”倡议联合建立了“马六甲海峡巡逻”（MSP），包含三种安全合作模式：1. 在海域，执行马六甲海峡海上巡逻（MSSP），在各自领土上统筹协调，进行海上巡逻活动，由马六甲海峡海上巡逻联合工作组（MSSP JWG）进行评估；2. 在空域，执行“空中之眼”联合空中海上巡逻，组成联合特派团巡逻队（CMPT），旨在支援海上巡逻，由天空之眼联合工作组（EiS JWG）进行评估。这支巡逻队轮流使用一个签约国的飞机，飞机上有来自签约国的联络官。三国国防部队首长的行动助理共同领导一个联合委员会，综合评估海空巡逻的成效。3. 情报交流小组，利用马六甲海峡巡逻信息系统（MSP－IS）支持海空巡逻，实时向所有监控和行动部门传递信息。2008年，泰国正式加入马六甲海峡巡逻。2008年和2010年，分别举行了两届马六甲海峡巡逻信息共享演习，2011年、2013年、2014年、2016年分别举行了4届马六甲海峡巡逻演习。

这种渐进的发展过程极大地增强了联合巡逻的标准操作流程，如详细规定如何在成员国主权水域内行使追踪权等，使马六甲海峡巡逻成为东南亚第一个也是目前唯一一个涵盖成员国海岸警卫队、海军和空军的区域内小多边防务安排。据统计，马六甲海盗袭击数量从2005年的约79起下降到2007年的约37起。[①] 2006年8月，劳埃德联合战争风险委员会（Lloyd's Joint War Risks Committee）将马六甲海峡从其2005年7月列为的“高风险战争区”中去除，证明了地区国家搁置内部分歧、集体解决共同安全问题的可行性。2008年，时任国际海事组织秘书长埃夫西米奥斯·米特罗普洛斯（Efthimios Mitropoulos）将马六甲海峡巡逻称为解决亚丁湾海盗问题的典范。这一赞誉在2012年也得到了美国太平洋司

---

① Aishwarya Sanas, “The MALSINDO Operation and Piracy in the Malacca Strait,” Oct. 28, 2018, https://www.indianfolk.com/malsindo-operation-piracy-malacca-strait-edited/.（上网时间：2020年3月6日）

令部的响应。[1] 马六甲海峡巡逻作为一项成功的地区小多边防务合作安排，培养了东南亚国家进行海上安全合作的习惯，并从这种独特的模式中吸取有益的经验教训，共同应对不断变化的区域海上安全挑战。

2002 年，马来西亚、菲律宾和印尼签订了《情报交换与通信程序建设协议》（Agreement on Information Exchange and the Establishment of Communication Procedures），旨在通过情报交换、信息处理和联合培训加强安全事务合作，建立地区应急响应机制，应对恐怖主义、走私、海盗、绑架、非法入境、毒品交易、掠夺海洋资源、海洋污染、非法武器交易等非传统安全威胁。三国国防部长于 2012 年开始举行年度国防部长级会议。2016 年，三国发布联合宣言。2017 年 6 月，三国签署《苏禄海三边巡逻公约》（Sulu Sea Trilateral Patrols），举行联合海军演习，打击苏禄海海盗和其他海上犯罪问题。马拉维事件发生后，2017 年 7 月三国签署《三方合作协定》（Trilateral Cooperation Arrangement），开展联合训练，打击恐怖主义，在苏禄海和西里伯斯海的共同边界举行"印尼马菲"三方海上巡逻（Trilateral Maritime Patrol Indomalphi），设立指挥中心和防务热线，打击近年来激增的海盗袭击和阿布沙耶夫组织主导的恐怖活动。该巡逻以"马六甲海峡巡逻"为蓝本，由各方定期轮流主持召开会议，开展巡逻，处理区域水域的海盗、绑架、恐怖主义和其他跨国犯罪行动。印尼、马、菲三方海上巡逻的工作内容包括：1. 港口访问和联合演习，即在联合巡逻中访问各国协议港口，举行联合训练和演习等，如 2018 年 11 月印尼海军 Sura－802 号军舰和马来西亚 KD Pari 快速攻击船访问了棉兰老岛的三宝颜市，进行了为期 3 天的演习和活动。2017 年 10 月三国在苏禄海上空开展了每月一次的空中巡逻，三国空军据此展

---

① Koh Swee Lean Collin, "The Malacca Strait Patrols: Finding Common Ground, RSIS Commentary," Apr. 20, 2016, https://www.rsis.edu.sg/wp－content/uploads/2016/04/CO16091.pdf.（上网时间：2020 年 3 月 6 日）

开部署，按月轮换。例如，马来西亚在2017年11月领导联合空中巡逻，对三国水域进行了1.7万海里和8条水道的空中监测。2017年11月，首次港口访问在菲律宾塔维塔维港举行。2018年4月，第二次港口访问与联合军舰演习在印尼塔拉坎附近海域举行。2018年9月第三次巡逻期间，马来西亚皇家海军在苏禄海和苏拉威西海域锁定了犯罪分子非法进入沙巴地区的“老鼠通道”（rat - routes）。这些情报是在海上演习前通过三国情报共享获得的。此外，三国还举办文化交流活动，以便增进相互了解，建立相互信任。① 2019年三国开始举行联合陆地反恐演习，目的是加强陆地边境的联合行动能力，预防跨界犯罪，遏制边境地区的恐怖主义活动。2. 设置海上指挥中心，用于指挥各国军队处置突发状况、选择巡逻航道、进行通讯和信息交换。除海上指挥中心和情报共享外，还计划建立一个陆地巡逻训练部门。马来西亚和印尼将在沙巴、沙捞越和加里曼丹边界沿线设立5个指挥站。3. 提供海道走廊（Sea Lane Corridor），为过往商船提供苏禄海和苏拉威西海的安全航道。

东盟国家为打击恐怖主义而加强情报共享的努力也在增强。2017年6月，印尼、马来西亚和菲律宾的军事情报官员召开会议，讨论极端主义威胁。据菲律宾总统发言人称，他们三方“就防止极端分子和恐怖分子在东南亚建立行动基地进行了富有成效的讨论”，并“同意共同制定和执行反恐措施和战略”，② 即“我们的眼睛”（Our Eyes）情报合作协定。2018年1月，印尼、马来西亚、菲律宾、新加坡、泰国和文莱签署该合作协定，旨在通过

① Grace Guiang, “Indomalphi: From state actions to ASEAN maritime security regime,” Nov. 23, 2018, https://appfi.ph/resources/commentaries/2483 - indomalphi - from - state - actions - to - asean - maritime - security - regime.（上网时间：2020年3月5日）

② Helen Flores, “Australia Sends Spy Planes to Mindanao,” Philippine Star, Jun. 23, 2017, https://www.philstar.com/headlines/2017/06/23/1713073/australia - sends - spy - planes - mindanao.（上网时间：2020年3月6日）

签约国定期会晤、情报分享和建设恐怖分子数据库的方式进行反恐合作。该协定以美国冷战时期建立的“五眼联盟”情报共享机制为基础，规定国防官员每两周会晤一次，交换有关恐怖组织的信息，并建立一个暴力极端分子的共享数据库。2018 年 10 月，第 12 届东盟防长会通过概念文件，将包含 5 国的“我们的眼睛”情报合作协定纳入东盟安全框架内，成为“东盟 · 我们的眼睛”（AOE）情报共享平台，旨在促进东盟国家在暴力极端主义、激进主义和恐怖主义等非传统安全领域的情报合作。2019 年和 2020 年第 13、14 届东盟防长会分别通过相关职权范围（TOR）和标准操作程序（SOP）。

从上述双边和小多边防务合作可以看出，东盟成员国有意愿共同努力，发展防务合作的学说和规范，促进装备标准化，建设共用后勤设施，弥合彼此之间的差距，使武装部队之间实现协同。双边关系和小多边关系意味着东盟内部防务合作更多是用来增进互信和建立信任，属于预防性外交的范畴。这种防务合作日益趋向于“合作性协议，服务于各国的公共安全”，① 是东盟多边合作的基础和保障，有助于东盟政治安全共同体的建设。

三、多边防务合作——东盟国防部长会

随着东南亚安全区域主义的发展，“为外交目的而使用军事手段已经成为一种具体实践方式”。② 2003 年巴厘岛东盟峰会上签署的《东盟第二协议宣言》开启了以政治安全、经济、社会文化为支柱的东盟共同体建设进程。这一协定与 1976 年第 1 届巴厘岛东盟峰会上签署的《东南亚友好合作条约》相呼应，以促进和平、

① Seng Tan, “‘Talking Their Walk’: The Evolution of Defence Regionalism in Southeast Asia,” Asian Security, Vol. 8, No. 3, 2012, p. 240.

② Anton du Plessis, “Defence Diplomacy: Conceptual and Practical Dimensions with Specific Reference to South Africa,” Strategic Review for Southern Africa, Vol. 30, No. 2, 2008, p. 87.

创造繁荣和建立区域认同为共同目标，并与《万象行动纲领（2004—2010）》（2004）、《东盟宪章》（2007）、《东盟政治安全共同体蓝图》（2009）、《2025年东盟政治安全共同体蓝图》（2015）一起，为建立东盟政治安全共同体、开展东盟防长会主导的防务外交实践设置了清晰的步骤规划。

（一）东盟防长会的奠基过程

东盟防长会是东盟框架下的代表性多边防务合作机制。事实上，在防长会召开前，东盟国防官员已经参加了一系列安全对话，如自1996年起以安全合作工作组形式参加东盟年度特别高官会（ASEAN Special SOM）。东盟年度特别高官会是高级外交官员和防务官员的联合论坛。此外，东盟国防官员还参加了东盟地区论坛的部长级会议、高官会（ARF - SOM）、建立信任措施会间组（ARF - ISG - CBM）、安全政策会（ASPC）和国防官员对话（ARF - DOD）等。在东盟框架外，东盟各国武装部队首长、陆海空三军首长定期召集会议，如始于2001年的东盟武装部队首长会（ACDFM）、东盟武装部队首长非正式会（ACDFIM）、东盟陆军参谋长多边会（ACAMM）、东盟海军互动（ANI）、始于2004年的东盟空军参谋长会（AAFCC）、东盟军事情报会（AMIM）、东盟军事情报非正式会（AMIIM）和东盟陆军步枪会（AARM）等。①

根据《东盟第二协议宣言》和《东盟安全共同体行动计划》规定，东盟防长会于2006年首次召开，此后每年举行一次，是东盟框架下最高的部长级防务磋商合作机制。防长会以东盟价值观为行为准则，以防务领域合作为核心，以增强东盟军事力量协同为手段，是东盟国家国防部长就本地区面临的防务事务及挑战进行讨论、交换观点的平台，属于东盟政治安全共同体建设的重要

① Bhubhindar Singh and See Seng Tan, "From 'Boots' to 'Brogues': The Rise of Defence Diplomacy in Southeast Asia," Singapore: RSIS, 2011, p. 29.

组成部分。2006年5月9日，在马来西亚吉隆坡举行了第1届东盟防长会。会议的讨论集中在非传统安全问题上，包括恐怖主义、海事安全、救灾、流行病及跨国犯罪。防长们还就朝鲜半岛和东盟地区论坛的未来交换了意见，确认了概念文件中规定的目标，并指出防长会应开放、灵活并外向，需要友邦和对话伙伴的加入。① 此外，各国国防部长还同意成立东盟防务高官会，辅助防长会工作。

在启动实质性防务合作前，防长会首先尝试在东盟内部营造出安全合作与积极对话的氛围，促进各国军队间的相关合作。在首次防长会上，东盟提出“防务外交”的概念。防务外交就是在本地区军队间建立积极且富有成效的关系，从而创造与维护和平稳定的安全环境。使用这一术语意味着应当按照东盟方式，保持不干涉原则。② 防长会应被视为旨在提高互动水平、增进互信和信心的机制，而不是基于威胁感知而出台的机制。③ 启动防长会还显示，除现有“非官方”的香格里拉对话会外，东盟已经正式开启了“官方”多边主义安全对话。

防长会开启后，东盟力图通过设置合作领域与设定时间表的方式加强这一防务合作框架的相关性，使其逐步走上正轨，而不是像东盟地区论坛一样，常被指责为“清谈社”。2007年11月，第2届防长会在新加坡召开，与会国防部长主要围绕马六甲海峡

① BBC Monitoring Asia Pacific, “ASEAN. Joint Press Release of the Inaugural ASEAN Defence Ministers' Meeting,” May 9, 2006, http://www.asean.org/news/item/joint-press-release-of-the-inaugural-asean-defence-ministers-meeting-kuala-lumpur-9-may-2006.（上网时间：2020年3月6日）

② David Capie, “Structures, Shocks and Norm Change: Explaining the Late Rise of Asia's Defence Diplomacy,” Contemporary Southeast Asia, Vol. 35, No. 1, 2013, pp. 4-5.

③ Lianita Prawindarti, “The First ASEAN Defence Ministers Meeting: An Early Test for the ASEAN Security Community?” IDSS Commentaries, May 16, 2006, http://www.rsis.edu.sg/publications/Perspective/IDSS 0342006.pdf.（上网时间：2020年3月6日）

安全议题进行讨论。在这次会议上通过了三项重要文件：《关于建立东盟防长会的概念文件协议》《东盟防长会三年工作计划（2008—2010）》《东盟防长扩大会概念文件》，[①] 设置了防长会的制度框架，规定了东盟防务合作的“指挥链”，即防长会作为“最高的防务和安全部长级协商和合作机制”，应在其权限范围内涵盖所有的东南亚防务会议，包括东盟框架外的现有军事互动。[②]

从奠定基础的角度看，2008—2010 年第一轮三年工作计划反映了东盟切实加强防务与安全合作的决心。由于在非传统安全领域更易达成合作，且自然灾害是东南亚地区较为突出的非传统安全挑战，工作计划确定了非传统安全领域内的两个重要合作领域：人道主义援助/救灾（HA/DR）与维和。通过这两个领域的合作，东盟希望增强处理区域安全事务的能力，并提高自身的国际声誉和地位。此后在历届防长会上陆续出台了多份概念文件和联合宣言，对其结构框架、运行机制和职责使命做出了具体规定（见表 2－3、表 2－4）。

表 2－3　历届东盟防长会及部分文件

时间	会议	文件
2006	第 1 届东盟防长会（吉隆坡）	《成立东盟防长会的概念文件》（Concept Paper for the Establishment of an ADMM）

① ADMM, “Joint Declaration of the ASEAN Defence Ministers on Enhancing Regional Peace and Stability,” May 30, 2013, http://admm.asean.org/dmdocuments/2.%20Joint%20Declaration%20of%20the%20ASEAN%20Defence%20Ministers%20on%20Enhancing%20Regional%20Peace%20and%20Stability.pdf.（上网时间：2020 年 3 月 6 日）

② ADMM, “Protocol to the Concept Paper for the Establishment of the ASEAN Defense Ministers' Meeting（ADMM）,” May 30, 2013, http://admm.asean.org/dmdocuments/2.%20Protocol%20to%20the%20Concept%20Paper%20for%20the%20Establishment%20of%20the%20ADMM.pdf.（上网时间：2020 年 3 月 6 日）

续表

时间	会议	文件
2007	第 2 届东盟防长会（新加坡）	《东盟防长扩大会概念文件》（Concept Paper on the ADMM - Plus）； 《关于成立东盟防长会的概念文件的议定书》（Protocol to the Concept Paper for the Establishment of the ADMM）； 《东盟防长会三年工作计划》（ADMM Three Year Work Programme 2008 - 2010）
2009	第 3 届东盟防长会（芭提雅）	《关于东盟防长扩大会成员国原则的概念文件》（Concept Paper on ADMM - Plus: Principles to Membership）； 《关于东盟防务建设与民间组织合作与非传统安全的概念文件》（Concept Paper on ASEAN Defence Establishment and CSOs Cooperation an Non - Traditional Security）； 《关于在人道主义援助和救灾中使用东盟军事资产和能力的概念文件》（Concept Paper on the Use of ASEAN Military Assets and Capacities in HADR）
2010	第 4 届东盟防长会（河内）	《关于东盟防长扩大会配置和组成的概念文件》（Concept Paper on ADMM - Plus Configuration and Composition）； 《关于东盟防长扩大会模式和程序的概念文件》（Concept Paper on ADMM - Plus Modalities and Procedure）
2011	第 5 届东盟防长会（雅加达）	《建立东盟国防工业合作概念文件》（Concept Paper on Establishing ADIC）； 《东盟防长会三年工作计划》（ADMM Three - Year Work Programme 2011 - 2013）； 《建立东盟维和中心网概念文件》（Concept Paper on the Establishment of ASEAN PKC Network）
2012	第 6 届东盟防长会（金边）	《关于东盟防长扩大会频率审查的概念文件》（Concept Paper on Review of Frequency of ADMM + Meeting）

续表

时间	会议	文件
2013	第7届东盟防长会（斯里巴加湾）	《关于东盟防长扩大会专家工作组联合主席更替的概念文件》（Concept Paper on the Transition of the ADMM + Experts' Working Group Co – Chairmanship）；《关于建立东盟防务互动方案的概念文件》（Concept Paper on Establishing ASEAN Defence Interaction Programmes）；《建立后勤保障框架的概念文件》（Concept Paper on the Establishment of Logistics Support Framework）；《建立东盟防长扩大会人道主义排雷专家工作组的概念文件》（Concept Paper on the Establishment of the ADMM – Plus Experts' Working Group on Humanitarian Mine Action）
2014	第8届东盟防长会（内比都）	《关于成立东盟防长会和东盟防长扩大会的概念文件的附加议定书》（Additional Protocol to the Concept Papers on the Establishment of an ADMM and the ADMM +）；《在东盟防长会过程中设立直接通讯链路的概念文件》（Concept Paper on Establishing a Direct Communications Link in the ADMM Process，adopted at the 8th ADMM）；《东盟防长会三年工作方案》（ADMM Three – Year Work Programme 2014 –2016）
2015	第9届东盟防长会（兰卡威）	《东盟人道主义援助和救灾军事待命小组的概念文件》（Concept Paper on the ASEAN Militaries Ready Group on Humanitarian Assistance and Disaster Relief）；《回应东盟防长扩大会成员国非正式会议要求的指导方针》（Guidelines to Respond to Request for Informal Engagements of Meetings by the ADMM – Plus Countries）；《成立东盟军事医学中心的概念文件》（Concept Paper on the Establishment of the ASEAN Center of Military Medicine）

续表

时间	会议	文件
2016	第 10 届东盟防长会（万象）	《关于建立东盟防长扩大会网络安全专家工作组的概念文件》（Concept Paper on the Establishment of the ADMM – Plus Experts' Working Group on Cyber Security）； 《东盟军事医学中心职权范围》（Terms of Reference of the ASEAN Center of Military Medicine）； 《东盟人道主义援助和救灾军事待命小组职权范围》（Terms of Reference on the ASEAN Militaries Ready Group on Humanitarian Assistance and Disaster Relief）
2017	第 11 届东盟防长会（克拉克）	《关于东盟防长会与扩大合作国进行非正式接触或举行会议的指导方针》（Guidelines re the Conduct of ADMM's Informal Engagements or Meetings with Plus Countries）； 《关于空中相遇准则的概念文件》（Concept Paper on Guidelines for Air Encounters）； 《东盟防长会范围内培训和教育交流原则》（Principles for ADMM – Wide Training and Education Exchanges）； 《关于海上互动准则的概念文件》（Concept Paper on the Guidelines for Maritime Interaction）； 《关于加强 ADMM 和 NADI 联系的概念文件》（Concept Paper on Enhancing the Linkages between the ADMM and NADI）； 《关于东盟防长会和东盟防长扩大会倡议的概念文件》（Concept Paper on ADMM and ADMM – Plus Initiatives）； 《东盟防长会三年工作计划》（ADMM Three Year Work Program 2017 – 2019）

续表

时间	会议	文件
2018	第 12 届东盟防长会（新加坡）	《东盟人道主义援助和救灾军事待命小组驻灾害管理人道主义援助协调中心军事代表的职权范围》（TOR of the Military Representative to the AHA Centre for the AMRG on HADR）； 《关于反恐怖主义的复原力、反应力和恢复力的讨论文件》（Discussion Paper on the 3R Concept of CT）； 《空中军事相遇指南》（Guidelines for Air Military Encounters）； 《“我们的眼睛”倡议概念文件》（Concept Paper on “Our Eyes” Initiative）； 《建立东盟化学、生物、放射防务专家网的概念文件》（Concept Paper on Establishment of a Virtual Network of ASEAN CBR Defence Experts）
2019	第 13 届东盟防长会（曼谷）	《关于评估东盟防长会倡议的指导方针的概念文件》（Concept Paper on the Guidelines for the Assessment of the ADMM Initiatives）； 《关于东盟防务机构在支持边界管理方面的作用的概念文件》（Concept Paper on the Role of ASEAN Defence Establishments in Supporting Border Management）； 《拓展东盟直接通信基础设施至扩大合作国的概念文件》（Concept Paper on the Expansion of the ADI in the ADMM Process to the Plus Countries）； 《召开东盟军事医学会议的概念文件》（Concept Paper on the Establishment of ASEAN Military Medicine Conference）； 《东盟我们眼睛的职权范围》（Terms of Reference on the ASEAN Our Eyes）； 《海上互动的东盟防长会指南》（ADMM Guidelines for Maritime Interaction）； 《关于非法、未报告和无管制捕鱼的讨论文件：安全影响和国防机构的作用》（Discussion Paper on Illegal, Unreported and Unregulated Fishing: Security Implications and the Role of Defence Establishments）

续表

时间	会议	文件
2020年12月	第14届东盟防长会（网络会议）	《关于加强防务合作，致力于提高东盟团结凝聚力与积极主动适应能力的联合声明》 《东盟防长会三年工作计划》（the ADMM work plan for 2020－2022）； 通过多项东盟防长会概念文件和标准操作流程，如《关于发展东盟防长会与东盟武装部队首长会之间联系的概念文件》（the Concept Paper on Developing the Linkage between the ADMM and ASEAN Chiefs of Defence Forces Meeting）、《关于加强东盟成员国国防武官职位的概念文件》（the Concept Paper on Enhancing Defence Attaché Posts Among ASEAN Member States）、《东盟我们的眼睛标准操作程序》（SOP of the ASEAN Our Eyes）等
2021年6月	第15届东盟防长会（网络会议）	通过8项新的和修订的概念和讨论文件，及一项标准操作流程，包括：《关于ADMM和ADMM＋的盘点文件》（Stocktaking Paper on the ADMM and ADMM－Plus），《关于加强使用东盟直接通信基础设施（ADI）作为国防通信架构的概念文件》（Concept Paper on Enhancing Usage of the ASEAN Direct Communications Infrastructure（ADI）as Defence Communications Architecture）；《东盟防务交流项目（ADIP）概念文件修订》（Revisions to the Concept Paper on ASEAN Defence Interaction Programme（ADIP））等

资料来源：东盟防长会官方网站，https：//admm. asean. org。

表2－4　历届东盟防长会联合声明

时间	地点	宣言
2006年5月	吉隆坡	《首届东盟防长会联合新闻稿》（Joint Press Release of the Inaugural ASEAN Defence Ministers' Meeting）
2007年11月	新加坡	《东盟防长关于加强地区和平与稳定的联合声明》（Joint Declaration of the ASEAN Defence Ministers on Enhancing Regional Peace and Stability）

续表

时间	地点	宣言
2009 年 2 月	芭提雅	《东盟防长关于加强东盟防务机构以应对非传统安全威胁挑战的联合声明》（Joint Declaration of the ASEAN Defence Ministers on Strengthening ASEAN Defence Establishments to meet The Challenges of Non – Traditional Security Threats）
2010 年 5 月	河内	《东盟防长关于加强东盟防务合作，促进地区稳定与发展的联合声明》（Joint Declaration of the ASEAN Defence Ministers on Strengthening ASEAN Defence Cooperation for Stability and Development of The Region）
2011 年 5 月	雅加达	《东盟防长关于加强东盟在国际社会防务合作以应对新挑战的联合声明》（Joint Declaration of the ASEAN Defence Ministers On Strengthening Defence Cooperation of ASEAN in The Global Community to Face New Challenges）
2012 年 5 月	金边	《东盟国防部长关于加强东盟团结以建立一个和谐和安全的共同体的联合声明》（Joint Declaration of the ASEAN Defence Ministers on Enhancing ASEAN Unity for a Harmonised and Secure Community）
2013 年 5 月	斯里巴加湾	《东盟国防部长关于共同保障我们的人民、我们的未来的文莱达鲁萨兰国联合声明》（Brunei Darussalam Joint Declaration of the ASEAN Defence Ministers on Securing Our People，Our Future Together）
2014 年 5 月	内比都	《东盟国防部长关于为实现东盟共同体的和平与繁荣进行防务合作的联合声明》（Joint Declaration of the ASEAN Defence Ministers on Defence Cooperation Towards Peaceful and Prosperous ASEAN Community）
2015 年 3 月	兰卡威	《东盟防长关于为了人民依靠人民维护地区安全稳定的联合声明》（Joint Declaration of the ASEAN Defence Ministers on Maintaining Regional Security and Stability for and by the People）

续表

时间	地点	宣言
2016 年 5 月	万象	《东盟国防部长关于为建立充满活力的东盟共同体促进防务合作的联合声明》（Joint Declaration of the ASEAN Defence Ministers on Promoting Defence Cooperation for a Dynamic ASEAN Community）
2017 年 10 月	克拉克	《东盟国防部长关于合作求变，接触世界的联合声明》（Joint Declaration of the ASEAN Defence Ministers on Partnering for Change，Engaging the World）；《反恐怖主义、极端主义和恐怖主义问题东盟防长会特别联合声明》（Joint Statement of Special ADMM on CVE，Radicalization and Terrorism）
2018 年 2 月	新加坡	《东盟防长关于在东盟打击恐怖主义的联合声明》（Joint Statement by the ASEAN Defence Ministers on Countering Terrorism in ASEAN）
2018 年 10 月	新加坡	《东盟防长关于加强合作建设抗风险能力的联合声明》（Joint Declaration of the ASEAN Defence Ministers on Strengthening Cooperation Building Resilience）
2019 年 7 月	曼谷	《东盟防长关于可持续安全的联合声明》（Joint Declaration of the ASEAN Defence Ministers on Sustainable Security）
2020 年 2 月	河内	《东盟防长关于建立一个有凝聚力和反应力的东盟的防务合作联合声明》（the ASEAN defence ministers'joint declaration on defence co – operation for a cohesive and responsive ASEAN） 《东盟防长关于防病合作的联合声明》（Joint Statement by the ASEAN Defence Ministers on Defence Cooperation Against Disease Outbreaks）
2021 年 6 月	斯里巴加湾	《旨在打造面向未来、和平和繁荣的东盟斯里巴加湾联合声明》（Bandar Seri Begawan Joint Declaration Marking the 15th Anniversary of ADMM towards a Future – Ready，Peaceful and Prosperous ASEAN）

资料来源：东盟防长会官方网站，https：//admm. asean. org。

（二）东盟防长会的运行框架

东盟防长会是东盟防务外交的最高协调与合作机制，是东盟内部最高的负责防务与安全的部长级磋商与合作机制，能够将现有的防务和军事互动从建立信任倡议提升到切实的防务与安全合作，属于东盟政治安全共同体建设的重要行动步骤。根据相关规定，东盟防长会通过促进对话准则和基于共识的决策为发展防务安全合作提供机制，是推动东南亚地区防务对话与合作的主要动力。防长会的具体目标包括：通过对话与合作促进地区和平与稳定；指导现有的防务官员对话与合作机制；通过增进相互了解、透明度和开放性，建立互信和信心。根据综合安全原则，防长会可以就传统和非传统安全威胁、跨国和跨界安全挑战进行切实合作，包括海上安全、救灾和应急、维和、冲突后和平重建与人道主义援助等。防长会由特别高官会辅助，与东盟的外交框架机制——东盟部长会（AMM）级别相同，直接向东盟峰会报告，应先于东盟峰会或与其背靠背举行。防长会应与东盟部长会和其他部长级机构和部门组织密切合作。东盟所有成员国轮流主持防长会，并在必要时召开务虚会（Retreat）、特别会或紧急会。①

防长会是东盟框架内所有相关防务会议的顶点，东盟国家间的相关防务会议和活动都属于其职权范围。目前东盟框架外的军事互动，如东盟武装部队首长非正式会（ACDFIM）、东盟陆军参谋长多边会（ACAMM）、东盟空军参谋长会（AAFCC）、东盟海军互动会（ANI）、东盟军事情报非正式会（AMIIM）等都应在防长会的指导下每年召开一次。东盟武装部队首长非正式会最后召开，发挥统管机制的职能，并在评估东盟内部的所有防务合作后

---

① ASEAN, "Concept Paper for the Establishment of an ASEAN Defense Ministers' Meeting," May 27, 2013, http://www.asean.org/news/item/concept-paper-for-the-establishment-of-an-asean-defence-ministers-meeting-2.（上网时间：2020 年 3 月 6 日）

向防长会汇报。东盟防长扩大会根据防长会概念文件建立，是防长会的组成部分，旨在通过加强东盟与域外国家间的对话和透明度促进防务机构间的互信，通过防务与安全合作提高东盟国家应对共同挑战的能力，维护区域和平与稳定。

为辅助防长会进程，国防部长们同意设立东盟防务高官会（ADSOM）及工作组。东盟防务高官会主导筹备防长会的各项议程，编制年度活动指导日程和三年工作计划。东盟防务高官会工作组是其工作级委员会。所有初步建议都从工作组开始。成员国提出的意见被纳入工作组会议中，经过滤、讨论、选择和处理后达成一个共同态度，然后被推进到东盟防务高官会。该会由国防部秘书长牵头召开，负责接收并讨论来自工作组的建议或想法，其结果将上呈防长会继续讨论。决议获得防长会通过后，将返回工作组具体执行。虽然东盟防务高官会工作组级别最低，但由于决议从工作组讨论开始，到以工作组执行结束，工作组明确掌握着决议所面临的各种约束条件，体现出高度操作性，成为所有级别中最关键的环节。在这三个层次之间，如果时间紧迫或需要讨论具体议程，防长会主席可以邀请所有国防部长举行一次额外的部长级务虚会。（见图 2－2，在该框架中，处于虚线内的防务合

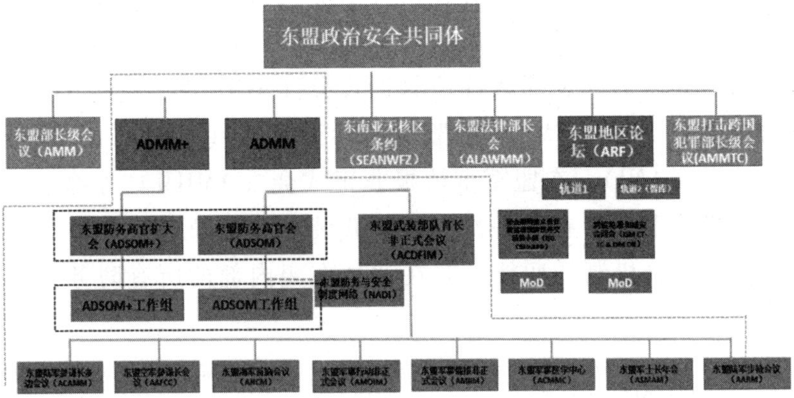

图 2－2　东盟在 ADMM 和 ADMM＋主持下的防务合作框架

作机制属于东盟防长会和防长扩大会范围内的防务合作）。

（三）东盟防长会的务实合作

东盟防长会将非传统安全领域的务实合作视为首要关切，制定了聚焦于非传统安全领域防务合作的协调机制。这种合作最初基于三点原因：1. 非传统安全领域的合作比传统安全领域的合作更容易实现；2. 东盟国家普遍拥有大规模自然灾害的经历；3. 积极参加维和任务有助于提升东盟的国际声誉。为指导合作实践，截至2020年，总共出台了5个东盟防长会三年工作计划，分别是2008—2010年、2011—2013年、2014—2016年、2017—2019年、2020—2022年工作计划。（见表2－5）

表2－5 东盟防长会三年工作计划

计划周期	计划重点
2008—2010年工作计划	1. 探讨和促进东盟成员国之间关于访问部队地位的协定 2. 为发展东盟预警系统提供相应投入，防止冲突发生/升级 3. 分享提交联合国武器登记的资料 4. 分享建立流浪者安全庇护所、军方参与人道主义危机管理和援助、冲突后解决和重建的最佳做法
2011—2013年工作计划	1. 确保核武器拥有国签署《东南亚无核武器区条约》（SEAN-FWZ） 2. 积极参加东盟海事论坛 3. 确定东盟维和部队的军事能力
2014—2016年工作计划	1. 在海事安全和搜救方面开展可行性合作 2. 通过与轨道二，特别是与东盟防务与安全机构网络（NADI）的密切接触举行一轨半防务论坛，探讨武装部队和机构的职能 3. 避免在区域内人道主义援助和救灾演习中出现重复活动 4. 审查和更新区域维和能力状况 5. 探索扩大第二轨道论坛，将扩大合作国包括在NADI内 6. 酌情制定确保航行、搜索和搜救安全的合作或程序规范

续表

计划周期	计划重点
2017—2019 年工作计划	1. 运行东盟人道主义救援和减灾军事待命小组（AMRG） 2. 使东盟军事医学中心制度化 3. 执行东盟维和中心网（APCN）的中期目标 4. 通过东盟国防工业合作（ADIC）提出国防工业合作项目 5. 探讨在传统安全领域可能开展的合作 6. 形成区域规范

资料来源：东盟防长会官方网站，https：//admm. asean. org。

成立伊始，东盟防长会陆续出台了许多合作倡议。这些合作倡议或者解决了相同问题的不同方面，或者同时适用于若干合作领域，或者成为防长扩大会专家工作组与扩大合作国之间开展合作的侧重点（见表 2－6）。

表 2－6　东盟防长会合作领域

合作领域	相关东盟防长会倡议
人道主义援助与救灾	1. 利用东盟军事物资和能力进行人道主义援助与救灾 2. 东盟防务机构和民间社会组织（CSOs）在非传统安全领域的合作 3. 东盟后勤保障框架（ALSF，包括 HA/DR 和搜救） 4. 军事待命小组（AMRG） 5. 东盟军事医学中心（ACMM）
军事医学	东盟军事医学中心（ACMM）
维和行动	1. 东盟维和中心网（APCN） 2. 东盟后勤保障框架（ALSF，包括维和）
国防工业	东盟国防工业合作（ADIC）
交流项目	东盟防务交流项目（ADIP）
后勤	东盟后勤保障框架（ALSF）

续表

合作领域	相关东盟防长会倡议
通讯	1. 直接通信链路（DCL） 2. 东盟直接通信基础设施（ADI）
海空安全	1. 直接通信链路（DCL） 2. 东盟后勤保障框架（ALSF，包括打击海盗） 3. 我们的眼睛倡议（AOE）
第二轨道	东盟防务与安全机构网络（NADI）

资料来源：东盟防长会官方网站，https：//admm. asean. org。

1. 人道主义援助与救灾（HA/DR）

东盟一直着重建立人道主义援助与救灾合作体系，使之成为解决现实安全威胁、促进信心建设的有力措施之一。2005 年 7 月签署的《东盟灾害管理和应急响应协定》（AADMER）为东盟应对自然和人为灾害提供了制度机制和法律框架。协定规定，东盟应建立“待命机制和标准操作流程”（SASOP），以便在发生灾害时快速响应。东盟还启动了“东盟灾害管理区域方案 2004—2010”（ARPDM），建立了区域灾害管理框架。①

东盟一直寻求在防长会机制框架内使人道主义援助与救灾合作制度化，并与东盟其他相关机制进行统筹协调。2009 年第 3 届防长会通过了《在人道主义援助和救灾中使用东盟军事资产和能力的概念文件》，以便在灾害管理中“加速东盟军队的行动效能”，履行《东盟灾害管理和应急响应协议》和“待命机制和标准操作流程”。② 根据协议授权，东盟需要建立救灾和应急待命安

① ADMM, “ADMM Three - year Work Program,” Jun. 20, 2013, http：//admm. asean. org/dmdocuments/3. %20Annex% 20F_ADMM% 203 Year% 20Work% 20Programme. pdf.（上网时间：2020 年 3 月 6 日）

② ASEAN, “Joint Declaration of ASEAN Defense Ministers on Strengthening ASEAN Defense Establishments to Meet the Challenges of Non - traditional Security Threats,” Jun. 11, 2013, http：//www. asean. org/images/archive/22314. pdf.（上网时间：2020 年 3 月 6 日）

排，要求成员国明确可用于开展援助与救灾行动的资产和能力。在此基础上，概念文件规定了基本征用原则、资产和能力的类型以及责任、费用、鉴定和响应时间等具体内容，界定了军事资产和能力的征用方式。① 2011 年 11 月，“东盟灾害管理人道主义援助协调中心”（AHA）在雅加达成立。该中心负责登记用于应急待命的军事资产和能力，并就东盟成员国的自然灾害情况发出预警。②

在 2014 年东盟防长会的务虚会上首次提出建立“东盟人道主义援助和救灾军事待命小组”，随时准备对于发生在成员国的紧急灾害作出迅速响应。③ 2015 年第 9 届东盟防长会通过的《东盟人道主义援助和救灾军事待命小组概念文件》（AMRG on HA/DR）统筹管理了东盟成员国、东盟秘书处和东盟灾害管理人道主义援助协调中心。2016 年第 10 届东盟防长会上通过了《人道主义援助和救灾军事待命小组的职权范围（TOR）》。军事待命小组（AMRG）作为东盟应急待命安排的一部分，由各国预先确定的军事人员和军事资产组成。该小组能够从现有数据库中调用相关信息，辅助建立联络点和数据库，还能够利用防长扩大会下辖的相关专家工作组和《东盟灾害管理和应急响应协议》制定共同的合作规范和流程。随着军事待命小组的成立并确定职权范围，东盟军队有能力快速部署到危机发生地区。与此同时，东盟防长会鼓励成员国在开展救灾行动时“分享最佳做法和国家标准操作流

① ADMM, “Concept Paper on the Use of ASEAN Military Assets and Capacities in Humanitarian Assistance and Disaster Relief,” Jun. 11, 2013, http://www.asean.org/images/archive/22314.pdf.（上网时间：2020 年 3 月 6 日）

② ASEAN, “Agreement on the Establishment of the ASEAN Coordinating Center for Humanitarian Assistance on Disaster Management,” Jun. 17, 2013, http://www.asean.org/archive/documents/19th%20summit/AHA.pdf.（上网时间：2020 年 3 月 6 日）

③ Concept Paper ASEAN Militaries Ready Group on HADR, Mar. 16, 2015, https://admm.asean.org/dmdocuments/ASEAN%20Militaries%20Ready%20Group%20on%20HADR%20Paper - FINAL,%20as%20of%209th%20ADMM,%2016%20March%202015.pdf.（上网时间：2020 年 3 月 6 日）

程”，自愿支持东盟关于灾害管理和应急响应的待命机制。马来西亚将位于吉隆坡西南部苏邦（Subang）的空军基地用作东盟行动中心的提议就是东盟促进人道主义援助与救灾的务实合作体现。①

在《东盟灾害管理和应急响应协议》框架下，东盟防长会的人道主义援助与救灾机制受东盟灾害管理委员会（ACDM）于2015年批准的待命机制和标准操作流程（SASOP）所约束。在东盟陆军首长多边会、东盟空军首长会、东盟海军首长会等东盟层面的防务互动中，所有与人道主义援助和救灾相关的现存或磋商文件都必须配合待命机制、标准操作流程以及《东盟灾害管理和应急响应协议》共同解释。与此同时，东盟防长会的人道主义援助与救灾倡议及其专家工作组应与东盟框架下其他相关机制（如东盟地区论坛救灾会间会）密切协调，避免重复工作。

东盟防长会和防长扩大会还举行与人道主义援助和救灾相关的演习，如2013年东盟防长扩大会军事医学—人道主义援助和救灾演习、2016年东盟防长扩大会军事医学—人道主义援助和救灾联合演习（AM－HEx）等。相应的，防长会努力在东盟机制内巩固和理顺与人道主义援助和救灾相关的演习，如东盟人道主义援助和救灾演习（AHEx）、东盟地区自然灾害应急救助演练（AR-DEX）、东盟地区论坛救灾演习（DiREx）等。其中，东盟地区自然灾害应急救助演练是检验待命机制和标准操作流程救灾能力的主要演习。东盟防长扩大会框架下的人道主义援助和救灾演习主要侧重于防务和军事领域。

2016年9月，东盟领袖通过《一个东盟，一种应对：东盟联合应对区域内外灾害宣言》（One ASEAN，One Response：ASEAN Responding to Disasters as One in the Region and Outside the Region），旨在提高应对灾害的速度、范围和效率。宣言指出，东盟灾害管

---

① ASEAN，“Joint Declaration of ASEAN Defense Ministers on Strengthening ASEAN Defense Establishments to Meet the Challenges of Non－traditional Security Threats，” Jun. 11，2013，http：//www. asean. org/images/archive/22314. pdf.（上网时间：2020年3月6日）

理人道主义援助协调中心是“东盟主要的灾害管理和应急地区协调机构”，其任务是落实宣言愿景。东盟领导人宣布“在自愿的基础上，民用和军用资产、资源、能力等可用于东盟待命机制，通过东盟灾害管理人道主义援助协调中心的统筹迅速调集到受灾地区。”① 东盟防长会审议由中心牵头制定的联合救灾计划，指导平民、军队、国际伙伴、民间社会等利益攸关方的职权范围。在确定人道主义援助和救灾行动需求时，可以参考使用军事资产和能力的概念文件和建立军事待命小组的概念文件。军事待命小组所需的军事资产和能力由待命机制和标准操作流程规定，尤其是单位的类型和级别、运输流程、专业知识、应急储备和其他设备。这里所说的军事资产和能力包括陆海空军的医疗力量、工程或步兵力量、专业人员、救灾储备物资、重型起重、基础设施、应急通讯、应急运输、应急能源、野战医院、临时避难所等。军事人员被确定为东盟待命安排的组成部分，根据需求进行部署。东盟后勤保障框架需满足人道主义援助与救灾行动的后勤需求。如果需要利用东盟灾害应急后勤系统（DELSA），军事待命小组需与东盟灾害管理人道主义援助协调中心进行协调。2018 年第 12 届防长会通过的《东盟人道主义援助和救灾军事待命小组驻灾害管理人道主义援助协调中心军事代表的职权范围》，进一步加强了中心的制度化规范。东盟防长会还探讨了发生灾害时与民间社会组织的安全合作。在军事和民事部门开展人道主义援助和救灾合作时，东盟防务高官会工作组需要与东盟灾害管理委员会的筹备响应工作组和军民协调技术工作组加强协作。2016 年第 10 届防长会发布的《军民救灾协调准则》可以用来参考解决人道主义援助和救灾合作中的军民关系问题。通过一系列机制化建设，东盟防长会

① “ASEAN Declaration on One ASEAN One Response：ASEAN Responding to Disasters as One in the Region and Outside the Region，” Sep. 8，2016，https：//asean. org/wp - content/uploads/2016/09/Declaration - on - One - ASEAN - One - Response. pdf.（上网时间：2020 年 3 月 6 日）

不断促进各宣言、协定、概念文件和机构的协同，启动军事待命小组，提高人道主义援助与救灾能力。

2. 维和行动合作

由于东盟成员国具有参加联合国维和行动的传统，且柬埔寨、印尼、马来西亚、菲律宾、泰国等东盟成员国已经在本国建立了维和训练中心，为了将这些中心联合起来并使东盟成员国从中获益，东盟防长会倡议成立东盟维和中心网（APCN）。东盟维和中心网以《2025年东盟政治安全共同体蓝图》、东盟防长会三年工作计划、东盟防务与安全机构网（NADI）开办的维和行动研讨会、东盟外交部长非正式会（2010）为基础，通过分享维和经验、专业知识和其他相关能力，促进和加强东盟成员国武装部队间的防务合作。

2011年第5届东盟防长会通过了《建立东盟维和中心网的概念文件》，旨在促进东盟各维和中心进行联合规划，开展联合培训与活动，交流维和经验。东盟维和中心网的短期目标包括：1. 维和课程、材料和方法共享；2. 在东盟维和中心之间建立网络；3. 确定东盟维和能力建设的差距和优先事项；4. 协助东盟成员国发展维和中心等。中期目标包括：1. 制定运作维和中心网的标准操作流程（SOP）；2. 开展教员、培训员与受训人员之间的专业知识交流与互访；3. 编写维和培训、行动和实践手册；4. 进行联合训练等。长期目标包括：1. 建立正式框架，便于成员国在维和行动共同待命安排领域进行合作；2. 加强东盟成员国维和部队之间的互操作性；3. 将东盟成员国内现有的维和中心发展成为维和领域的专业英才中心。① 2012年9月，首届成立大会正式召开。此

① ADMM, "Joint Declaration of the ASEAN Defense Ministers on Strengthening Defense Cooperation of ASEAN in the Global Community to Face New Challenges," Jun. 21, 2013, http://admm.asean.org/dmdocuments/5.%20-ANNEX%2011-%20Joint%20Declaration%20%20the%20Fifth%20ADMM.pdf; ADMM, "ADMM Concept Paper on the Establishment of ASEAN Peacekeeping Centres Network," Jun. 18, 2013, http://admm.asean.org/dmdocuments/10.%20ANNEX%209-%20Concept%20Paper%20on%20The%20Establishment%20of%20ASEAN%20PKC%20Network%20-.pdf.（上网时间：2020年3月6日）

后，东盟维和中心网根据概念文件组织了一系列短期活动，包括加强信息共享、寻找能力差距、确定优先事项、协助东盟成员国建设维和中心等。

3. 国防工业合作与后勤合作

由于东盟成员国是防务和安全装备的净购买者，并且在航空航天、海事、武器装备、汽车、通信技术等国防工业领域的需求出现显著增长，① 东盟防长会出现了促进东盟国家进行国防工业合作的倡议。在2010年第4届东盟防长会上，马来西亚提出开展东盟国防工业合作（ADIC）倡议，并由各国防长讨论其可行性。在2011年第5届东盟防长会上通过了《建立东盟国防工业合作的概念文件》，支持在该框架下建立磋商组。依据东盟国防工业合作的框架安排和职权范围，东盟防长会探讨了建设东盟国防工业和促进东盟内部军备贸易的途径。这不仅符合东盟政治安全共同体的发展目标，还能够为东盟经济共同体作出贡献。

在东盟国防工业合作中，国防工业是指与国防生产和制造有关的活动，包括生产军事、执法和安全所需的基本设备、部件和零件，以及相应的维护和修理服务。东盟国防工业合作以灵活性、无约束性和自愿性原则为基础，通过伙伴合作、企业合资和联合生产在共同项目上开展合作，寻找发展规模经济的机会；促进东盟国防工业部门的产品和服务在东盟内部流通；支持东盟成员国举办国防贸易展览；提高东盟在国防和军民两用工业领域的技术能力和竞争能力；设置有助于东盟国防工业增长的激励措施。可能的合作项目包括国防工业部门的教育和培训、合资和联合生产、联合开发研究、开发共同项目等。东盟国防工业合作召开的会议和讲习班等活动都在成员国举办防务展期间进行，其他东盟成员国受邀参加。然而，东盟国防工

① ASEAN, "ASEAN Defense Ministers' Meeting: Concept Paper on Establishing ASEAN Defense Industry Collaboration," May 29, 2013, http: //www. asean. org/images/archive/document/18471 - k. pdf.（上网时间：2020年3月6日）

业合作面临着巨大的现实挑战。首先，东盟成员国间国防工业发展阶段存在巨大差距，新加坡工业化水平最高，马来西亚和印尼处于中低水平，其余还在初级阶段；其次，成员国间存在信任度不够的问题；最后，东盟成员国内现存的国防工业部门有的由国防部和相关部委控制，有的由独立于政府的私营商业公司运作，在对接合作上存在困难。东盟国防工业合作的成效取决于每个东盟成员国特有的管理安排。

另外，2013 年第 7 届东盟防长会批准建立了“东盟后勤保障框架”（ALSF）。东盟后勤保障框架用于指导在非传统安全领域展开合作，包括人道主义援助和救灾、搜索救援、维和、打击海盗等，能够为联合行动与演习提供保障，如管理燃料、饮食和废物等（不包括明文禁止的武器体系、终端设备、装备部件等战略物资）。东盟后勤保障框架的活动形式包括会议和研讨会，主要讨论框架的基本原则、分享现有资源和基础设施等信息、确定联络中心、进行桌面推演、制定标准操作流程等，其目标包括：推进区域后勤发展进程，促进和提高合作效力和行动效率；支持联合训练和演习，促进东盟各国军队间的互操作性；在成员国间建立密切联系，以便做出及时有效的应急反应；补充《东盟灾害管理和应急响应协议》和东盟灾害管理人道主义援助协调中心等现有机制。东盟后勤保障框架旨在通过提升区域后勤保障能力提高区域防务合作的效力和效率，增强人道主义援助与救灾、搜救、维和、清剿海盗、国防工业项目的能力和互操作性，为区域维和演习或行动提供后勤保障，为《东盟灾害管理和应急响应协议》和东盟灾害管理人道主义援助协调中心等现有机制提供协助，加强多领域防务合作的制度化和系统化。由于东盟后勤保障框架涉及多个领域，可以在联合演习和教育训练活动中检验其有效性，并被用作东盟防长扩大会海事安全专家工作组实地训练演习标准操作流程的补充参考。①

4. 通信与网络安全合作

2014 年第 8 届东盟防长会通过了《建立直接通信链路的概念文件》，提出建立直接通信链路（DCL），即“热线”。这属于一种永久的、迅速的、可靠的和保密的通讯手段，能够使任意两位东盟防长通过这种手段直接快速沟通，共同处理海上安全等危机或紧急情况，是建立信任和安全的关键措施之一。热线曾用于军备控制，现在常用于恐怖主义、海上安全、自然灾害等其他紧急情况，能够防止或消除误会，防止事态升级，促进紧急情况下的快速反应合作。东盟十国防长间将建立 45 个独立的双边直接通信链路，只有在需要两名东盟防长作出决定、防止危机升级的紧急情况下，通信链路才会启动。此后，防长会在制定框架原则、技术架构和操作程序方面取得积极进展，并于 2017 年第 4 届东盟防长扩大会上成功推出东盟直接通信基础设施（ADI）。在 2019 年第 13 届东盟防长会上，东盟直接通信基础设施的范围拓展至扩大合作国，目的是加强东盟与扩大合作国的信息共享机制，把东盟塑造成一个以规则为基础、包容各方的共同体，维护东盟中心地位，有效应对区域新挑战。

5. 海事安全与海空互动准则

亚太地区国家的高速发展导致该地区海空交通数量呈急速增长。由于在海事领域面临着共同的传统和非传统安全挑战，东盟成员国致力于通过建立信任与开展预防性外交，和平处理海上潜在紧张局势，制定全面可行的海事冲突管理措施。2017 年第 11 届东盟防长会批准了《关于海上互动准则的概念文件》，2019 年第 13 届东盟防长会批准了《东盟防长会海上互动准则》。准则由

① ADMM, "Concept Paper on Establishment of Logistics Support Framework," Jun. 19, 2013, http: //admm. asean. org/dmdocuments/Concept - Paper - ADMM - 2013 - 2. %20Concept%20Paper%20on%20Establishment%20of%20Logistics%20Support%20%20Framework. pdf. （上网时间：2020 年 3 月 6 日）

海军舰艇和海军飞机遵守，是防务部门与其他海事机构进行互动的框架原则。准则重申了东盟成员国的承诺，即根据《国际海洋法公约》等国际法原则，通过和平手段解决海上争端，不诉诸武力或使用武力威胁。准则鼓励东盟成员国在自愿的基础上，分享有关海事安全、港口安全和飞越管辖权的法律、报告、规则等信息，以免发生海事误解或意外事件。

在航空领域，2011 年第 11 届东盟防长会通过了《关于制定军用飞机空中相遇准则、设立特别工作组的概念文件》，2018 年第 12 届防长会通过了《空中军事相遇准则》。上述文件适用于军用飞机在公海上空飞行时的意外遭遇情况，通过设置双方安全间隔避免造成安全威胁。文件补充了《国际民用航空公约》、由国际民用航空组织出台和东盟防长会签署的《国际信号规则》（ICS）航空标准、西太平洋海军研讨会通过的《海上意外相遇准则》（CUES）等现行规范，是用于建立区域信任机制的军用飞机实施准则，能降低在误判情况下空中意外遭遇升级为冲突的可能性。

6. 反恐合作

东盟国家在地区内开展反恐合作的早期成果主要体现为《东盟跨国犯罪宣言》（1997）、《东盟反恐联合行动宣言》（2001）、《东盟反恐公约》（2007）等区域安全合作常设机制。虽然东盟防长会认识到这些机制的重要性，并将《东盟反恐公约》列入 2008—2010 年工作计划，但在防长会框架下最初没有专门针对恐怖主义的相关倡议。

2018 年发生在菲律宾马拉维和印尼泗水的恐怖袭击显示出地区恐怖主义威胁在规模和程度上都有所增长。这些恐怖袭击中出现的新战术和新技术或是回流的恐怖分子从中东“伊斯兰国”学到的，体现为城市持久战、激进主义家庭化、自杀性爆炸，以及利用网络进行招募、融资和袭击，并可能辅以先进的化学、生物和放射性能力。东南亚恐怖主义袭击的升级促使东盟成员国开始认真对待这些新式威胁，希望通过合作打击激进主义、极端主义和恐怖主义。在2018年东盟防长会的务虚会上，文莱、印尼、马来西亚、菲律宾、泰国和新加坡六国防长签署了《“我们的眼睛”倡议联合声明》。2018年2月出台的《关于在东盟打击恐怖主义的东盟国防部长联合声明》同意加强东盟各防务机构之间的反恐合作，辅以“365区域信息共享平台”和“我们的眼睛”倡议，提供反恐预警和趋势分析，共同防范和打击暴力极端主义、激进主义和恐怖主义。2018第12届东盟防长会通过了《“我们的眼睛”倡议概念文件》（Concept Paper on Our Eyes Initiative），宣布“我们的眼睛”战略信息交流对东盟所有成员国开放。倡议指出，东盟成员国可以通过直接通信基础设施和365区域信息共享平台加强国防机构之间关于暴力极端主义、激进主义和恐怖主义的战略信息共享。2019第13届东盟防长会通过了《东盟“我们的眼睛”职权范围》，指出“我们的眼睛”属于东盟战略信息交流平台，目前处于制定标准操作流程等机制化建设阶段。

2018年第12届东盟防长会通过的《关于反恐怖主义的复原力、反应力和恢复力（3R）的讨论文件》中提出了“3R支柱”的概念：1. 复原力（Resilience）支柱，认为有效的预警系统和团结的社会对于打击恐怖主义和减少恐怖袭击至关重要。这一支柱主张加强区域能力，防止恐怖主义活动，即一方面加强信息共享，如“我们的眼睛”倡议和365区域信息共享平台，另一方面努力宣传反极端主义，增强民众的心理承受力，降低激进化风险。2. 反应力（Response）支柱，指袭击后迅速果断采取反应的能力，旨在降低生命和财产损失。由于恐怖主义威胁可以超越国界，这一支柱还涵盖了加强区域内集体应对恐怖主义的能力，如苏禄海三边联合巡逻和东盟直接通信链路等，都是汇集各国资源应对恐怖主义的范例。3. 恢复力（Recovery）支柱，指恐怖袭击后，社会需要重建自然环境和社会经济环境，防止发生激进化恶性循环。这一支柱包括事后恢复和重建工作的区域联合行动，如向灾区提供人道主义援助、东盟整体应对灾害等，还包括在社会和个人两个层面实施去极端化努力。3R 支柱有助于推动东盟国家集体反恐，造福东盟人民。

在 2017 年第 12 届东亚峰会上，领导人认识到需要合作应对新式化学武器的挑战，如国家和非国家行为体滥用的沙林神经毒剂、炭疽病毒等化学、生物和放射（CBR）武器。而应对这类攻击所需的专业技能和资源往往掌握在东盟成员国的防务机构中，因此，东盟防长会倡议建立一个化学、生物和放射防务专家虚拟网，能够共享信息、知识、经验和实践，以便在发生相关事件时提供及时、充分和有效的援助，并通过与现有区域框架机制的密切合作保障区域安全。2019 年 11 月，东盟化学、生物和放射防务专家网（Network of ASEAN Chemical、Biological and Radiological，CBR）建立。该网络作为发生区域性公共卫生事件时的综合应对措施之一，能够应对新出现或故意传播的疾病、恐怖主义散布的化学或放射性武器制剂等，提供及时、充分和有效的援助。

7. 防务人员交流

2013 年第 7 届东盟防长会通过了《开展东盟防务交流项目的概念文件》，旨在通过研讨会、人员交流、参观互访、文体交流等方式，鼓励成员国开展更多的人员接触，在防务和军事机构中培养东盟认同感和归属感，促进区域一体化建设。该项目强调尊重多样性、平等性和同理心，促进人民之间的交流，培养东盟防务和军事机构对于东盟的认同感，建设一个更加以人为本、以人为中心的东盟。东盟防务交流项目（ADIP）通过东盟防务高官会及其工作组向防长会汇报工作成果，其目标包括：通过东盟防务和军事机构一体化，培养东盟归属感；通过加强人与人之间的接触，促进区域团结，建立对话协商的习惯；鼓励成员国在接触中保持透明度和公开性；加深联系并建立持久的友谊；促进对彼此防务和军事设施的认识和了解；宣传东盟防务和军事合作进程。东盟防务交流项目的活动形式包括信息共享、方案规划、交流研讨、专家交流、参观防务设施和军事机构、开展体育和文化交流活动等。鉴于在武装部队一级已经有东盟军事交流类倡议，如东盟陆军初级军官交流、东盟海军青年军官交流、东盟空军初级军官交流、东盟军事医学青年军官交流等，东盟防务交流项目的参与者优先安排东盟成员国国防部的初级军官。

2017 年第 11 届防长会出台了《东盟防长会范围内的教育和培训交流原则》。文件指出，东盟防长会成员国基于灵活自愿的原则参与教育和培训交流（AETE）项目，以加强经验交流，建立互信和信心，提升应对共同安全问题的综合能力，促进多边合作与协调。参加教育和培训交流的人员包括东盟成员国武装部队的现役人员和防务机构的文职人员，形式包括会议、桌面讨论和实地演习，内容涉及海事安全、反恐、人道主义援助和救灾、维和、军事医学、网络安全等共同安全问题。

8. 军事医学

根据《东盟政治安全共同体 2025 年蓝图》规定，东盟防长会于 2016 年 4 月 8 日在泰国曼谷正式启动东盟军事医学中心（AC-MM）。该中心的任务是在正常和危机情况下，在东盟成员国和其他国家的军事医疗服务之间建立切实、有效、可持续的合作；目标是在展示区域团结、应对共同挑战上发挥独特作用，并与扩大合作国、相关机构、国际组织的军事医疗服务进行协调与合作。从《路线图 2015—2019》和《路线图 2020—2024》可以看出，东盟军事医学中心奉行标准性战略、协调性战略、发展性战略和可持续性战略，预期于 2024 年底在相关各国各机构之间建立切实有效的合作，并支持防长扩大会框架范围内的其他合作领域。

新冠肺炎疫情暴发以来，东盟防长会出台了相应措施。2020 年 2 月 19 日，东盟各国防长在越南河内举行的务虚会上发表了《关于合作防范疾病暴发的联合声明》，体现出防务部门在抗击病毒领域能够发挥的贡献，特别是通过东盟军事医学中心和东盟化学、生物和放射防务专家网（CBR）。随后，东盟军事医学中心公布了关于区域新冠肺炎疫情形势的报告，并于 2020 年 5 月 27 日召开了一次桌面演习（TTX），分析军事医疗服务应对新冠肺炎疫情的差距，并在东盟成员国卫生部门之间分享最佳做法。东盟化学、生物和放射防务专家网于2020年6月组织研讨会，分享应对新冠肺炎疫情的科学研究、最佳做法与合作机会。

9. 加强与民间社会组织（CSO）合作

为应对区域安全挑战，东盟防务机构与民间社会组织之间的合作重点首先聚焦于人道主义援助和救灾，其双重战略体现为东盟成员国的防务机构可各自寻求与民间社会组织开展适当的合作，或者东盟防务机构可以在达成共识的基础上与民间社会组织进行集体合作。在各国领域内，鉴于不同国家处理非传统安全问题的方式和方法各不相同，政府在与民间社会组织接触的性质、方式和程度方面保留完全的和最终的自由裁量权；在东盟框架内，东盟防务机构与民间社会组织在非传统安全领域的合作应遵守《东盟宪章》《成立东盟防长会的概念文件》《关于成立东盟防长会的概念文件的议定书》《东盟防长会三年工作计划》《东盟国防部长关于促进区域和平与稳定的联合声明》及《成立东盟防长扩大会的概念文件》。

东盟防务机构与民间社会组织的接触可以采取多种形式，如通过东盟各成员国的防务机构与民间社会组织进行沟通，接受民间社会组织的意见和建议作为政府决策过程的一部分，邀请知名民间社会组织参加东盟防务研讨会，设置搜集公众意见的恰当渠道，建立相应的协调机制，充分利用国际援助等。总之，民间社会组织是东盟防务机构应对区域非传统安全挑战的利益攸关者之一，双方的合作日渐兴起。这种开放的、外向的东盟防务外交态度有利于满足东盟各国人民的安全需要。

10. 防务外交第二轨道

第二轨道对话和协商机制在20世纪八九十年代的东盟发挥了非常重要的安全作用。"'第二轨道'是由非政府组织（经常是思想库）所发起的会议（包括双边和多边会议），这种会议明确地和直接地探讨有关的政策问题。”① 第二轨道机制一般与政府密切关联，但又有非官方的自由度。最为典型的第二轨道机制是“东盟战略与国际研究所”（ASEAN - ISIS）。东盟防长会启动后，新加坡南洋理工大学拉惹勒南国际研究院（RSIS）倡议启动东盟防务与安全第二轨道，以辅助防长会开展防务与安全合作。

2007 年，东盟启动东盟“防务与安全机构网络”（NADI），以增进与智库和研究机构的沟通交流，为东盟防长会提供及时有效的安全防务建议，促进东盟政治安全共同体建设。防务与安全机构网络属于东盟防务外交第二轨道的政策智囊团，通过与东盟防务高官会及其工作组进行定期互动、交流安全焦点和活动日程等事务支持东盟防长会机制。防长会也可通过防务高官会鼓励防务与安全机构网络就当前和未来的合作领域进行研究论证。2017 年第 11 届东盟防长会发布了《加强东盟防长会与防务与安全机构网络联系的概念文件》，通过改善两者沟通渠道，加强两者关联程度，促进相互信任和理解。2019 年 11 月，防务与安全机构网络举办“加强防务外交：东盟防长会的挑战与展望”研讨会，建议保持现有防务外交势头，逐步深化防长会和防长扩大会之间的合作，以适应主要由大国竞争塑造的地区安全环境，并应对网络安全和新技术等新兴安全挑战，在日益激烈的地缘政治竞争中确保东盟的团结和中心地位。2021 年第 14 届防务与安全机构网络会议强调，在地缘政治动态变化和层出不穷的安全威胁中，必须保持东盟中心地位。总体而言，二轨机制能够为第一轨道决策提供见解、观点和建议，有助于增强理解和互信，共同应对各种区域防务和安全问题。

毋庸讳言，在防务合作方面，落实具体措施比发表各种概念文件和召开各级会议更为重要，也更加困难。与东盟其他合作领域一样，东盟防长会务实合作机制的发展也是循序渐进的，并采

① ［加］阿米塔·阿查亚，王正毅、冯怀信译：《建构安全共同体：东盟与地区秩序》，上海人民出版社 2004 年版，第 93 页。

用让所有成员国都感到合适的步调。目前看来，在不挑起成员国间主权问题或彼此猜疑的前提下，东盟防长会框架下的务实合作发展程度取决于威胁的紧迫性与合作的可行性。因此，人道主义援助与救灾合作最为有力，维和行动与海空安全也是合作焦点，而军事医学则是最具现实需要的合作领域。可以预见，东盟将继续努力为其防务合作增添务实内容，使其不断制度化与规范化，同时鼓励外部伙伴加入合作框架，共同促进区域安全与稳定。

第三章

国际关系网中的东盟防务外交

在区域间通常存在着不同领域、不同范围、不同层次的安全合作安排。东盟成员国与外部行为体发展安全防务合作关系，与东盟充当独立行为体与外部行为体发展安全防务合作关系并行不悖。随着东盟共同体宣布建立和逐步完善，集体身份与共同意识的不断强化使得东盟内部在立场和声音上更易于达成一致。而东盟的区域组织身份也淡化了内外部国家间矛盾对于区域安全的影响，使得防务合作能够在相对稳定的条件下顺利开展。

第一节　国际关系网中的东盟

二战后，美国在东亚分别与韩国、日本、菲律宾等国建立了互不统属并且排他的同盟关系，形成著名的“轴辐”（hub and spoke）式双边安全体系，对于东亚地区的安全架构形成了最为显著和持久的影响。而东盟作为建立于冷战时期的独立行为体和中小国家集团，一度主要由成员国各自依赖域外大国防范其内部和外部威胁，而东盟成员国间的安全合作则较为松散。然而，大国在东南亚地区的竞争使东盟国家深感危险。根据车维德（Victor Dong Cha）的观点，如果一个弱国寻求控制一个强国，那么小国通过组建集团对大国构成约束从而实现其控制的目的可能是最有效的。无论是以同盟国的身份还是以国际机构成员国的身份，多边约束（multilateral constraint）都是对大国进行约束、阻止单边主义、给予小国发言权和投票权的必要条件。简单讲，如果小国试图控制大国，那么多边主义行之有效。① 因此，东盟国家认为必须保持内部团结，对外做出统一回应，通过设计区域架构和规范主导区域多边合作，提高东盟在国际关系网中的话语权。

从实际效果看，通过设计区域架构和规范、维持主体间互动与平衡等方式，东盟能够在亚太区域多层次合作机制中占据中心地位，发挥主导作用。由这种中心地位和主导作用生成的间接权力是东盟中心性的基本逻辑。保持东盟中心性的现实需求进一步促使东盟积极维护区域多边主义，一方面积极地将外部行为体纳入东盟主导的合作网络中，在政治、经济、安全等领域引领实质性的合作；另一方面在由其主导的区域合作机制及其作为重要主体参与的多边合作中，东盟借鉴自身一体化经验设计区域合作框架，并在合作过程中发挥主导性作用。通过多边主义合作，东盟不仅实现了约束大国、阻止单边主义、维护自身安全、提高自身话语权的目标，也增强了对于区域秩序和架构的影响和塑造能力，进一步巩固了东盟的主导能力。

在制度层面，东盟主导了10＋1、10＋3（中国、日本、韩国）、10＋6（中国、日本、韩国、印度、澳大利亚、新西兰）、东亚峰会（EAS）、区域全面经济伙伴关系（RCEP）、东盟地区论坛、东盟防长扩大会等机制，并获得参与国的支持和认可。由此可见，东盟通过与外部行为体建立合作关系并在合作网络中处于中心地位，在区域机制中发挥主导作用，并获得域外各国的广泛

① V. D. Cha, "Powerplay: Origins of the US alliance system in Asia, International Security," 34 (3), 2010, pp. 158－196. 转引自国政学人：《高压攻势：美国亚洲同盟体系的起源》，Mar. 4, 2020, http://www.irscholars.com/index.php/2020/03/04/824ea3e2dc/。（上网时间：2020年3月6日）

认可。这种制度层面的主导作用能够促使东盟在政治、安全、防务领域中寻求加强其影响力，不断巩固其制度中心性。在政治层面，东盟与不同国家和国际组织等国际行为体之间存在不同的双边关系和多边关系，表现为不同级别的伙伴关系，体现出行为体之间政治关系的紧密程度。东盟与各伙伴国的关系以《东南亚友好合作条约》为基础，各国在认同条约原则的基础上与东盟建立了不同级别的伙伴关系。东盟与中国（2003）、日本（2011）、韩国（2010）、澳大利亚（2014）、印度（2012）、新西兰（2015）、美国（2015）、俄罗斯（2018）分别结为战略伙伴关系后，在对各国间关系的控制和调解上拥有最为明显的优势。这些伙伴关系能够为双方开展政治合作提供制度基础，有利于东盟在多边框架下开展双边合作，并通过双边合作促进多边合作。事实证明，东盟与对话伙伴国之间的系列会议是维护地区政治安全问题的重要平台。①

同时，在亚太地区还存在着以美国与其盟国日本、韩国、澳大利亚、菲律宾和泰国之间的双边安全合作，与印度之间的准同盟关系，与地区其他国家之间的伙伴国关系。罗布特·卡根（Robert Kagan）指出，实力较弱的国家寻求多边主义，强大的国家则倾向于避开普遍规则和多边机制的约束。如果强国试图控制弱国，那么双边联盟是更好的选择。大国可以通过与盟友达成一系列双边安排，加强自己的能力，并最大限度地提高自己的影响力，而不是任由自身的影响力在多边论坛中被稀释。② 东南亚地区的双边架构仍然有效，自然削弱了大国参与多边结构的热情。“双边合作的开展以及域外大国的强势介入，可能会冲击基于东盟整

① 董贺：《东盟的中心地位：一个网络视角的分析》，《世界经济与政治》2019年第7期，第77—107页。

② V. D. Cha, “Powerplay: Origins of the US alliance system in Asia, International Security,” 34 (3), 2010, pp. 158 - 196. 转引自国政学人：《高压攻势：美国亚洲同盟体系的起源》，Mar. 4, 2020, http://www.irscholars.com/index.php/2020/03/04/824ea3e2dc/。（上网时间：2020年3月6日）

体所建构的力量均衡网络，蚕食甚至肢解东盟整体的安全战略，从而为地区的安全与稳定埋下隐患。”① 美国同盟体系的存在降低了亚太地区的安全稳定性和均衡性，在某种程度上与东盟主导的地区安全机制构成了竞争关系。

由此可见，东南亚地区当前面临着复杂的安全环境，既存在安全竞争关系，也存在安全依赖关系，稳定的安全秩序尚未形成，各方在安全观念与战略取向等方面仍然存在分歧，大国间关系对于区域安全格局起决定性作用。东盟为提高在国际关系网中的话语权，主要通过在政治层面结成不同的伙伴关系，在制度层面主导多边合作机制而实现约束外部行为体在区域内的竞争行为、保护自身利益的目的。在这种背景下，东盟与外部行为体的防务外交可以分为两个层面，即东盟与外部行为体之间的防务外交关系和东盟成员国与外部行为体之间的防务外交关系，两者并行不悖。

第二节　东盟与外部行为体的防务外交

东盟作为单独行为体与外部行为体开展的防务外交主要体现在东盟地区论坛防务轨道（defence track）和东盟防长扩大会两个部分。

一、东盟地区论坛防务轨道

东盟地区论坛（ARF）成立于1994年，其发展阶段包括促进建立信任措施、发展预防性外交机制和发展解决冲突机制，其目的是加强亚太国家间的相互了解与信任，就共同关心的政治安全问题进行建设性对话和协商，为亚太地区发展一种更可预测和更

① 薛志华：《东盟防长扩大会议机制的缘起及其运作——兼论中国的立场与作为》，《东南亚研究》2019年第1期，第33—47页。

具建设性的关系模式，维护区域的和平与繁荣。阿查亚指出，东盟地区论坛不仅仅是权力平衡机制的附属品，还可以通过在主要大国之间提供相互克制和建立信任的规范来维持稳定的权力平衡。① 目前，东盟地区论坛共包括东盟10国和中国、日本、韩国、印度、俄罗斯、美国、加拿大、澳大利亚、欧盟等27个成员国和国际组织。东盟地区论坛每年举行1次高官会、1次安全政策会、1次建立信任措施与预防性外交会间辅助会（ISG）、5次会间会（救灾会间会、反恐与打击跨国犯罪会间会、海上安全会间会、防扩散与裁军会间会、信息和通信技术应用安全会间会）和2次国防官员对话（DOD）。东盟地区论坛采取双轨并行的模式，即第一轨（外长会、高官会、安全政策会、会间会、国防官员对话）的正式方式和第二轨（成员国的战略机构和相关非政府组织，如“亚太安全合作理事会”等）的非正式方式。东盟地区论坛成员国一致赞成以《东南亚友好合作条约》为行为准则，以东盟为主导，积极协调各国关系、建立对话机制和信任措施，为解决亚太地区的传统和非传统安全问题提供新路径选择。

2009年第16届东盟地区论坛发布《东盟地区论坛愿景声明》（ASEAN Regional Forum Vision Statement），指出论坛需要转变成为一个面向行动的机制，提高对于安全挑战的认知，加强建立信任与合作，在非传统、跨国界和国家间安全挑战领域发展预防性外交，为亚太地区面临的共同挑战制定具体有效的对策。为此，东盟地区论坛决定建立有效的反应机制和综合安全伙伴关系，包括反恐与跨国犯罪、减灾、海事安全、防扩散与裁军等4个优先领域。② 2010年第17届东盟地区论坛通过了《河内行动计划：实施

---

① Amitav Acharya, “Constructing a Security Community in Southeast Asia: ASEAN and the Problem of Regional Order,” London: Routledge, 2001, p. 165.

② ASEAN Secretariat, “ASEAN Regional Forum Vision Statement,” Jul. 23, 2009, http://aseanregionalforum.asean.org/files/library/Plan% 20of% 20Action% 20and% 20Work% 20Plans/ARF% 20Vision% 20Statement% 20 (2009) . pdf.（上网时间：2020年3月6日）

东盟地区论坛愿景声明》（Hanoi Plan of Action to Implement the ARF Vision Statement），将减灾、反恐与跨国犯罪、海事安全、防扩散与裁军、维和行动、防务对话、论坛成员彼此建立信任措施列入具体行动计划。① 2011 年第 18 届东盟地区论坛通过了《预防性外交工作计划》（Preventive Diplomacy Work Plan），用于指导开展预防性外交工作。目前，东盟地区论坛已经通过了《河内行动计划 II（2020—2025）》（ARF Ha Noi Plan of Action II），重申其核心原则，为今后 5 年的合作确定方向，涵盖的 7 个合作领域包括救灾、反恐和跨国犯罪、海事安全、不扩散和裁军、通信技术安全、防务合作和维和行动。② 第 53 届东盟外长会出台了《东盟地区论坛进程、程序、实践和协议指南》（Guide to ARF Processes, Procedures, Practices, and Protocols），重申和澄清了所有机制的作用和职能，并使程序标准化。这些文件为东盟地区论坛以各方都能接受的速度成为一个更加“面向行动”（action - oriented）的论坛铺平了道路。同时，东盟地区论坛鼓励与会者进一步加强和增进与东盟领导下的其他机制，尤其是东盟防长扩大会和东亚峰会之间进行相互协作和信息共享。

东盟地区论坛防务轨道兼具非正式性和正式性，包括国防院校长会（Heads of Defense Universities/Colleges/Institutions Meeting, 1997 年启动）、高官会（Senior Officials' Meeting, 2002 年 7 月启动）、国防官员对话（Defence Officials' Dialogue, 2002 年 11 月启动）、安全政策会（Security Policy Conference, 2004 年 11 月启动）等内容。此外，还有涉及救灾、反恐、打击跨国犯罪、海事安全、

① ASEAN Regional Forum, "Hanoi Plan of Action to Implement the ASEAN Regional Forum Vision Statement," Jul. 23, 2010, http://aseanregionalforum.asean.org/files/library/Plan%20of%20Action%20and%20Work%20Plans/Hanoi%20Plan%20of%20Action%20to%20Implement%20ARF%20Vision%20Statement%20(2010).pdf.（上网时间：2020 年 3 月 6 日）

② "ARF HA NOI PLAN OF ACTION II (2020 - 2025)," Jun. 16, 2021, https://aseanregionalforum.asean.org/wp-content/uploads/2020/09/ARF-Ha-Noi-Plan-of-Action-II-2020-2025.pdf.（上网时间：2020 年 3 月 6 日）

防扩散与裁军等特定内容的会间会。值得注意的是，随着区域安全环境发生变化，东盟地区论坛框架中的非传统安全议题开始超越对话层面，转向实质性安全合作。① 除常规性的高官会、国防官员对话、国防院校长会、安全政策会外，东盟地区论坛框架下的多边防务演练开始启动。2008 年 5 月，东盟地区论坛在印尼举行首次减灾桌面演练；2009 年 5 月在马来西亚举行首次减灾实地演练；2011 年 3 月、2013 年 5 月和 2015 年 5 月分别在印尼、泰国和马来西亚举行 3 次大规模减灾实地演练等。这些演练有助于为多边人道主义援助与减灾行动积累经验，增强成员国之间的相互信任与协同能力②，能够推动东盟地区论坛防务轨道的务实化发展。

二、东盟国防部长扩大会机制

2010 年以后，东盟与外部行为体之间开展的防务外交主要体现在东盟防长扩大会（ADMM +）机制上。根据《成立东盟防长会的概念文件》规定，东盟防长会是开放的、灵活的、外向的，应积极与东盟的对话伙伴一起促进地区和平与安全。③ 因此，需要在东盟防长会内成立防长扩大会，负责主导东盟与外部行为体的安全防务合作。2009 年 2 月，第 3 届东盟防长会决定将防长扩大会成员国限制在东盟正式对话伙伴国的范围内。④ 2009 年 11 月，

---

① Takeshi Yuzawa, "The ASEAN Regional Forum: Challenges and Prospects," in Mark Beeson, Richard Stubbs eds. , "Routledge handbook of Asian Regionalism," Abingdon: Routledge, 2012, pp. 343 – 344.

② See Seng Tan, "'Talking Their Walk?' The Evolution of Defense Regionalism in Southeast Asia," Asian Security, Vol. 8, No. 3, 2012, p. 243.

③ ADMM, "ADMM + Concept Paper," Dec. 12, 2014, http://www.aseansec.org/21216.pdf.（上网时间：2020 年 3 月 7 日）

④ ADMM, "Concept Paper on the ADMM Plus: Principles for Membership," Jun. 27, 2013, http://admm.asean.org/dmdocuments/7.%20ANNEX%20E%20ADOPTED%20Concept%20Paper%20ADMM+%20Membership%20Principles.pdf.（上网时间：2020 年 3 月 6 日）

东盟举行了一次防长会的务虚会，讨论如何召集东盟防长扩大会。在会上，越南提出在防长会框架下建立“东盟+8”机制，邀请澳大利亚、中国、印度、日本、新西兰、俄罗斯、韩国和美国参加。东盟各国防长就越南的提议达成共识。2010年第4届东盟防长会通过了东盟防长扩大会结构与组成、模式与程序两份文件，解释了采用“东盟+X”结构而不仅仅是“+1”或“+3”，是为了实现“有效性与合法性之间的良好平衡”。文件宣布邀请8个对话伙伴担任东盟防长扩大会的创始成员，规定东盟防长扩大会每三年召开一次（后改为一年一次），休会期间由工作组执行会议决议。此外，文件规定设立专家工作组（EWGs）处理具体安全问题，特别是恐怖主义、海事安全等非传统安全问题。这两份文件表明，东盟决心将防长扩大会制度化，夯实务实合作基础，使所有亚太大国都参与这一进程。

2010年12月，东盟的8个对话伙伴国接受邀请，出席在河内举行的首届东盟防长扩大会。会上决定成立一个东盟防务高官扩大会（ADSOM+），负责执行防长扩大会决议。与会成员同意成立专家工作组，在人道主义援助与救灾、海事安全、维和、反恐、军事医学五个非传统安全领域开展务实合作。专家工作组由一个东盟成员国和一个伙伴国共同主持，即人道主义援助与救灾专家工作组（越南+中国）、海洋安全专家工作组（马来西亚+澳大利亚）、维和专家工作组（菲律宾+新西兰）、反恐专家工作组（印尼+美国）、军事医学专家工作组（新加坡+日本）。[①] 截至2020年1月，东盟已经召开了6次防长扩大会，并在人道主义援助与救灾、海事安全、军事医学、反恐、人道主义排雷、维和行动、网络安全7个专家工作组的领导下开展务实合作，对于增进

① ASEAN, “Chairman’s Statement of the First ADMM Plus: Strategic Cooperation for Peace, Stability, and Development in the Region,” Jun. 27, 2013, http://admm.asean.org/dmdocuments/Chairman's%20Statement%20of%20the%201st%20ADMM+,%20Ha%20Noi,%2012%20Oct%202012.pdf.（上网时间：2020年3月6日）

各国之间的了解和信任、增强友好交流与务实合作、维护地区和平稳定发挥了重要作用。

（一）东盟防长扩大会的运作机制

东盟防长扩大会是东盟与8个扩大合作国进行安全磋商与防务合作的最高机制，是防长会的主要对外接触平台。根据相关概念文件规定，“东盟位于东盟防长扩大会的中心地位”（ASEAN is at the center of the ADMM +），要确保东盟在多边安全防务框架中继续处于主导地位，这体现在东盟防长扩大会应规定与扩大合作国互动的领域和程度；参加东盟防长扩大会的申请应提交给东盟防长会主席与其他成员协商；应仅基于所有东盟成员的共识邀请域外国家参加东盟防长扩大会；东盟防长会主席也应担任东盟防长扩大会主席等。① 由此可见，东盟是东盟国家领导人与对话伙伴国进行互动的主要推动力量，东盟在与伙伴国和对话国的防务互动关系中充当“驾驶员”的角色，主导防长扩大会进程的发展，东盟中心性是东盟防长扩大会的核心原则。

东盟设置防长扩大会的意义有：1. 加强东盟内部及东盟与域外国家的合作，以有效应对恐怖主义和自然灾害等非传统安全威胁；2. 域外大国希望与东盟发展防务与安全领域合作；3. 与域外国家合作将为东盟带来专业知识和资源，应对安全挑战；4. 防长扩大会有助于东盟加强其在地区多边主义里的中心地位。② 东盟防长扩大会坚持不干涉原则、基于共识的决策、国家和区域复原力及尊重国家主权的原则，在低敏感度领域开展防务交流与合作，是东盟维护地区和平与稳定、进一步深化同对话伙伴国在非传统

① ADMM, “ADMM + Concept Paper,” May 25, 2013, http://admm.asean.org/dmdocuments/4.%20Annex%20G_ADMM+%20Concept%20Paper.pdf.（上网时间：2020年3月6日）

② ADMM, “ADMM + Concept Paper,” Jun. 25, 2013, http://admm.asean.org/dmdocuments/4.%20Annex%20G_ADMM+%20Concept%20Paper.pdf.（上网时间：2020年3月6日）

安全领域开展防务合作的有效机制，体现出东盟在安全防务领域坚持主导地位、追求务实合作的特色。

为支持和配合东盟防长会进程，国防部长同意在防长扩大会中设立东盟防务高官扩大会及工作组作为运行机制。东盟防务高官扩大会是防长扩大会框架内开展合作的关键机制。工作组是防长扩大会的初级机制，具有高度操作性。东盟防务高官扩大会应主导筹备防长扩大会及其活动，其主席兼任工作组主席。防长扩大会与防长会背对背召开。根据东盟中心性原则，东盟防长扩大会的所有提议和倡议都应先由东盟成员国讨论和审议，再由防长扩大会工作组和防务高官扩大会审议。东盟防长会有权确定参加防长扩大会的域外国家资格，并确定与这些国家的国防机构开展合作的领域和程度。这些扩大合作国必须是东盟的正式对话伙伴国，与东盟防务机构存在互动关系，能够与东盟防长会开展切实合作，加强区域安全与稳定。目前东盟防长扩大会的合作国包括澳大利亚、中国、印度、日本、新西兰、韩国、俄罗斯和美国。所有扩大合作国与东盟的个别接触都属于非正式形式。目前已经召开防长扩大会 +1 非正式会议的国家有中国、美国和日本。

根据 2011 年 4 月东盟防务高官扩大会通过《关于设立专家工作组的概念文件》（Concept Paper on Establishing an Experts' Working Group），规定防长扩大会在适当情况下应授权成立专家工作组，解决影响地区安全的具体问题。专家工作组负责东盟与扩大合作国开展合作的具体领域，首次建立了人道主义援助、海事安全、维和、反恐、军事医学 5 个专家工作组，由东盟成员国和扩大合作国共同主持，在协商和自愿的基础上定期轮换。根据专家工作组联合主席轮换原则，2013 年第 2 届防长扩大会任命了专家工作组新主席国，并增设了人道主义排雷专家工作组。2017 年增设了网络安全专家工作组。随着各级会议正规化，东盟防长扩大会稳步走上正轨，专家工作组联合主席制度化进一步增强了防长扩大会成员国在特定领域的务实合作。

（二）东盟防长扩大会的务实合作

截至2021年6月，东盟已经召开8次东盟防长扩大会，对于增进各国了解和信任、增强友好交流与务实合作、维护地区和平稳定发挥了重要作用。（见表3－1）

表3－1 历届东盟防长扩大会成果

名称	时间/举办国	成果
第1届东盟防长扩大会	2010/越南	发布联合声明，同意在海事安全、维和行动、反恐、人道主义援助和救灾、军事医学领域进行合作，强调为该地区的和平、稳定与发展进行战略合作的决心
第2届东盟防长扩大会	2013/文莱	肯定东盟防长扩大会专家工作组的工作，通过第六个优先合作领域：人道主义排雷
第3届东盟防长扩大会	2015/马来西亚	未发表联合宣言
第4届东盟防长扩大会	2017/菲律宾	决定每年举办一次东盟防长扩大会，通过旨在加强交流合作的系列倡议，同意非扩大合作国参与区域合作，启动东盟直接通信基础设施（ADI）
第5届东盟防长扩大会	2018/新加坡	通过《关于预防和打击恐怖主义威胁的联合声明》《关于切实建立信任措施的联合声明》，就应对恐怖主义和防止军用飞机在空中发生意外事故达成协议
第6届东盟防长扩大会	2019/曼谷	通过《推进可持续安全伙伴关系联合声明》，批准下一轮专家工作组联合主席国

续表

名称	时间/举办国	成果
第7届东盟防长扩大会（视频会议）	2020/河内	通过《关于战略安全愿景的联合宣言》，彰显团结协作精神和维护区域和平稳定与合作发展的承诺
第8届东盟防长扩大会（视频会议）	2021/斯里巴加湾	东盟防长扩大会为纪念防长会成立15周年而发表《斯里巴加湾宣言，推动一个面向未来、和平和繁荣的东盟》

资料来源：东盟防长会官方网站，https：//admm. asean. org。

东盟防长扩大会最初同意在海事安全、反恐、人道主义援助与救灾、维和行动、军事医疗等5个领域进行务实合作，2013年和2016年后又把人道主义排雷行动和网络安全作为其第6个和第7个合作领域。为方便这些领域的合作，每个合作领域都成立了专家组工作组。专家组工作由东盟成员国与扩大合作国共同担任主席，分别召开会议并启动各自的合作行动，其工作内容主要如下（见表3－2）：

表3－2　东盟防长扩大会专家工作组职责

专家工作组	合作目标、行动方针和预期成果
反恐	1. 促使国防和武装部队为应对恐怖主义和非传统安全威胁作出贡献，如打击激进主义、恐怖主义和跨国犯罪、加强对弱势群体的保护、加强港口/边境/运输/海事安全、加强立法、加强对关键基础设施的保护 2. 建设并整合英才中心（Centers of Excellence）
人道主义排雷	1. 提供排雷所需的技术、设备和资金 2. 帮助战争遗留爆炸物致残者融入社会 3. 制定人道主义排雷路线图和行动计划 4. 组织有关人道主义排雷设备展览 5. 组织短期培训 6. 组织勘测和排雷新技术和新工艺的展示

续表

专家工作组	合作目标、行动方针和预期成果
海事安全	1. 论证东盟防长扩大会成员国在环太平洋演习（RIMPAC）或卡卡杜（KAKADU）演习往返时能否组织海事安全通行演习（PASSEX）；观摩东南亚反恐合作演习（SEACAT）、印尼科莫多（KOMODO）演习、东盟多边海军演习等现有演习 2. 论证通过国家融合中心（IFC）和樟宜指挥控制中心（CC2C）协调各方行动的潜力
军事医学	制定东盟军事医疗手册，包括东盟军事医学中心的运行机制和东盟防长扩大会联合医疗行动的军事医疗标准操作流程
维和行动	1. 通过在防长扩大会成员国开展联合训练和教育活动，设置课程构成，制定合作框架 2. 建立信息管理系统 3. 东盟防长扩大会成员国维和中心的互访和交流 4. 开展军民合作 5. 成员国间的联合教育和培训
网络安全	1. 召开会议，分享网络安全经验和信息，增进相互理解 2. 根据国际法及相关法律，制定网络安全合作的政策和框架 3. 开展技术专家交流，进行培训和分享 4. 开展演习和训练 5. 共享网络安全的技术、设备和资源

资料来源：东盟防长会官方网站，https://admm.asean.org。

东盟防长扩大会框架下的7个专家工作组各由一名东盟成员国和一名扩大合作国联合组成，每组联席主席的任期最少为2年，最长为3年：（见表3－3）

表3-3　历届东盟防长扩大会专家工作组联合主席

	海事安全	人道主义援助和救灾	反恐	军事医学	维和行动	人道主义排雷行动	网络安全
2011—2013年	澳大利亚和马来西亚	中国和越南	美国和印度尼西亚	日本和新加坡	菲律宾和新西兰		
2014—2017年	文莱和新西兰	老挝和日本	新加坡和澳大利亚	泰国和俄罗斯	柬埔寨和韩国	越南和印度	
2017—2019年	新加坡和韩国	马来西亚和美国	泰国和中国	缅甸和印度	印尼和澳大利亚	老挝和俄罗斯	菲律宾和新西兰
2020—2023年	泰国和美国	印尼和印度	缅甸和俄罗斯	文莱和澳大利亚	越南和日本	柬埔寨和中国	马来西亚和韩国

资料来源：东盟防长会官方网站，https：//admm. asean. org。

东盟防长扩大会框架下的某些合作内容可以与防长会框架下的合作内容对接，共同推进东盟防务外交的发展。在人道主义援助与救灾领域，防长扩大会的人道主义援助与救灾专家工作组设立的多国协调中心（MNCC）标准操作流程可以构成一个共同平台，与受灾国的国家救灾协调中心密切统筹，促进受灾国与国外军事援助力量的合作。专家工作组在人道主义援助与救灾领域的工作成果可以成为解决国外援助部队法律身份受限的依据。东盟防长扩大会还可引入东亚峰会的“快速灾害反应工具包”（Rapid Response Toolkit），用于加强信息共享、解释待命机制和标准操作流程、保护受灾国外国公民、申请和接受国际救灾援助的补充参考。

在维和行动领域，东盟防长扩大会维和专家工作组致力于更新数据库，拓展东盟与扩大合作国开展维和合作的潜在领域。维和专家工作组也与东盟维和中心网分享会议和行动成果，优先建设联合国维和能力待命机制（PCRS），并参与东盟地区论坛维和会间会和其他维和论坛。

在海事安全与海空互动准则方面，东盟防长扩大会海事安全专家工作组提出了海事安全通行演习（PASSEX）计划和海事安全共同体信息共享门户（AMSCIP）等概念文件。海事安全专家工作组与直接通信链路特别工作组能够共享信息和经验，使其成为一种海事安全信息共享机制。海事安全专家工作组还与其他海事合作机制共享信息，如东盟海军司令会（ANCM）、东盟海事论坛（AMF）、东盟海事扩大论坛（EAMF）、东盟地区论坛海事安全会间会、亚洲打击海盗和持械抢劫船只区域合作协定（ReCAAP）和西太平洋海军研讨会（WPNS）等。

在反恐领域，由于东盟防长会最初没有专门的反恐倡议，反恐合作是通过防长扩大会反恐专家工作组主持进行的，主要成果是海事安全和反恐联合演习。为深化反恐合作，反恐专家工作组举办了关于外国恐怖分子回流和暴力极端主义分类等主题的讲习班，实施《东盟反恐公约》《东盟反恐综合行动计划》《关于全球温和运动的兰卡威宣言》《关于全球温和运动的东亚峰会宣言》及其他东盟相关文件和联合国安理会的反恐决议。联合主席也促进反恐专家工作组与东盟其他相关机制的交流，如东盟跨国犯罪部长级会议（AMMTC）、东盟地区论坛反恐和跨国犯罪（CTTC）会间会等。

在通信与网络安全合作领域，东盟防长扩大会设立了网络安全专家工作组，目的是促进东盟与扩大合作国之间开展切实有效的网络安全合作，增强保护东南亚地区网络空间和应对网络空间安全挑战的能力。网络安全合作的范围限定在防务和军事部门的网络安全问题，其合作形式包括：召开会议，交流有关网络安全的经验和信息；根据国际法和各国法律制定网络安全政策与合作框架；技术专家交流、培训和分享有关知识；开展演习和训练，提高各国应对网络安全挑战的能力；共享网络安全的技术、设备和资源等。2019 年 8 月，网络安全专家工作组举行了第一次桌面演习，并测试了所有 18 个参与国国防机构的通信程序。

在军事医学合作领域，东盟军事医学中心（ACMM）于 2016 年 4 月在泰国启动并被授予法人资格。该中心是东盟防长扩大会军事医学专家组的工作成果，旨在加强东盟军事医疗服务人员之间的合作，具体目标包括制定联合医疗应急计划、评估危机情况下的医疗需求、在紧急医疗服务领域开展适当的培训课程和研究等。军事医学专家工作组主席应就其事务与活动的最新进展向东盟军事医学中心秘书处汇报。秘书处为东盟防长会理事会编写年度报告，确保东盟军事医学中心的活动不会与军事医学专家工作组的工作重复。东盟军事医学中心理事会主席和军事医学专家工作组联合主席应与同期的东盟军事医学首长会（ACMMC）主席密切协调，共享信息，促进协同。东盟军事医学中心与东盟灾害管理人道主义援助协调中心应建立联系。2018 年 2 月，在缅甸成功举办了第 1 届东盟军事医学会议（AMMC）。来自所有防长扩大会成员国的代表及东盟秘书处办公室和东盟军事医学中心的代表应邀出席大会。大会成果丰硕，为开展更加广泛有效的军事医学合作铺平了道路。2019 年第 13 届 ADMM 提出建立东盟军事医学会议的概念文件，倡议每年举行一次军事医学会议，加强成员国在军事医学研究和创新领域的合作，分享知识和经验，提高在军事医疗服务方面的互操作性。

在人道主义排雷（HMA）领域，尽管战争和冲突早已停止，但其后果继续对许多东南亚国家的安全、生活和发展产生不利影响。东盟成员国，特别是柬埔寨、老挝、缅甸、菲律宾、泰国和越南属于爆炸物严重污染的国家，未爆炸的炸弹、地雷和其他爆炸性物质（ERWs）是这些国家的严重问题。在过去的几十年里，爆炸物污染阻碍了当地经济发展，炸死或炸伤数十万东盟人民。

认识到问题的严重性后，这些国家在国际社会和东盟伙伴的大力支持下开始解决战争遗留爆炸物。然而，由于种种限制因素，处理这一问题需要几十年时间。鉴于此，东盟防长扩大会将其纳入合作框架，希望通过防务合作解决这一问题。人道主义排雷的目的是促进东盟与扩大合作国开展切实有效的合作，处理战争遗留问题。合作范围包括：举办各种会议，交流经验和信息，增进对于相关问题的了解；在尊重国家独立、主权和领土完整的基础上，依法制定合作框架，促进专家交流和技术培训，提供排雷所需的技术、设备和资金，帮助战争遗留爆炸物致残者融入社会。人道主义排雷专家工作组负责处理遗留爆炸物。由于很多维和任务都需要与排雷行动相配合，维和专家工作组与排雷专家工作组开展密切合作。通过开展维和行动与排雷任务的讨论、举行2016年东盟防长扩大会人道主义排雷和维和行动实地训练演习（FTX），专家工作组为增强维和与排雷能力做出了贡献。东盟地区排雷中心（ARMAC）能够促进东盟成员国在处理战争遗留爆炸物方面的合作。排雷专家工作组的活动成果与东盟地区排雷中心指导委员会共享，以确保东盟在处理战争遗留爆炸物方面不会进行重复工作。

目前，东盟防长扩大会已经成为东盟成员国和扩大合作国的防务部门开展务实合作的有效平台。除系列会议和研讨会、科技和信息分享、装备提供外，联合演习是成果最为显著的合作形式。2012年7月和9月，军事医学和海事安全专家工作组分别举行了桌面演习。东盟防长扩大会框架下的第一次联合实战演习是于2013年6月17—20日在文莱举行的人道主义援助和救灾及军事医学演习，其重点是在军队间开展合作，目的是建立互信，加强军队间的稳定联系。此次演习调动约3200名人员、7艘船和15架直升机。来自18个成员国的军事医疗、工程和搜救队伍和物资根据想定开展行动，内容包括建筑物倒塌、山体滑坡和山洪暴发。此外，多国部队还进行了疏散伤亡和逃难人员、向受灾地区提供援助等项目。[1] 第一次联合演习获得了所有成员国的大力支持，表明该合作机制有可能加强本地区的安全防务务实合作。此外还有反恐演习（2013 年 9 月 9—13 日，印尼）、海事安全实地演练（2013 年 9 月 28 日—10 月 1 日，澳大利亚）、专家工作组框架下的维和行动（2014 年 2 月 11—14 日，菲律宾）。在 2014—2017 年三年周期中开展的联合演习包括：人道主义排雷行动和维和行动（2016 年 3 月 2—8 日，印度），海事安全和反恐演习（2016 年 5 月 2—12 日，文莱和新加坡），军事医学和人道主义援助和救灾演习（2016 年 9 月 1—11 日，泰国），海事安全演习（2016 年 11 月 13—16 日，新西兰）。在 2017—2020 三年周期中开展的联合演习包括：军事医学专家工作组演习（2019 年 3 月，印度）；专家工作组海事安全实兵演习（2019 年 5 月，新加坡）；人道主义援助和救灾演习（2019 年 8 月，马来西亚）；反恐专家工作组联合实兵演习（2019 年 11 月，中国）；东盟军事医学中心举行的疫情防控处理情况在线演习（2020 年 5 月）等。

总之，东盟防长扩大会作为防长会的组成部分，通过在海洋安全、反恐、人道主义援助与救灾、维和行动、军事医疗、人道主义排雷行动和网络安全 7 个领域与域外行为体开展务实合作，一方面推动防长会机制的开放性、灵活性和外向性发展，另一方面为区域内外国防部长进行直接对话和磋商、讨论战略防务和安全问题建立了合作框架，有助于推动东盟安全共同体不断整合，维护亚太地区的和平与稳定。

除东盟防长扩大会机制外，东盟防长会还设有非正式会晤机制，参与国分别是中国、美国和日本。2021 年 6 月，第 12 次中国—东盟国防部长非正式会晤视频会议举行。中方指出，今年是中国—东盟建立对话关系 20 周年，双方防务部门应继续增进战略

---

① “MINDEF. SAF and Other Militaries Conclude the ADMM + HADR/MM Exercise,” Jul. 1, 2013, http://www.mindef.gov.sg/imindef/press_room/official_releases/nr/2013/jun/20jun13_nr.html.（上网时间：2020 年 3 月 6 日）

互信、健全合作机制、拓展合作领域，为推动中国—东盟战略伙伴关系迈向更高水平提供支撑。中方愿与东盟国家在国防和军队建设领域加强合作，继续积极提供疫苗等抗疫物资援助，为共同战胜疫情作出中国的努力。在南海问题上，相关各方应凝聚共识、管控分歧，推进合作，共同维护南海的和平安宁。① 同期，美国国防部长劳埃德也与东盟防长举行了非正式会晤。劳埃德阐述了美国的印太愿景，强调了盟国和伙伴国的重要性、共享原则以及应对安全挑战的多边机制，并抹黑中国在南海的形象，呼吁缅甸军方改变路线。日本与东盟国防部长非正式会晤始于2014年。在2016年第2次东盟—日本国防部长非正式会晤上，日本国防部长宣布了《万象愿景：日本与东盟的国防合作倡议》（Vientiane Vision：Japan's Defence Cooperation Initiative with ASEAN），第一次明确提出了日本和东盟防务合作的优先领域和能力建设：1. 巩固基于国际法原则的区域/海洋秩序；2. 促进海上安全合作；3. 有效解决日益多样化和复杂的安全问题。在2019年东盟与日本第5次国防部长非正式会晤上，日本国防部长宣布了《万象愿景2.0》，其三大重点包括：1. 确立"心连心合作""量身定做、持久合作"和"平等开放合作"的日本—东盟合作三大原则；2. 引入"复原力"概念，将日本的努力与东盟中心性和团结性联系起来；3. 寻求《东盟印太展望》（AOIP）与日本"自由开放的印太"（FOIP）的协同效应。②

① "第十二次中国—东盟国防部长非正式会晤视频会议举行"，2021年6月15日，http：//www. mod. gov. cn/diplomacy/2021 -06/15/content_4887558. htm。（上网时间：2020年3月6日）

② "Defense Minister Kono's Participation in the 6th ASEAN Defence Ministers' Meeting - Plus, the 5th ASEAN - Japan Defence Ministers'Informal Meeting, and Bilateral and Trilateral Defense Ministerial Meetings," Nov. 19, 2019, https：//www. mod. go. jp/en/d_act/exc/admm/admmplus_6. html.（上网时间：2020年3月6日）

第三节　东盟成员国与外部行为体的防务外交

东南亚地区因其特殊的地理位置和丰富的资源禀赋，一直是大国争锋的重要战场。对于东南亚小国而言，历来存在依赖域外大国防范安全威胁的传统。当前东南亚地区安全环境变化的最主要特征是大国在该地区的力量出现重新布局，而东盟愿意承认地区安全架构不可避免地发生变化。从综合实力看，美国和日本在地区的影响力仍然是最强大的，但崛起的中国和印度同样令人瞩目。东盟国家出于“大国平衡”战略的考虑，普遍与域外大国开展了双边和多边防务合作，主要包括美国、中国、日本、印度、澳大利亚等。

一、双边防务外交

（一）美国

美国在历史上十分倚重亚太地区的双边同盟体系。东南亚地区是亚太的枢纽地带，是美国落实地区战略的关键支点。美国在东南亚拥有菲律宾和泰国两个盟国以及重要伙伴国新加坡，它们都属于美国的亚太“轴辐”安全体系。在强化双边同盟的同时，美国对于多边安全倡议的态度经历了从排斥到接纳的过程，不仅参加了东盟地区论坛、亚太安全合作理事会、东亚峰会等多边机制，还创设了西太平洋海军论坛、太平洋地区防务首长会、太平洋陆军参谋长会等多边安全机制。自 2011 年奥巴马政府提出“亚太再平衡”战略以来，美国高度重视广袤的亚太地区，并在其战略视野中将亚太地区和印度洋地区视为整体进行考虑，将太平洋司令部的任务范围拓展为“印度洋—亚洲—太平洋”。奥巴马政府还主导了湄公河下游行动计划（Lower Mekong Initiative）等次区域安排，以提升相关国家应对跨国问题的能力。特朗普执政后提出了“自由开放的印太”战略构想，表明美国政府将参与印度洋和太平洋地区事务作为其政府的首要任务，但在这一时期里，东南亚是一个相对被忽视的地区。民主党人拜登上台后，东南亚对其期待显著上升。

就防务领域而言，虽然美国国家战略随着近代国际体系的发展而不断变化，但美国的军事安全影响力在亚太地区长期存在。在冷战时期，美国亚太驻军整合为太平洋司令部并快速发展扩张，成为美国亚太利益的有力捍卫者，军事影响辐射到大部分亚太地区。冷战后，美国采取收缩战略，通过削减驻军规模、依靠地区同盟等方式维持亚太地区的战略平衡。在奥巴马时期，美国主要借由三个渠道来拓展美国在东南亚的军事影响力：一是依据“再平衡”战略，巩固美国与盟友的关系，拓展美国与东南亚友好国家的关系，并与这些国家建立安全与防务领域的对话合作关系；二是积极参与东盟主导的东南亚防务对话与交流机制，如东盟防长扩大会等；三是拉拢日本、澳大利亚与印度等域外国家，利用热点议题，扩大美国盟友在东南亚的参与度，服务于美国地区再平衡战略。① 经过奥巴马政府的努力，东南亚国家积极提升与美国的军事合作，加强与美国在安全防务领域的互动，加快军事现代化建设，以至于在学界中出现了“东南亚国家在安全上依靠美国”的观点。特朗普政府的印太战略旨在寻求利用地缘优势、信息技术等互补力量使美国与盟国和伙伴国发展协同作战能力，加强合作与联盟关系，扩大竞争空间。美国印太战略尤为注重军事领域，其具体步骤分为作战准备、伙伴关系、推动网络化区域（Preparedness，Partnerships，and Promoting a Networked Region）三部

① 葛红亮：《奥巴马政府时期美国的东南亚政策回顾与评估》，《国际论坛》2017年第5期，第1—7页。

分，即以美日印澳四边机制为核心，着重于巩固和增强与盟友和伙伴国之间的防务对话与合作，积极参加东盟主导的区域安全机制并为己所用，利用东盟多边主义和美国双边同盟的约束机制来建立以美国为中心的区域安全网。拜登政府更重视与盟友合作，不断推动美日印澳四方安全合作的机制化和常态化发展。

在这种背景下，美国开展防务外交的目的是通过促进盟国和伙伴国的防务能力建设、改善信息交流和情报共享水平为美军提供支持，促进美国安全利益，其内容包括建立信任、情报共享、能力建设、互操作性建设、国防工业合作、演习和训练、军事教育和培训等。美国开展的防务外交规模大、范围广、时间长，是提升自身实力和影响力的重要组成部分，加之东南亚国家普遍偏好双边主义，将与美国建立双边战略关系作为维护国家安全的关键保障，因而美国防务外交对东南亚地区产生了重大影响，触及几乎每个东南亚国家，其合作内容主要包括安全合作机制、武器装备研究与贸易、合作使用军事设施与军舰访问、联合军事训练和演习等内容。

（1）安全合作机制

美国于 1951 年与菲律宾签订了《共同防御条约》，1979 年签订《军事基地协定》，1998 年签署《访问部队协议》，使美军能在菲律宾保持长期军事存在。1992 年菲律宾参议院否决了延长美在菲基地和驻军期限的协议，迫使美军撤出菲律宾，双方军事防务关系几乎跌至谷底。20 世纪 90 年代后半期，美菲两国重新开展防务合作。“9·11”恐怖袭击发生后，美国将菲律宾定位为反恐战争的“第二战线”，增加对其军事援助。2002 年，双方签订《相互补给支援协议》（MLSA），允许美军自由使用菲律宾的港湾和机场。2011 年 1 月，美菲举行首次战略对话。2016 年菲律宾最高法院批准美菲《加强防务合作协议》（EDCA），允许美国军队使用菲律宾军事基地，允许美军增加在菲律宾的轮换部署。杜特尔特上台后，美菲防务关系低开高走，菲律宾仍是美国在东南亚地区最大的军事受援国，美菲联合军演数量不断攀升，并开始出现多边化倾向，以“肩并肩”联合军事演习最具代表性，说明美国及其盟国希望将菲律宾纳入印太安全合作网络机制之中，使单线联系构成“节点防卫”。由此可见，美国仍旧是菲律宾重要的军事盟友。

美国与泰国的同盟关系以安全防务为基础，始于1954年9月签订的《东南亚集体防御条约》（《马尼拉条约》）和1962年3月签署的《泰美外长联合声明》。越南战争后美泰同盟关系进入冷淡期。1976年驻泰美军撤出泰国，美国减少了各项对泰援助。9.11恐怖袭击发生后，美泰同盟关系开始升温。随着奥巴马政府实施亚太再平衡战略，美泰同盟发展迅速。2012年美泰两国签署了新的《泰美防务联盟愿景》，更新了《泰美外长联合声明》。2014年泰国政变后两国关系严重紧张。特朗普执政后，美泰重启防务合作并进入新的发展阶段。

新加坡是长期与美国保持密切关系的战略伙伴，比较重要的双边安全合作机制有《新美谅解备忘录》和《新美安全合作协议》，规定美军可以使用新加坡巴耶利巴空军基地、三巴旺海军基地和樟宜海军基地。2003年美国和新加坡签署安全战略合作框架协议（SFA），2005年该框架正式升级为防务合作协议，涉及武器输出、技术转移、非传统安全等内容。此外，协议规定两国每年举行双边战略对话，就安全和防务问题进行交流。① 2012年首届美新战略对话在华盛顿举行。2015年双方再次签署防务合作协议的附加协议，增设人道主义援助、网络安全、生化安全和大众传媒四个领域，并开始更高级别的防务对话。②

由于对侵犯人权行为实施制裁，印尼与美国的防务关系从

① “Singapore and the US: Security Partners, Not Allies,” Strategic Comments, 2013, Vol. 19, No. 5, p. viii - ix.

② Defense News, “Singapore - US Agreement to Boost Defense Cooperation,” Nov. 8, 2015, http://www.defensenews.com/story/defense/policy - budget/leader/2015/12/08/singapore - us - agreement - boost - defense - cooperation/76980618/.（上网时间：2020年3月4日）

1991年至2005年受到限制。2002年10月巴厘岛爆炸袭击发生后，联合反恐的现实需求导致两国关系开始升温。2004年12月印度洋海啸发生后，两国军队在印尼土地上实现突破性接触。① 2005年，除限制与陆军特种部队进行联合训练外，美国解除了对军事援助和武器销售的所有剩余限制。2010年，两国建立全面伙伴关系，开启国务卿和外长年会，成立安全工作组，开启美印尼安全对话、国防政策对话以及两军双边防务对话，签署《采购和交叉服务协议》（ACSA）②。2011年，美国向印尼赠送了24架退役F－16战斗机。2013年，美国同意向印尼出售8架新阿帕奇AH－64E直升机。佐科总统时期，双方关系升级为战略伙伴。

冷战结束后，美越关系实现正常化。由于越南重要的地缘政治地位，奥巴马政府宣布重返亚太后，美越安全合作成为美国亚太战略的重要组成部分，获得迅速全面的发展。2008年两国举行首次政治安全防务对话。2010年美越首次防务对话在河内举行，标志着两国高级别机制性安全对话获得突破性进展。2011年两国国防部签署双边合作谅解备忘录，规定安全合作的重点在海上安全、搜救、维和、人道主义援助、教育和科研交流等五个领域。2013年两国宣布建立全面伙伴关系。2016年奥巴马正式宣布全面解除对越军事禁运。特朗普时期美越防务合作明显升级，美国将越南视作其南海政策的重要支点和四边对话理想的对话伙伴。不仅美国防务高官频繁访越，而且继奥巴马政府与越南签署《推进双边防务合作谅解备忘录》和《美

---

① Adam O'Brien, "The U. S. – Indonesian Military Relationship, Council on Foreign Relations," Oct. 3, 2005, https://www.cfr.org/backgrounder/us – indonesian – military – relationship.（上网时间：2020年3月4日）

② 美国法律规定，与美国开战高等级防务合作需要签署《采购与交叉服务协议》（ACSA）和《军事情报总安全协定》（GSOMIA）。ACSA允许美军与伙伴国交换常见的军用产品和设备，GSOMIA保护美国的先进设备及其技术不外泄。签署ACSA通常需要1年的时间，签署GSOMIA则需要长达4年的时间。

越防务关系联合愿景声明》之后，2017 年底美越签署《防务合作行动计划（2018—2020）》。两国主要的安全合作领域包括：处理越南战争遗留问题、加强海上与航空安全合作、解除对越武器出口禁令、增加对越资金和武器援助、加大军事医疗合作、维和合作、打击毒品交易、海盗和恐怖主义的合作等。美国尤为重视帮助越南增强海洋领域意识，通过不断提供资金或舰船提供海上安全援助，强化越南在南海的执法能力。越南陆续向美国开放岘港和金兰湾，美国航母卡尔文森号访问岘港，标志着美越安全合作关系出现巨大进展。

马来西亚与美国的安全合作自“9·11”事件后升温，在奥巴马时期得到快速发展，在特朗普时期基本保持平稳和低调。两国领导人和防务高官互访的频率不如美越和美印尼。除卡拉特、东南亚合作与训练等海上联合演习外，一系列规模不大但多年持续的例行演习是美马双边安全合作的重要组成部分，如年度“马来短剑”陆军演习、年度“联合勇士”空军演习、两年度“对抗飓风”空军演习等。马来西亚还在五国联防框架下与美国开展各类多边安全合作。

随着特朗普政府推出的印太战略不断走实，东南亚在印太战略布局中的位置也不断清晰，遏制中国的战略需要使东南亚的战略枢纽价值不断凸显。泰国和菲律宾是值得重视的盟友，新加坡是值得信赖且有能力的伙伴，越南、印尼和马来西亚的经济表现不俗且处于印太关键战略位置，在东盟范围内和东南亚地区十分关键。因此，美国需要继续巩固与东南亚海岛国家的战略安全关系，并采取措施帮助半岛国家捍卫独立自主。

根据新加坡优素福伊萨东南亚研究院（ISEAS – Yusof Ishak Institute）2020 年初针对东南亚各国公共部门人员（主要为政界、学界及商界人士）的一份调查报告显示，人们对美国作为战略伙伴和地区安全提供者的信心继续下滑。对美国承担此类角色“信心不足”或“没有信心”的受访者比例从 2019 年的 34.6% 上升至2020年的47%。对美国作为战略伙伴和地区安全提供者“有一定信心”或“完全信心”的受访者总体比例略有上升，从31.9%升至34.9%。这个小上升主要归因于菲律宾对美国的信心从36.9%上升到61.3%。仅有的两个对美国的信心超过50%的国家是菲律宾（61.3%）和越南（52.6%）。相反，6个东盟成员国中超过50%的受访者不相信是可靠的战略伙伴，即印度尼西亚（59.5%）、柬埔寨（57.7%）、泰国（57.3%）、文莱（53.6%）、马来西亚（52.8%）和新加坡（52.7%）。[①]

（2）武器装备贸易

美国是全球第一武器出口国。基于美国官方公布的数据，2020财年美国武器出口总额约占当年全球军火贸易额的四成。[②]美国对外军售不仅在经济上赚得盆满钵满，还被视为实施外交政策、介入地区安全形势的有力工具。美国的军售政策明确规定，武器出口要服务于美国的国家战略、外交政策和国防利益。现代武器具有体系化的特点，购买美国高端武器，意味着需要美国提供操作培训、程序更新、零部件更换、维修和维护等服务，需要与美国加强各个领域的接触。一旦对美制装备产生依赖，就容易在安全防务领域受制于美国。通过这种方式，美国能够增进与对象国的防务互操作性，进而增强美国构筑的安全关系网。因此，美国对于东盟国家的武器出口，在很大程度上具有插手地区事务、争取地区主导权、构筑地区安全网络的目的。根据瑞典斯德哥尔摩国际和平研究所（SIPRI）的报告，2010—2020年美国对东盟国家武器出口额如下表所示：（见表3－4）

① Tang Siew Mun et al.，“The State of Southeast Asia：2020 Survey Report：2020，” Jan. 7，2020，https：//think－asia. org/bitstream/handle/11540/11709/TheStateofSEASurveyReport_2020. pdf? sequence＝1.（上网时间：2020年3月4日）

② 光明网：“美国军售：‘生意经’背后的‘政治账’”，2020年12月17日，https：//www. sohu. com/a/438745711_162758。（上网时间：2020年3月4日）

表 3 – 4　2010—2020 年美国对东盟国家武器出口额

	2010年	2011年	2012年	2013年	2014年	2015年	2016年	2017年	2018年	2019年	2020年	总额
新加坡	687	457	429	626	23	75	557	138	82	47	31	3151
印度尼西亚		0	35	84	150	83	94	246	90	21	90	893
菲律宾		60	6	55	12	46	82	23	3	11	60	358
泰国	0	50	21	54	32	27	46	29	49	16	19	343
文莱				15	36	36						87
马来西亚	12	2		6	10	4	10	4		1	2	50
越南								54				54

单位：百万

资料来源：SIPRI Arms Transfers Database，http：//www. sipri. org/databases/armstransfers/sources – and – methods/.

从数据可知，在东盟成员国中，新加坡是美国军火进口最大国。新加坡的空军装备进口比例远高于海军和陆军装备，其主力装备都是先进的美式武器。① 其他的东盟军购大国分别是印尼、菲律宾和泰国。例如，2020 年 7 月，美国宣布向印尼提供总价值约为 20 亿美元的 MV – 22 鱼鹰飞机（MV – 22 Osprey）、AE1107C 罗尔斯 – 罗伊斯航空发动机、AN/AAQ – 27 前视红外雷达等装备。2020 年 4 月，美国国务院批准对菲律宾出售 12 架攻击直升机和附加装备，总价值近 20 亿美元。2019 年 7 月，美国国务院批准向泰国出售“斯特莱克”（Stryker）轮式装甲车，泰国因此成为第一个通过美国对外军售计划向美国购买斯特莱克运兵车的美国盟国。通过对外军售，美国不断巩固并发展在东南亚地区的军事影响力，构筑网络化安全架构。

① “Transfers of Major Conventional Weapons：Sorted by Recipient，Deals with Deliveries or Orders made for Year Range 1965 to 2014，” Mar. 1，2020，http：//www. sipri. org/contents/armstrad/at_data. html.（上网时间：2020 年 3 月 4 日）

（3）合作使用军事设施与军舰访问

随着大国博弈的增强，美国对东南亚地区非永久性军事基地的需求不断增加，试图通过打造一系列轮驻基地、预制装备点等替代基地确保地区战略的实施。美国在东南亚的常驻军事基地主要位于新加坡和菲律宾。1990 年新加坡与美国签署谅解备忘录，同意美国将驻扎在菲律宾的海军第 73 特遣队和空军第 497 飞行训练中队迁至新加坡的三巴旺码头和巴耶利巴空军基地。① 1999 年双方增加附加协议，允许美国海军 2000 年在改建后的樟宜海军基地停泊航母、潜艇等舰船。2001 年美国“小鹰”号航母顺利停泊樟宜基地。2005 年两国更新协议，允许美国在 2020 年前使用新加坡海空军基地设施。此后，包括核潜艇和航空母舰群在内的美国海军舰艇开始使用新加坡樟宜海军基地，该基地是美军在西太平洋的补给站。从 2013 年开始，新加坡开始轮流部署美国濒海战斗舰和最先进的 P－8“海神”侦察机。2019 年 9 月，新加坡和美国再次续签谅解备忘录，批准美国在 2035 年前有权使用新加坡的海空军基地设施。这表明美国将新加坡视为其印太战略的主要安全伙伴，并借此强化其地区军事存在。②

菲律宾的军事基地于 20 世纪 90 年代关闭。但美国常年在菲律宾留驻几百名特种兵，帮助训练菲律宾军队打击当地的恐怖主义，菲律宾因此成为美国在东南亚有定期驻军的唯一国家。2016 年菲律宾最高法院通过的美菲《加强防务合作协议》允许美军在菲律宾的 5 处军事基地③进行短期轮驻、预置存放武器装备，以及

---

① “Singapore，U. S. Department of States，” Oct. 29，2010，http：//www. state. gov/outofdate/bgn/singapore/164037. htm.（上网时间：2020 年 3 月 4 日）

② “Singapore renews military bases pact with US，” Nov. 11，2019，https：//asiapacificdefencenews. com/index. php/2019/11/06/singapore – renews – military – bases – pact – with – us/.（上网时间：2020 年 3 月 4 日）

③ 这五处军事基地分别是：靠近南海岛礁的安东尼奥·包蒂斯塔（Antonio Bautista）空军基地、菲律宾首都马尼拉南部的巴沙（Basa）空军基地、马尼拉北部的麦格塞塞堡（Fort Magsaysay）空军基地、棉兰老岛的伦比亚（Lumbia）空军基地和菲中部宿务的艾布恩（Mactan – Benito Ebuen）空军基地。

执行人道主义援助和海上安全行动。这是奥巴马政府对东南亚防务外交取得的显著成果之一。从 2014 年下半年起，美国海军被允许使用马来西亚东部的两处基地起降情报飞机和无人机，马来西亚则可以分享美军情报。① 2015 年 5 月，泰国允许美国使用乌塔堡空军基地和普吉岛空军基地，以指挥搜寻罗兴亚难民。通过短期停驻部署等途径，美国以更为灵活、更加经济的方式弥补了在东南亚地区缺少军事基地的状况。然而，2020 年，印尼政府正式拒绝了美国海军 P－8A“海神”海上反潜侦察机在其境内降落并加油的请求，印证了印尼奉行大国平衡、不选边站队的一贯主张。

就军舰访问而言，这既是美国所谓“航行自由行动计划”的组成部分，也是借军舰访问向东南亚国家彰显美国在该地区的军事存在，以便加深双方防务合作关系。例如，2018 年美国海军共 4 艘航母陆续部署印度洋和太平洋地区。卡尔文森号航母首访越南，罗斯福号航母访问新加坡与菲律宾，斯坦尼斯号航母穿越马六甲海峡访问新加坡，并与常驻日本的里根号航母在南海开展双航母编队高强度军事训练等。

（4）联合军事训练和演习

在美国国防部 2012 年制定的《维持美国全球领导地位：21 世纪的防务重点》中，轮驻及双边/多边联合军演被认为是保持美国势力稳定存在的关键举措之一，凭此美国可以帮助盟国和伙伴国提升对内对外的防务能力、加强同盟国团结合作并扩大美国的影响。② 通过演习，美国可以在海空及联合作战的真实环境中检验和训练美国军队的战斗力，检验作战实验室的最新研究成果及作战理论，不断完善和促进战术和技术创新，并与地区盟友和伙伴

① “Sheldon Simon. US – Southeast Asia Relations: Commitment Concerns, Comparative Connections: A Triannual E – Journal on East Asian Bilateral Relations,” CSIS, Jan. 7, 2016, https://csis-prod.s3.amazonaws.com/s3fs-public/legacy_files/files/publication/1503q.pdf.（上网时间：2020 年 3 月 4 日）

② U. S. Department of Defense, “Sustaining Global Leadership: Priorities for 21st Century Defense,” Washington D. C, January 2012, pp. 4 – 5.

国加强协作和互操作性，提高在人道主义援助、救灾、搜救等方面的协同能力。东盟国家则希望通过参加美国主导的双边和多边联合军事演习提高自身防务水平，促进军事现代化建设。美国与东盟成员国开展的联合演习主要包括：（见表3－5）

表3－5　美国与部分东盟成员国开展的联合演习

	泰国	菲律宾	新加坡	印尼	马来西亚	文莱
1	联合备战与训练（CARAT）：多国双边协同海上训练演习	联合备战与训练（CARAT）：多国双边协同海上训练演习	联合备战与训练（CARAT）：多国双边协同海上训练演习	联合备战与训练（CARAT）：多国双边协同海上训练演习	联合备战与训练（CARAT）：多国双边协同海上训练演习	联合备战与训练（CARAT）：多国双边协同海上训练演习
2	EODEX：爆炸物处理演习	EODEX：爆炸物处理演习	EODEX：爆炸物处理演习	EODEX：爆炸物处理演习	Malay EODEX：与马来西亚海军的爆炸物处理演习	KINGFISHER：最初为美文双边演习，现属于CARAT框架下
3	THAI SALVEX：双边海上搜救演习	SALVEX：双边海上搜救演习	MERLYNX：与新加坡海军的特种作战演习	INDUSA SALVEX：与印尼海军的联合搜救演习	MALAY MINEX：双边排雷演习	
4	COBRA GOLD：金色眼镜蛇，与泰国陆海空联合演习	BALIKATAN："肩并肩"年度演习，侧重联合任务规划、战斗准备、内部行动，提高抵御外部入侵的能力	MERLION：美国航母编队与新加坡海军的协同演习	GEMA BHAKTI：人道主义援助和救灾	TIGER STRIKE：联合两栖作战演习	

续表

	泰国	菲律宾	新加坡	印尼	马来西亚	文莱
5	UNDER SEAL：海豹突击队与泰国海军特种部队的特种作战联合演习	MARSURVEX：海上监视演习	VALIANT MARK：与新加坡的小规模两栖演习	COPE WEST：美国与印尼空军的年度双边空中作战演习	PENYU TRIDENT：两栖攻击演习	
6	THAI MINEX：双边排雷演习		TRICRAB：美国—澳大利亚—新加坡联合反爆炸物演习	INDUSA：系列海上联合训练演习	PASKAL：海军特种作战部队演习	
7	COPE TIGER：美新泰“对抗虎”三边空中对抗演习		MERCUB	GARUDA SHIELD：陆军演习	MEKAR	
8	LINKEX		MERGATE	INDUSA RECONEX：美—印尼海上侦察监视演习		
9	SEA EAGLE		MERCURY	PASIR PUTIH		

资料来源：Pacific Fleet Exercises，https：//www. globalsecurity. org/military/ops/ex－pacfleet. htm。

其中较为重大的演习包括：

（1）“卡拉特”（CARAT）海上合作备战和训练演习

“卡拉特”军演是由美国与菲律宾、印尼、马来西亚、新加坡、泰国、孟加拉国、东帝汶等多个南亚和东南亚国家分别进行的一系列年度双边军事演习，其主要目的是加强区域合作，提升美国与参演国家的信息共享和协同作战水平，建立持久的军事关系，增强共同应对南海地区军事危机的能力。该演习始于1995年，由美军太平洋第七舰队总司令全程策划，演练科目包括两栖作战、海上巡逻、海上拦截、搜救、反潜等。

（2）“金色眼镜蛇”联合军事演习

“金色眼镜蛇”演习是泰美共同主办的年度机制性多边联合军演，是东南亚地区最具影响力的联合军事演习之一，自1982年以来每年举行一次。“金色眼镜蛇”演习被称为是“美国盟国在地区的巨大利益”，被认为是美国对于其亚太地区盟国安全保障的承诺，也是美国在南海地区表现军事影响力的重要行动。演习科目包括陆上、海上和空中作战、两栖作战、特种作战、丛林作战以及人员撤离等。演习目的是提高美泰等参演国军队联合抵御威胁和侵略的能力，检验美泰等参演国军队指挥、情报共享、危机反应的能力。

近年来，演习规模不断扩大，参演国家不断增多。2000年新加坡加入，2001年美、泰、新三国参演，并邀请澳大利亚、韩国、法国、马来西亚、印尼、蒙古、日本、菲律宾、斯里兰卡等9个国家以观察员身份参加。2002年，中国开始以观察员身份参加。2010年韩国首次派部队参加，参与国包含美国、泰国、新加坡、日本、印尼、韩国等6个国家。2011年参演国家扩大到24个。2012年参演国包括美国、泰国、韩国、日本、新加坡、印尼、马来西亚等，并且有来自其他20个国家的观察员参加。2014年中国首次派出实兵分队参演。2016年，来自美国、日本、韩国、印尼、马来西亚等27个国家共8000多名陆海空军方人员参加该军演。2017年的军演有韩国、美国、泰国、马来西亚、新加坡、印尼、印度、日本、中国等9个国家参加，英国、法国、加拿大等10国以观察员身份参加。2020年“金色眼镜蛇”演习包括联合实兵演习和人道主义民事活动两部分，主要涵盖高级论坛、两栖登陆作战演习及人道主义工程援建和救援减灾实兵演练等内容。

（3）“肩并肩”联合军事演习

美菲“肩并肩”联合军事演习是美国和菲律宾自1991年开始举行的大型联合军演活动，旨在巩固美菲防务合作水平，提高两国部队协同作战能力及美军支援亚太地区作战的快速反应能力。2000年4月，美菲在南海吕宋岛及巴拉望岛附近的海域恢复自1995年后中断的演习。2001年4月，美军首次将该军演与泰国的“金色眼镜蛇”、澳大利亚的“串联冲击”（Tandem Thrust）纳入“团队挑战”的联合军演架构下，演习依然在吕宋岛附近海域进行。2004年1月的演习地点在南沙群岛中业岛附近海域。2008年5月的军演再次移师到菲律宾距南沙群岛最近的巴拉望岛海域，演习规模创历史新高，演练科目也由传统的战术合成、实弹射击升级为守岛、夺岛、特种部队突袭等。

近年来，“肩并肩”军演规模不断扩大，内容从反恐演练逐步演变为两栖登陆与突袭，地点越来越靠近敏感地域。2012年的演习地点设在了位于巴拉望岛以西的菲律宾最大的海上油田上，开展了保卫和夺回海上钻井平台、打击恐怖主义、海盗、走私等针对性的演练科目。2013年演习在菲律宾北部苏比克湾等地举行，美方首次出动包括“大黄蜂”战斗机在内的20架飞机及一艘军舰参加演习，澳大利亚、文莱、日本、韩国和泰国派代表参加了多国海事安全圆桌讨论。2014年澳大利亚首次参加。2015年文莱、柬埔寨、老挝、泰国、东帝汶、印度、日本、韩国、印尼、马来西亚、越南、新加坡等国家派观察员观摩。在2016年4月的联合军演中，参演总兵力接近一万人，其中参演美军为4900人，澳大利亚军方派出80多人，日本首次作为观察员派出80多人参加。美国首次在太平洋地区部署高机动火箭系统。时任美国防部长卡特专门访问靠近南海地区的巴拉望省并参加军演闭幕式，重申美菲关系“坚如磐石”，“肩并肩相互支持”。

杜特尔特就任总统后，美菲关系一度降温，导致2017年“肩并肩”联合演习规模缩小，仅有 5000 多人参演。2018 年参演人员为 8000 余人，2019 年为 7500 余人。受疫情影响，2020 年度联合演习取消。2021 年 4 月，美菲举行第 35 届“肩并肩”联合军事演习，参演人员仅千余人，且部分演练通过线上方式展开。美国表示将通过联合演习继续深化与菲律宾防务合作的措施，包括“加强对南海威胁态势的感知”等。①

（4）“环太平洋”军事演习（RIMPAC）

“环太平洋”军事演习是由美国海军太平洋舰队主办、下属第 3 舰队承办的国际大规模海上联合军演，始于 1971 年，从 1991 年起改为每两年一次。演习目的旨在提升太平洋沿岸国家海上通道安全及联合应对海上非传统安全威胁的能力，近年来，环太平洋联合军演已逐渐成为美国密切与盟国和伙伴国之间关系、巩固和扩大国际影响力、展示军事实力的重要载体。通过演习，美国积极寻求拉拢更多国家，使其成为地区盟友或安全合作伙伴。中国从 1998 年开始派遣观察员参加环太平洋军演，2019 年终止。2014 年 6 月，中国首次派遣 4 艘军舰与美国、新加坡等国舰艇组成特混编队参加军演。2016 年，中国派遣 5 艘军舰、3 架舰载直升机和 1200 余名官兵参演。2018 年 7 月举行的第 26 届环太平洋演习共有 25 个国家参加（以色列、斯里兰卡和越南首次参加），参演装备包括 46 艘水面舰艇、6 艘潜艇、200 余架飞机，总兵力达 25000 人。2020 年环太平洋军演由 10 国派出 20 艘军舰参加，且演习科目仅限于海上，展示了美国军队在新冠肺炎疫情下的战备能力。

除联合演习外，美国还向外国和外军提供“国际军事教育和训练”（International Military Education and Training，简称 IMET）。IMET 作为美国国家安全战略的重要组成部分，已经向上百个国家

① 澎湃新闻：“美菲举行‘肩并肩’联演，时机敏感不利南海稳定”，https://mil.news.sina.com.cn/2021-04-18/doc-ikmxzfmk7438834.shtml，18/04/2021。（上网时间：2021 年 5 月 4 日）

数万名军事人员和非军事人员提供培训。IMET项目采取多样化的运作模式，如受训人员在美国军事单位接受教育训练、美国机动训练分队在受训国实施训练科目以及美国和受训国互派军官进行军事职业教育交流等。IMET课程类型丰富，侧重于“在美军各初级、中级和高级军种院校中开设职业军事教育的领导能力和军队管理课程”。① 此外，IMET还开设一些职业性和技术性训练项目。美国认为，IMET项目能够在受训国精英阶层形成对美国的亲近感，利于与美国和美军达成共识。受训人员在接受教育和训练的过程中受到美国文化和价值观念的熏陶，有利于美国民主制度的传播并与美国建立紧密的关系。美国在亚太地区实施了几项IMET项目，受训国包括印尼、马来西亚、柬埔寨、菲律宾和泰国。

在反恐领域，美国提供了“地区防务反恐伙伴项目”（Regional Defense Combating Terrorism Fellowship Program）。CTFP为满足新型紧迫的防务需求而出现，通过有针对性的、非致命性的反恐教育和培训，在打击暴力极端主义的斗争中发展伙伴关系。CTFP的目标是增强伙伴国反恐能力，建立全球反恐网络，支持美国打击恐怖分子和恐怖组织。通过该项目，美国能够在全球、地区和特定国家进行协同，打击恐怖主义。参加该项目的东盟国家包括马来西亚、印尼、菲律宾、泰国等。

（二）中国

自1991年开启对话进程后，中国与东盟经历了“全面对话伙伴关系”（1996）、“面向21世纪的睦邻互信伙伴关系”（1997）、“面向和平与繁荣的战略伙伴关系”（2003）等多个阶段，取得了丰硕的合作成果。通过大量的基础设施投资，中国对东南亚区域

---

① Jesse J. Trotter, “The International Milltary Education and Training Program: Building Bridges towards a New World Order,” Carlisle Barracks, Pennsylvania: U. S. Army War College, 1992, p. 86.

的经济影响力持续增长，并辐射到政治安全领域。① 虽然相比双方经贸合作与人文合作领域的飞速发展，安全防务领域的合作稍显滞后，但也取得了积极的成果。由于在正式的军事合作领域与美国相比处于劣势，中国决定将非传统安全挑战作为当前和未来中国与东盟国家进行防务合作的重要领域。非传统安全合作不仅能够帮助中国与东盟国家共同应对自然灾害、恐怖主义等挑战，还能够增进相互了解和信任，增强友好交流与务实合作，维护地区和平稳定。

中国从 20 世纪 90 年代开始与东盟国家一同探索建立双边军事互信与安全合作的制度性框架。2002 年中国与东盟签署《南海各方行为宣言》。2003 年中国正式加入《东南亚友好合作条约》。2010 年中国与东盟举行首次防长非正式会晤，开始构建防务部门间的常态化沟通与合作机制，截至 2021 年 6 月已经举行了 12 次。中国还与泰国、越南、印尼、菲律宾、印尼、马来西亚、新加坡、缅甸建立年度安全防务磋商机制，主要探讨亚太安全形势、双边军事关系、地区热点、非传统安全等问题，为促进相互理解、巩固睦邻友好、深化互信合作、维护地区和平稳定发挥了积极作用。

除安全机制建设外，中国人民解放军从 2005 年开始与地区国家举行双边演习，自那时起，演习的频率和范围逐渐增加。2005 年至 2021 年初，解放军与东南亚国家军队共举行了 36 次双边联合演习。② 例如，2014 年 12 月 22 日，中国与马来西亚首次举行

---

① Mitsuru Obe and Marimi Kishimoto, "Why China is determined to connect Southeast Asia by rail," Nikkei Asian Review, Jan. 9, 2019, https://asia.nikkei.com/Spotlight/Cover-Story/Why-China-isdetermined-to-connect-Southeast-Asia-by-rail.（上网时间：2020 年 3 月 4 日）

② 2005 年以来，中国分别与泰国、新加坡 6 次、柬埔寨 5 次、马来西亚 3 次、老挝 3 次、印度尼西亚 2 次、文莱 1 次、缅甸 1 次双边军演。见 Ian Storey, "Russia's Defence Diplomacy in Southeast Asia: A Tenuous Lead in Arms Sales but Lagging in Other Areas," Mar. 3, 2021, https://www.iseas.edu.sg/articles-commentaries/iseas-perspective/2021-33-russias-defence-diplomacy-in-southeast-asia-a-tenuous-lead-in-arms-sales-but-lagging-in-other-areas-by-ian-storey/.（上网时间：2020 年 3 月 8 日）

“和平友谊—2014”军队联合桌面推演。2015年9月19日，“和平友谊—2015”中马实兵联合护航演练在马六甲展开。2016年11月22—25日，“和平友谊—2016”中国—马来西亚联合军事演习在马来西亚举行。演习以“人道主义救援联合行动”为课题，分参谋部演练和实兵演练两部分，共投入兵力约为300人。2015年、2017年、2018年，中泰空军在泰国分别举行“鹰击—2015”“鹰击—2017”和“鹰击—2018”联合训练，旨在深化推动两国空军合作交流，检验战术战法，促进装备发展，提高部队实战化训练水平。在小多边层面，2018年10月20—29日，“和平友谊—2018”中马泰联合军事演习在马来西亚举行。演习以“强制和平行动危机响应”为背景，分为参谋部演练和实兵演练两个阶段，共投入兵力1200多人。在小多边层面，2011年12月9日，中老缅泰湄公河联合巡逻执法指挥部在云南西双版纳正式揭牌。中老缅泰各方采取联合巡逻和联合查缉相结合的方式，通过强有力的联合巡逻执法，严厉打击湄公河流域涉恐、走私、偷渡、贩毒、贩枪、拐卖人口等跨境违法犯罪活动。截至2021年5月，已经启动了105次联合巡逻执法。联合巡逻执法正日益成为四国交流沟通的新模式和国际执法合作的典范。

中国与菲律宾21世纪初基本实现了关系缓和。两国于2004年签署军事合作谅解备忘录，但进展极为有限。在随后几年里，两国政府举行了4次国防和安全会议。杜特尔特上台后，菲律宾政府再次开启与中国的安全合作，但在菲军方和国防部层面仍存在不小的阻力。2016年，菲防长陪同杜特尔特总统首访北京。2017年5月，中国海军舰队应邀对菲南部城市达沃（Davao）进行了为期3天的访问，杜特尔特总统登上“长春”号导弹驱逐舰。这是7年来中国海军首访菲律宾。① 2018年6月，两架次中国伊

① Alexis Romero, “Rody Open to Military Exercises with China in Sulu Sea,” Philippine Star, May 2, 2017, https://www.philstar.com/headlines/2017/05/02/1690282/rody-open-military-exercises-china-sulu-sea.（上网时间：2020年3月4日）

尔-76军用运输机在达沃降落加油，7月，中国“远望3号”停靠达沃补给。2019年1月，三艘中国军舰访问马尼拉。在军事装备合作领域，2016年中国驻菲大使在与杜特尔特总统会晤时提供了1440万美元的小型武器。国防部长称，这笔拨款将为菲律宾提供2至3艘快速船、2架无人机、狙击步枪和炸弹处理机器人，用于打击菲律宾南部阿布沙耶夫激进分子。① 此外，中国开始为少量菲军方人员提供培训。两国海岸警卫队分别在2016年12月和2017年2月会面，探讨潜在的合作领域，并签署了关于开展联合搜救行动、打击毒品和海盗的协议。2017年5月，菲海岸警卫队派遣20人去中国参加培训。双方于2017年10月和2018年10月举行海岸警卫队联合委员会会议。2020年1月，中国海警舰船首访菲律宾，有助于两国海警展示善意，加深相互了解和信任。

中国与印尼1990年复交后关系大幅改善，中国成为印尼最重要的国际伙伴之一。两国于2005年成为战略伙伴，2007年签署防务合作协议，2013年升级成为全面战略伙伴。2011年，两国从一项启动导弹生产的谅解备忘录开始建立武器开发生产与采购伙伴关系。② 两国分别于2011年、2012年、2013年、2014年连续举行四次“利刃”反恐联合训练，增进了两军之间的友谊，谱写了两军交流的新篇章。目前，两国合作进展有所放缓。2016年3月，印尼宣布军方正在评估中国的综合防空系统，尤其是AF902雷达/Twin 35mmpao和PL-9C导弹系统。③ 在佐科总统时期，虽

---

① Manuel Mogato, “Philippines: The US Will Upgrade and Build Facilities on Philippine Military Bases This Year,” Jan. 26, 2017, Reuters, http://www.businessinsider.com/r-philippines-says-us-military-to-upgrade-bases-defense-deal-intact-2017-1.（上网时间：2020年3月2日）

② Mustaqim Adamrah, “RI, China Initiate Joint-Procurement of Missiles,” The Jakarta Post, Mar. 23, 2011, http://www.thejakartapost.com/news/2011/03/23/ri-china-initiate-jointprocurement-missiles.html.（上网时间：2020年3月4日）

③ Prashanth Parameswaran, “Indonesia Eyes China-Made Air Defense System,” Mar. 3, 2016, http://thediplomat.com/2016/03/indonesia-eyes-china-made-air-defense-system/.（上网时间：2020年3月4日）

然两国关系主要集中在经济合作上，但2021年4月下旬，在印尼海军“南伽拉”号潜艇失事后，中国派舰船全力协助印尼进行救援和打捞。5月，南部战区海军远海训练编队根据年度训练计划安排，与印尼海军举行了海上联合演练。这些军事合作不仅有助于增加双边互信，还能够向周边国家表明中国的真实立场和态度。

中国与越南于1991年实现关系正常化后逐步改善关系，并就陆地边界划分达成一致。2008年，双方建立“全面战略伙伴关系”。2015年5月，中越两军边防部队在中越边境河口段执行边界联合巡逻任务，巡逻分队由中国和越南边防部队各10名官兵组成，有助于提高边境事务处置效率，迅速解决问题，增进中越边防官兵的相互了解。2018年8月，中越两军进行边境联合义诊，增进两国传统友谊。2021年4月，中国国防部长应越南国防部长邀请出访越南，与越共中央总书记阮富仲、国家主席阮春福和国防部长潘文江举行会谈，签署《中国国防部和越南国防部关于在国际军事合作领域建立“兄弟单位”关系的谅解备忘录》。①

2018年8月，中国与老挝举行“和平列车—2018”人道主义医学救援联合演训，为两军卫勤人员在卫生领域的互相学习、交流经验提供了平台。2019年6月，中国人民解放军南部战区与老挝人民军边防部队在中老边境共同开展第二届中老边境国防友好交流活动，期间举行两军首次反恐联合演练。此次边境国防友好交流活动，有助于推动中老传统友好关系深入发展，创新两军务实合作，维护边境安全稳定。② 2017年5月，中国与缅甸举行了首次海上联合演练，两国舰艇的沟通联络与会合、编队通信、编队运动和联合搜救等内容得到有效检验。中缅海上联合演练不仅

---

① “越南：坚定奉行一个中国政策，永远不会跟着其他国家反中国”，2021年4月27日，https：//finance. sina. com. cn/tech/2021 - 04 - 27/doc - ikmxzfmk9159506. shtml。（上网时间：2020年3月4日）

② “中国与老挝军队将进行首次反恐联合演练”，2019年5月30日，https：//mil. news. sina. com. cn/china/2019 - 05 - 30/doc - ihvhiqay2496894. shtml。（上网时间：2020年3月4日）

加深了两国间的传统友谊，还进一步深化了两国海军的互信与合作。2016 年 12 月，中国和柬埔寨举行首次“金龙—2016”人道主义救援减灾联合训练。2018 年 3 月，中国和柬埔寨两国军队近 500 名官兵在柬埔寨以“联合反恐训练和人道主义救援”为主题举行了“金龙—2018”联合训练。2019 年 3 月，两国举行第三次“金龙—2019”联合训练。这些联合训练能够提高中柬两军务实合作、提高反恐作战能力、增进两国传统友谊。2018 年 6 月，中国国防部长出访柬埔寨，在与柬埔寨国防部长会谈期间，表示愿意向柬埔寨提供价值 1 亿美元的军事援助。两国同意增进军事合作关系，并将落实包括举办联合军事演习等具体项目。①

在军备贸易方面，根据瑞典斯德哥尔摩国际和平研究所（SIPRI）的报告，2010—2020 年中国对东盟国家武器出口量最多的国家是缅甸，其次是泰国和印尼。（见表 3－6）

表 3－6　2010—2020 年中国对东盟成员国武器出口额

	2010 年	2011 年	2012 年	2013 年	2014 年	2015 年	2016 年	2017 年	2018 年	2019 年	2020 年	总额
柬埔寨			15	39					2	1		57
印尼	2	8	64	73	34	38	40	34	16	21	16	347
老挝			15	15		1		2	51	9		93
马来西亚										26		26
缅甸	5	277	251	189	63	180	215	119	94	47		1439
泰国		2	18	22	7	1	77	131	52	97	9	415

单位：百万美元

资料来源：SIPRI Arms Transfers Database，http：//www. sipri. org/databases/armstransfers/sources－and－methods/.

① “柬埔寨获中国 1 亿美元军援”，2018 年 6 月 21 日，https：//www. guancha. cn/military－affairs/2018_06_21_460789. shtml。（上网时间：2020 年 3 月 4 日）

随着国际环境日趋错综复杂，国际交流合作也面临着前所未有的挑战。中国军队坚持以习近平新时代中国特色社会主义思想为指导，深入贯彻习近平强军思想，秉持人类命运共同体理念，大力推进新时代国际军事合作。虽然目前中国与东盟国家间的军事合作范围较小，程度较低，并存在语言困难、互操作性差、缺乏防务合作框架协议等实际障碍，但近年来，中国更加积极地在地区和世界范围内开展军事合作，以此为契机加深相互理解，展示自身和平崛起的诚意，缓解地区国家对于中国的担忧。2020 年内，中国国防部长先后访问马来西亚、印尼、文莱和菲律宾，就维护地区和南海局势稳定、加强互信与合作机制建设等达成重要共识。尤其是新冠肺炎疫情发生以来，中国军队向柬埔寨等 4 国派出医疗专家组，与新加坡等 18 国军队和国际组织召开视频会议，交流疫情防控经验，用实际行动承担大国责任，为国际社会团结抗疫贡献了中国力量，为维护地区安全稳定发挥了负责任大国作用。①

（三）日本

日本作为美国在亚太地区的盟国，在安全合作方面始终追随美国的脚步，保持着紧密的防务和安全关系，同时与越南、菲律宾、印尼等东盟国家成为战略伙伴，既帮助美国与太平洋地区保持联系，又降低美国减少对日本安全承诺的负面影响。这些合作包括高级别防务对话、双边/三边/多边培训演习、情报分享和人员交流等。

20 世纪 90 年代后期，随着“东盟中心性”的日益增强，日本与东盟进行防务合作的意愿也逐步形成。2003 年日本与东盟开展反恐合作，积极参加东盟防长扩大会，并于 2012 年启动国际恐

---

① “2020 年中国军队国际军事合作回顾”，2020 年 12 月 31 日，http：//www.mod. gov. cn/topnews/2020 - 12/31/content_4876232. htm。（上网时间：2020 年 3 月 4 日）

怖主义信息共享数据库。这些举措，不仅有利于维护日本的国家安全，还有助于在东南亚地区树立日本的正面形象。在2016年《万象愿景》（Vientiane Vision）中，日本声称，为加强东盟“应对各种挑战”的能力，将加强与东盟的防务合作，包括援助提高东盟国家在海洋安全领域的信息收集和警戒监视能力、日本自卫队参加东盟举行的多国联合训练、进行防务装备和技术转让合作、为处理地雷和哑炮残留提供援助等，希望形成一个以日本为主导的东盟合作机制。2017年6月，日本派遣自卫队最大的“出云”号（Izumo）直升机驱逐舰穿越南海和印度洋进行访问，进一步加强与东盟的防务外交合作。来自所有东盟成员国的军官都登舰交流。2018年夏天，日本举行了第二次类似部署。随后，2018年，日本推出“专业飞行员计划”，邀请东盟成员国的空军军官到日本交流，强化与东盟的防务关系。①

同时，日本还寻求继续促进双边防务关系。在东盟诸国中，日本特别重视与越南和菲律宾的的安全合作。安倍政府希望通过对越南和菲律宾两国的军事援助，建构起海洋问题上的“铁三角”。② 2011年，日本与菲律宾建立了旨在促进安全合作的“战略伙伴关系”，增强了所谓对中国在海洋领域行动的共同关切，决定在海洋领域开展更加深入的合作。2011年10月，双方签署了《日菲安全保障合作声明》，将副部长级双边对话升级为双边战略对话。安倍晋三再任后，与菲律宾的防务合作大幅增加。2013年，两国防长决定进一步加强安全领域合作，菲律宾同意日方使用菲方军事设施。菲律宾成为日本援助、捐赠、教育和培训等方案的主要受援国之一。这些方案主要侧重于增强区域行动者对于海洋领域的态势感知和警戒能力。日本海岸警卫队和日本国际协

① “日本推出与东盟空军合作计划，欲推动飞行员交流合作”，2018年10月20日，https：//www. guancha. cn/internation/2018_10_20_476211. shtml? s = zwyxgtjbt。（上网时间：2020年3月4日）

② 陈友骏：《日本安倍政府的东盟外交：基于现实主义外交的理论视角》，《东南亚纵横》2015年第4期，第16页。

力集团（JICA）还为菲律宾海事执法培训、通信、设施升级、维护和维修等领域提供资金。2015年菲律宾国防部长访日期间，双方签署了合作与防务交流备忘录，致力于促进能力建设、演习培训、后勤支持、国防装备等领域的高水平合作。同年，菲律宾总统阿基诺三世访日，与时任首相安倍签署了关于加强战略伙伴关系的联合声明。双方还就一项访问部队协定展开谈判，以促进双边训练和演习，并允许日本军队进入菲律宾的军事基地。2016年杜特尔特当选总统后，日本向新政府保证继续提供援助，并开始提供反恐和情报共享领域援助。2019年杜特尔特访日时，日菲首脑承诺将进一步深化战略合作伙伴关系，共同建设“自由开放的印太”。值得重视的是，日方以协助菲方强化“海上安全保障能力”为名义，向其提供二手巡逻船等装备。2013年日菲达成协议，由日方利用政府开发援助（ODA）贷款向菲海岸警卫队提供十艘巡逻船，并于2016年交付首船。2016年，日菲签署防卫装备与技术转移协定，日方同意向菲方租赁海上自卫队五架TC-90教练机。这是日本首次与东南亚国家签署防务合作协议。2017年《自卫队法》修订后，应菲方要求，日方又将有偿租赁TC-90改为无偿赠予，还承诺向菲军提供UH-1武装直升机零件。2019年，日本政府计划利用政府开发援助（ODA）为菲律宾军队提供日本自卫队装备。在两国防务合作持续加强的背景下，日本军舰频繁访问菲律宾港口。2016年、2017年、2018年，海上自卫队“亲潮”号潜艇、直升机航母“出云”号与“加贺”号分别停靠苏比克湾。2019年7月，“出云”号再度访菲。2019年4月，菲律宾国防部长洛伦扎纳访日。两国防长表示要拓展并充实两国防务合作的具体内容，包括军方与防务部门的战略对话与定期交流；覆盖陆海空的“能力构筑支援”；共同训练及演习；反恐、打击跨国犯罪等非传统安全合作；区域安全议题的协商及行动等。① 简言

① 卢昊：《突破ODA禁区，日本将向菲提供自卫队装备》，《世界知识》2019年第21期，第28—29页。

之，菲律宾作为第一岛链的组成部分和南海主权声索国，成为日本区域防务合作的一个重点。未来日本可能继续协助菲律宾弥补军事能力差距，寻求进一步扩大双边防务合作关系。

越南在过去一个世纪内与日本的关系发展较为复杂。双方建交后主要开展经济合作。2010 年双方启动战略伙伴关系对话。2011 年 10 月双方签署《双边防务合作与交流备忘录》，确认加强海上安保合作，建立定期的副部长级国防政策对话，实现军队的交流与互访。2012 年由两国国防部副部长共同主持的国防政策对话启动，在两国之间轮流举办，成为两国落实具体防务合作的执行平台。2013 年安倍再任后的首访国就是越南。2014 年 3 月，双方关系升级为“广泛的和平战略伙伴关系”。2015 年，日本海上保安厅与越南海警签署合作备忘录，建立年度对话机制，允许日本军舰访问金兰湾。2016 年 4 月，两艘日本海上自卫队驱逐舰自二战以来首次访问金兰湾。2017 年 1 月，安倍出访越南，承诺帮助越南采购 6 艘新建造的海岸警卫队船只。2017 年 6 月，越南总理访问日本，两国领导人发表了关于深化战略伙伴关系的联合声明，同意促进国防装备和技术合作。此举促成了在 2017 年 10 月建立国防工业论坛。2018 年 4 月，双方就“日越未来十年防务合作的共同愿景声明”达成一致。2018 年 9 月，日本海上自卫队潜艇“黑潮”号（Kuroshio）停靠金兰港，标志着第一艘日本潜艇出访越南。到 2018 年底，日本已将两国关系提升至以定期高级别政治和防务磋商为前提的“广泛战略伙伴关系”。2021 年 6 月，日本防卫大臣岸信夫与越南国防部长潘文江举行视频会谈时一致同意，在疫情得到控制后尽早开展双边和多边防务合作的各项内容，尽早签署《越南政府与日本政府的国防设备和技术转让协议》。[①] 有专家认为，两国间防务合作的重点是建立越南的海洋领域意识（MDA）和海事执法（MLE）能力。

---

① “越南与日本继续加强防务合作”，2021 年 6 月 21 日，https://cn.qdnd.vn/cid-6126/7185/nid-583801.html。（上网时间：2020 年 3 月 4 日）

就印尼而言，由于其积极独立的外交政策，它不属于美国在地区内的同盟网络。21 世纪后，日本开始加强与印尼的安全关系，最初重点是反海盗、反恐、不扩散和加强民主及法制建设。2005 年 6 月，双方签署“应对新挑战的伙伴”联合声明。2006 年两国建立“面向和平繁荣未来的战略伙伴关系”。2007 年日本向印尼提供了一笔赠款，采购了 3 艘用于打击海盗、恐怖主义和武器走私的沿岸巡逻艇。2015 年 3 月双方发表联合声明，建立 2 +2 外交和国防部长会，并签署“防务领域合作与交流备忘录”。2015 年在日本举行的 2 +2 会谈中，日本承诺支持东盟国家的海上安全能力，启动关于国防设备和技术转让协议的谈判，积极参加科莫多多边联合演习。2017 年 1 月安倍访问印尼期间，同意将海上安全合作列为“最高优先事项”。2021 年 3 月，日本和印尼在 2015 年后举行了第二次“2 +2”会谈，双方就加强军事合作达成共识，就海洋安全问题进行深入沟通，并签署了防卫装备及技术转移协定。印尼成为继美国、英国、菲律宾、马来西亚等国后，第 10 个与日本签署此类协定的国家。①

在军备贸易方面，日本目前主要通过租借、援助、无偿转让等方式向东盟国家提供二手或全新军备，借以强化与东盟各国的军事合作。2014 年 4 月，日本出台新的“防卫装备转移三原则”，为武器装备出口创造了前提。2015 年 2 月，日本出台《开发合作大纲》，表明日本政府期望主动发挥政府开发援助的“战略功能”，对重点国家开展包括防务领域的全方位援助合作。2017 年 5 月，日本出台《自卫队法》修订案，允许自卫队将旧装备低价乃至无偿转让给其他国家。例如，2012 年日本提出向菲律宾提供全新巡逻艇、2014 年日本同意向越南提供巡逻艇、2017 年日本以租借形式向菲律宾提供两架二手海上自卫队训练机、2018 年日本将一艘退役的大型巡逻船赠予马来西亚、2018 年日本向菲律宾无偿

① 骆永昆：《印尼日本军事合作，矛头针对中国?》，2021 年 5 月 14 日，http://comment.cfisnet.com/2021/0514/1322814.html。（上网时间：2020 年 3 月 4 日）

提供大量直升机零部件。从本质上看，日本推动军事装备对外转移，是日本军事安全战略加速质变、向外拓展安全防务影响力的重要举措。

大多数日本专家认为，美国同盟是日本国家安全战略的核心支柱。日本谋求加强亚洲安全合作网的原因是加强美国在地区的存在，代表“支持美国在该地区继续发挥领导作用的转变”，代表“日本正在寻求补充美国对于印太地区的介入”，以此加强美国对于该地区的安全承诺。日本同东盟国家发展防务外交不仅有成为正常国家的心理需求和策略规划，并在某种程度上回应了美国的印太战略。美国印太战略鼓励日本扩大与东盟国家的防务合作，而应对中国崛起是日本与印度洋—太平洋伙伴国扩大防务关系的主要动力因素。① 正如2018年日本《防务白皮书》指出的，日本正通过“联合演习和能力建设援助、防务装备和技术合作、扩大与美国以外国家的伙伴关系、建立采购和交叉服务协议等制度框架增加对区域安全的贡献。”美国主流政策分析人士也认为，日本努力协调与地区伙伴日益增长的安全关系，是为了实现与美国战略目标的协同。② 菅义伟上台后，将日本的“自由开放的印度洋—太平洋”愿景（FOIP）与东盟印太愿景相结合，支持东盟中心性，将与东盟的合作放在首位。这不仅是为加强与东盟的关系，也是为了在中美战略竞争加剧的情况下稳定印度洋和太平洋的战略环境。

（四）印度

在很长一段时期里，印度奉行不结盟理念，只关注近邻的地

---

① Scott W. Harold, “The Thickening Web of Asian Security Cooperation: Deepening Defense Ties among U. S. Allies and Partners in the Indo – Pacific,” Rand Corporation, 2019, pp. 61 – 62.

② Report of the Commission on the Future of the Alliance, “The US – Japan Alliance to 2030: Power and Principle,” Washington, D. C.: Center for Strategic and International Studies and Sasakawa Peace Foundation USA, 2016, May 7, 2019, https://csis-prod.s3.amazonaws.com/s3fs-public/160229_US_Japan_Commission_Full_Report_1.pdf.（上网时间：2020 年 3 月 4 日）

缘政治发展以及国内的经济安全挑战，与东亚和东南亚的战略和经济接触相当有限。冷战结束和1991年金融危机对于印度的战略思想产生了深远的影响，并从根本上改变了印度的地缘政治轨迹。印度开始改革经济，促进国防工业发展，改善与美国的关系，推出“向东看”政策，纠正冷战期间数十年来对于东亚和东南亚的忽视。自20世纪90年代以来，印度在地区多边机构和安全架构中日益活跃，积极参加东亚峰会、东盟地区论坛、东盟国防部长扩大会、二十国集团、金砖国家集团、上海合作组织等。21世纪以来，印度与亚太伙伴国的防务合作不断扩大和深化，与印尼和越南缔结全面战略伙伴关系，并发展武器出售和转让、进行联合训练和军事演习等。尽管推动这些现象的动机多种多样，但中国日益增长的实力是最有影响力的因素之一。

越南是印度在东盟最强大的地缘政治伙伴，两国建立了印度—越南联合委员会、印越政治磋商会、印越战略对话、印越安全对话等防务安全合作机制。2000年，两国正式建立防务关系。2003年，两国发表《全面合作框架联合声明》，承诺双方将扩大防务安全合作。2007年，两国签署新的防务安全协议，建立战略伙伴关系。2009年，两国签署《防务合作谅解备忘录》，双边防务合作加速发展。自从2014年莫迪当选总理以来，双方国防和战略合作不断加快。2016年，莫迪总理访问越南，两国关系升级为“全面战略伙伴关系”。莫迪称越南是“印度东向行动的重要支柱”。2018年3月，两国发表联合声明，承诺继续推进高级别对话、武器采购、海军和海岸卫队到港停靠、能力建设工程等防务合作，强调将合作确保“一个和平和繁荣的印太地区”，举行了首次联合军演，举办安全对话，并达成未来举行海上安全对话的协议。在防务安全合作内容方面，印越签署了《2015—2020年印越国防合作共同愿景声明》等军事合作协议，内容包括印度为越军培训人员、提供和协助越南改造武器装备、越南为印度提供丛林作战训练课目，以及两国进行经常性和常态化的军事情报交流。

比如，越南参加了印度在孟加拉湾主办的“米兰”（MILAN）多边海军演习，两国共同参加“科莫多”（KOMODO）多边演习等。目前，印度对越南武器出口、情报分享与海洋安全成为双边防务合作的新亮点。2013 年 11 月越共总书记阮富仲访印期间，印度为越南提供 1 亿美元贷款，用于采购印度制造的 4 艘高速巡逻艇，并签署了“相互保护机密信息交流协议”。2017 年，越南寻求从印度购买“蓝天”（Akash）短程地空导弹，印度则提出出售“瓦鲁纳斯特拉”（Varunastra）反潜鱼雷。[①] 印度还同意从 2017 年开始训练越南苏霍伊战斗机飞行员。[②] 可以预见，出于传统友好关系和现实利益驱动，印越两国未来会加强和扩大全面战略合作伙伴关系，不断提升防务安全合作水平。

印度和印尼海军从 20 世纪 90 年代开始实施联合搜救行动，并于 1995 年联合参加“米兰”多边海军演习。1996 年印尼支持印度加入东盟地区论坛并设立东盟—印度年度首脑会。两国在新世纪后极大拓展了防务合作领域。2001 年两国签署了一项双边防务合作协定。2002 年开始第一次年度海军协作巡逻（CORPAT）。两国海军在各自海上边界两侧进行巡逻，各派出一艘军舰和一架侦察机。2004 年成立了联合反恐工作组。2005 年 11 月，两国关系升级为“战略伙伴关系”，并开启年度战略对话。2011 年印尼总统苏西洛访问印度，开启了两年一度的国防部长对话。2012 年 3 月双方开始 GARUDA SHAKTI 反叛乱联合军演。2015 年，双方将 CORPAR 升级为第一次双边海上演习。2016 年 12 月印尼佐科总统访问印度，签署了“实质性双边防务合作协议”，承诺在防务领域探索联合开发和技术转让。印度还承诺培训印尼飞行员和潜艇作战人员。2017 年

① Rajat Pandit, “India's Defence Imports 40 Times Its Export Basket,” Times of India, Dec. 29, 2014, http://timesofindia.indiatimes.com/india/Indias-defence-imports-40-times-its-export-basket/articleshow/45313520.cms.（上网时间：2020 年 3 月 7 日）

② Prashanth Parameswaran, “Philippines Receives 2 New Fighter Jets from South Korea,” Nov. 1, 2015, The Diplomat, https://thediplomat.com/2015/12/philippines-receives-2-new-fighter-jets-from-south-korea/.（上网时间：2020 年 3 月 7 日）

双方同意举行首次联合空战演习。① 2018 年 11 月，双方在爪哇海举行了首次“海洋力量”双边海军演习。2018 年 1 月，两国举行了首次安全对话。2018 年 5 月，莫迪总理访问印尼，双方关系被提升为“全面战略伙伴关系”，签署了新的国防合作协议，希望促进两国国防工业加强合作，使两国安全关系进入一个新阶段。双方还发表了“印太共同愿景”（Shared Vision for the Indo - pacific）声明，强调深化海上安全合作的重要性，印尼允许印度军方进入沙璜（Sabang）港。② 在未来，双方的战略合作仍将稳步推进。

印度与菲律宾的防务合作一直落后于该地区其他伙伴国。2006 年，两国总统会晤，签署了国防安全合作谅解备忘录，建立和推进了多个高级别委员会和对话。2011 年 3 月成立了双边合作联合委员会。2012 年 1 月成立了联合防务合作委员会。2013 年 2 月双方首次举行外交政策磋商和安全对话。2016 年 4 月双方举行了反恐联合工作组第一次会议。在 2017 年 3 月举行的联合防务合作委员会第二次会议上，两国讨论了重大地区安全问题，包括南海局势和海盗问题。2017 年 11 月，莫迪总理成为 36 年来首位访问菲律宾的印度领袖。两国签署了加强防务和后勤合作的协议。在 2020 年 11 月的外长会上，双方同意进一步加强防务接触和海上合作，特别是在军事培训和教育、相关能力建设、定期访问及采购防务设备方面。2021 年 3 月，两国签署防务合作协议，为菲律宾购买印度“布拉莫斯”中程导弹及其他印度国产武器提供了政府层面的框架支持。③

新加坡位于马六甲海峡的关键点，具有重要的战略地位，日

---

① Rajat Pandit, “India, Indonesia to Hold First Air Combat Exercise with an Eye on China,” Times of India, Feb. 8, 2017b.

② Ankit Panda, “India Poised to Gain Access to Indonesia's Sabang Island,” The Diplomat, May 21, 2018.

③ 《菲印签署国防合作协议：菲律宾拟购买印度制“布拉莫斯”导弹》，2021 年 3 月 5 日，https://m.thepaper.cn/newsDetail_forward_11568468。（上网时间：2021 年 3 月 7 日）

益成为印度的合作目标。2016 年 6 月，两国防长首次召开对话，称两国“将持续深化并超越战略伙伴层级”。2017 年 5 月，两国在南中国海举行海上联合军演。2017 年 11 月，两国签署双边合作协议，允许印度海军到新加坡樟宜海军基地进行后勤补给。而此前，印度和新加坡签署的《联合军事演习协议》允许新加坡空军使用印度的军事基地，还达成了为期五年的空军培训协议，同意向新加坡提供西孟加拉邦空军基地作为战机驻训场地，还提供巴比纳和德奥拉利基地来训练新加坡陆军机械化部队和炮兵部队。如此一来，印新两国军队实现了军事基地共享。

（五）俄罗斯

俄罗斯在东南亚地区的防务外交是普京总统的“转向东方”政策的组成部分，其特点以军售为主，其他领域则较为落后。但由于来自其他国家的竞争加剧以及美国威胁制裁购买俄罗斯武器的国家，俄罗斯有可能失去其作为东南亚第一大武器销售国的地位。（见表 3－7）

表 3－7　2010—2020 年俄罗斯对东盟成员国武器出口额

单位：百万美元

	2010年	2011年	2012年	2013年	2014年	2015年	2016年	2017年	2018年	2019年	2020年	总额
越南	149	974	760	313	1056	735	702	465	333	137	18	5641
缅甸	44	380	144	55	28	12		66	9	70		807
印尼	191	58	19	351	54							672
老挝		14							64	18	17	113
泰国		20				14			14			47
马来西亚	0		2	12								14

资料来源：SIPRI Arms Transfers Database，http：//www. sipri. org/databases/armstransfers/sources – and – methods/.

越南和缅甸是俄罗斯在东南亚最重要的武器进口国。俄罗斯的军售帮助越南军队转型为东南亚最现代化、最有能力的武装部队之一。1995—2019年，越南进口了价值73.8亿美元的俄罗斯武器，占其武器进口总额的84%（约占俄罗斯全球国防出口总额的5%）。① 2016年，越南与俄罗斯签署了64辆T-90主战坦克的采购合同，到2019年交付完毕。② 2020年1月，越南同意以3.5亿美元购买12架Yak-130战斗机。③ 过去20年来，俄罗斯一直是缅甸仅次于中国的第二大武器供应国。自2000年以来，缅甸从俄罗斯购买了30架米格-29、12架Yak-130、25架米-17运输机和米-35攻击直升机以及8架Pechora-2M防空导弹系统。印尼因美国实施武器禁运后寻求武器进口多样化，2003年至2012年期间，俄罗斯向印尼提供了5架苏-27和11架苏-30战斗机，以及18架米-17和3架米-35直升机。2018年2月，时任印尼国防部长的里亚米扎德与俄罗斯签署协议，以11.4亿美元购买11架苏-35战斗机。④ 然而由于种种原因，这批战斗机迟迟无法交付。

与美国和中国相比，俄罗斯军队与东南亚国家之间的演习少得多。2018年11月，俄罗斯与文莱举行了首次海上搜救演习。⑤

---

① Stockholm International Peace Research Institute, https://www.sipri.org/databases/armstransfers.

② Samuel Cranny-Evans, "Russia completes delivery of T-90S/SK tanks to Vietnam," Mar. 28, 2019, https://www.janes.com/defence-news/news-detail/russia-completes-delivery-of-t-90ssk-tanks-to-vietnam.（上网时间：2020年3月7日）

③ "The Moscow Times, Vietnam Orders $350M Combat Training Jets from Russia-Vedomosti," Jan. 29, 2020, https://www.themoscowtimes.com/2020/01/29/vietnam-orders-350m-combat-training-jets-from-russia-vedomosti-a69074.（上网时间：2020年3月7日）

④ Russia fails to move Sukhoi deal, Jakarta Post, 1 July 2020.

⑤ Russian Ministry of Defence, "The joint Russian-Vietnamese exercise to assist a submarine in distress will be held in the port of Cam Ranh," Dec. 5, 2019, https://eng.mil.ru/en/news_page/country/more.htm?id=12265198.（上网时间：2020年3月7日）

2019 年 12 月，俄罗斯海军与越南海军举行了潜艇救援演习。[①] 同月，俄罗斯与老挝武装部队首次举行了为期 9 天的“Laros - 2019”演习。[②] 第二次“Laros - 2020”演习原定于 2020 年下半年在俄罗斯举行，但因新冠肺炎疫情而取消。[③] 2019 年和 2020 年，俄罗斯海军与菲律宾、泰国和印尼的海军进行了基本通行演习。

（五）韩国

进入 21 世纪以来，韩国加强了与印度洋—太平洋地区主要伙伴的防务合作，体现为高级别政治军事对话、武器销售和转让、国防工业联合发展、培训和演习等。然而，尽管属于美国盟友，韩国的防务合作在其外交政策中的地位并不重要。这是因为：1. 韩国的首要任务是遏制和应对朝鲜构成的威胁，这一任务使韩国将大量注意力和防务资源集中在朝鲜半岛；2. 韩国一直在其首要安全伙伴及盟友美国和其经济发展伙伴及遏制朝鲜威胁的关键力量中国之间寻求平衡。正如韩国 2014 年国防白皮书所表明，在可以预见的未来，美中关系的性质和方向构成了“东北亚安全秩序的关键变量”，“华盛顿和北京之间的战略合作和竞争将是决定该地区稳定和安全的最重要因素。”[④] 韩国担忧中国崛起，但“只要

---

① Vu Anh, “Russia Vietnam to hold joint rescue drills in South China Sea,” VN Express, Nov. 21, 2019, https://e.vnexpress.net/news/news/russia - vietnam - to - hold - joint - rescue - drills - in - south - china - sea - 4015209.html.（上网时间：2020 年 3 月 7 日）

② Russian Ministry of Defence, “Laros 2019 joint Russian - Laotian exercise,” Dec. 10, 2019, http://eng.mil.ru/en/mission/practice/more.htm? id = 12265960.（上网时间：2020 年 3 月 7 日）

③ Russian Ministry of Defence, “This year Selenga and Laros international exercises will be held at the military training grounds in Buryatia and Primorye,” Jul. 20, 2020, https://eng.mil.ru/en/news_page/country/more.htm? id = 12302964.（上网时间：2020 年 3 月 11 日）

④ “2014 Defense White Paper,” Seoul: Ministry of Defense of the Republic of Korea, 2014, p. 14.

美韩联盟保持安全，以美国为中心的双边安全联盟牢固建立，韩国将在平衡与中国的关系上感受到更少的压力”①。由于韩国政府大力支持和鼓励其私营企业，而这些企业又拥有技术成熟又相对廉价的防务装备，韩国在2018年上升为世界第11大军备出口国。②

韩国与印尼于1973年正式建立外交关系，但直至20世纪90年代，两国关系进展相当缓慢。随着印尼经济在20世纪90年代开始腾飞，双方逐步加深经济联系。1998年亚洲金融危机后，两国结成了更加紧密的贸易关系。2006年，两国元首签署战略伙伴关系协议，双边关系急剧加深。在李明博出任总统期间，两国缔结了重要的武器出口和发展协议。③ 迄今为止，韩国出售的任何武器都向印尼开放。印尼是韩国航空工业KT－1“雄蜂”（Woong-bi）基础训练机的第一个出口客户，2003年购入7架，2005年购入5架。④ 2011年，韩国以11亿美元的价格向印尼出售3艘T－214型潜艇、17架KT－1“雄蜂”基础教练机和16架韩国航空工业与洛克希德马丁公司共同开发的T－50“金鹰”轻型战斗机/教练机。⑤ 大宇国际还向印尼出售了3个平台登陆码头和一艘医疗船，升级了2艘209型潜艇。在地面作战车辆方面，韩国斗山集团（Doosan DST）向印尼出售装甲运兵车和步兵战车，三星出口K－9雷霆155mm自行火炮，大宇出口机枪。韩国和印尼还利用1995年《国防工业合作谅解备忘录》及其质量保证协议，于

---

① Min－hyung Kim, “South Korea’s Strategy Toward a Rising China, Security Dynamics in East Asia, and International Relations Theory,” Asian Survey, Vol. 56, No. 4, July/August 2016, pp. 707－730.

② Arirang News, “Korea Becomes World’s 11th－Largest Arms Exporter,” Chosun Ilbo, March 19, 2019.

③ Mark McDonald, “Seoul Break－In Has Makings of a Spy Novel,” New York Times, Feburary 21, 2011.

④ Guy Martin, “Asian Trainer Aircraft, Defense Review Asia,” October 22, 2012.

⑤ Jung Sung－ki, “Indonesia to Buy 16 Korean T－50 Trainers,” Defense News, May 26, 2011.

2012年共同开发一种四代半先进战斗机KF-X。2017年11月，文在寅总统在出访印尼期间与印尼总统佐科同意将两国关系提升为“特殊战略关系”，“探索2+2会晤等新的磋商机制”，并继续在国防工业领域寻求合作，更注重能力建设、研发和联合生产。① 这是韩国首次与东南亚国家发表此类声明。文在寅总统在解释加深韩国与印尼和东盟关系时指出，这符合“通过安全合作促进亚洲和平”的愿景。与美国紧张的贸易关系以及与中国在萨德问题上的紧张关系共同助长了韩国扩大与东盟国家防务合作的意愿。② 2018年9月，韩国利用与东盟主办首尔防务对话的机会，进一步发展与印尼、越南和文莱等国的安全关系。2019年4月，韩国大宇公司与印尼政府签署合同，将为印尼海军建造总价为10.2亿美元的3艘潜艇。这是2011年大宇造船与印尼首次签署3艘总价约为11.8亿美元的潜艇出口合同后的第二次采购。③

韩国与菲律宾的双边关系可以追溯到1949年双方建立并实现关系正常化。韩国一直是菲律宾的主要投资者和贸易伙伴。在过去十年里，韩国为寻求扩大其地区防御体系、支持美国主导的地区安全架构并发展其国防工业出口，与菲律宾实现安全关系的大幅增强。2013年10月，两国签署了深化防务合作的协议，具体规定了推进国防工业合作和军事交流的目标。2015年9月，菲律宾总统阿基诺三世访问首尔，建议签署“全面战略伙伴关系”。此后，韩国防长出访马尼拉并签署了一项为期5年的协议，以规范和保护军事机密信息交流。双方还同意加强高级军事官员交流，

---

① “Korea, Indonesia in ‘Close Consultations’ over KF-X Program Cost,” Yonhap News Agency, October 13, 2017.

② Ser Myo-ja, “Moon Unveils a ‘Southern Strategy’,” JoongAng Ilbo, November 10, 2017.

③ 澎湃防务：“韩国将向印尼出口价值10亿美元潜艇，此前已售3艘”，2019年4月13日，https://www.thepaper.cn/newsDetail_forward_3293294。（上网时间：2020年3月14日）

加强在各种非传统安全和跨国威胁方面的合作。① 2016 年 12 月，韩国现代重工与马尼拉签订合同，以 3.31 亿美元的价格提供 2 艘 1.4 吨级仁川护卫舰，装备菲律宾海军。韩国航空工业公司（KAI）/洛克希德马丁公司在 2017 年完成交付了 2014 年采购的 12 架 F/A－50PH 轻型攻击战斗机，总价约 3.6 亿美元。② 菲律宾空军还从韩国航空工业公司购买了 6 架近距离空中支援飞机、13 架 AW－109 直升机和 8 架贝尔－412 战斗直升机。大宇公司出售了 7000 支轻机枪装备菲律宾军队。2019 年 5 月，菲律宾海军“何塞·黎刹”号在韩国现代重工业公司（HHI）蔚山海军特种造船厂举行下水仪式，归建后将成为菲海军最先进的战舰。8 月，韩国向菲律宾移交 1 艘“浦项”级轻型护卫舰，成为菲律宾海军史上第一艘真正意义上的现代化护卫舰。③ 2019 年 11 月东盟韩国特别峰会上，韩国与菲律宾签署《韩国和菲律宾关于采购特定军工物资的执行协议》，允许更多韩国企业与菲律宾政府签署合同，大力促进防务装备的出口力度。④ 2020 年 10 月，两国成立联合防务合作委员会（Joint Defense Cooperation Committee），并同意将该委员会发展成为两国国防部的定期沟通渠道。⑤ 总体而言，虽然韩国与菲律宾尚未就情报合作或后勤保障达成更加广泛和深入的合作协议，也没有开展联合训练和演习，但双方的防务合作为其提供了支持国防工业出口、维护地区秩序的途径。

---

① “S. Korea, Philippines Ink Pact on Protecting Classified Military Info,” Korea Herald, September 14, 2015.

② Yonhap News Agency, “S. Korea Delivers 12 FA－50PH Light Attack Aircraft to Philippines,” Jul. 4, 2017, http://m.yna.co.kr/mob2/en/contents_en.jsp?cid=AEN20170704016551320&site－0500000000&mobile.（上网时间：2020 年 3 月 7 日）

③ “韩赠送菲律宾二手军舰：韩菲走近与东南亚军售雄心”，2019 年 8 月 26 日，https://www.163.com/war/article/ENGDI27P000181KT.html。（上网时间：2020 年 3 月 14 日）

④ 越通社：“东盟韩国特别峰会：加强韩国与菲律宾和新加坡的防务合作”，2019 年 11 月 26 日，https://zh.vietnamplus.vn.vnp。（上网时间：2020 年 4 月 14 日）

⑤ 国防科技信息网：“韩国和菲律宾宣告加强防务合作”，2020 年 10 月 23 日，http://www.dsti.net/Information/News/121274。（上网时间：2020 年 4 月 14 日）

韩国与越南的关系发展曲折，但自20世纪90年代以来一直在改善，1992年实现关系正常化。此后，随着韩国经济快速增长和越南改革开放，两国的经贸联系大大加深。2009年，双方签署了一项战略伙伴关系协定，承诺深化军事合作，扩大高层互访，建立战略对话机制。但迄今为止，这些承诺尚处于初级阶段。2018年3月，文在寅总统在河内与越南总统陈大光宣布，将双边战略关系提升为更全面的战略关系。2018年4月，两国签署《越韩至2030年防务合作愿景声明》，一致同意应进一步推动代表团互访、军兵种、国防工业、网络安全与联合国维和等领域的合作。越南欢迎韩国军舰在越南海港技术性停靠。① 当前，韩国与越南没有建立正式的2+2对话机制，尚未就军售达成协议，也没有开展任何例行军事演习或联合训练。

（六）澳大利亚

澳大利亚奉行的国防战略通常被称为“同心圆”，其核心是确保“安全、有弹性的澳大利亚”，这包括确保澳大利亚北部通道和海上交通线的安全；其次是“一个安全的临近区域，包括东南亚和南太平洋”；最外围是“一个稳定的印度洋—太平洋地区和基于规则的全球秩序”。② 澳大利亚认为，追求利益一和利益二在很大程度上是自己的责任，而利益三则需要与其他行动者密切合作。因此，澳大利亚政策制定者认为，没有美国，地区安全与稳定是不可能实现的，这是澳大利亚战略政策的基石。③ 澳大利亚同时认

① “越南与韩国签署至2030年防务合作愿景声明”，2018年4月25日，https://cn.qdnd.vn/cid-6126/7185/nid-549171.html。（上网时间：2020年4月11日）

② Australian Government, “2016 Defence White Paper,” Canberra: Australian Government, 2016b, May 2, 2019, http://www.defence.gov.au/whitepaper/Docs/2016-Defence-White-Paper.pdf.（上网时间：2020年4月14日）

③ Peter N. Varghese, “An Australian World View: A Practitioner's Perspective,” speech delivered at the Lowy Institute, Aus. 20, 2015, http://dfat.gov.au/news/speeches/Pages/an-australian-world-view-a-practitioners-perspective.aspx.（上网时间：2020年4月11日）

为，美国在地区的存在需要获得支持。因此，澳大利亚需要扩大与地区伙伴的防务接触，尽一切努力维护并支持美国主导的地区安全秩序。2017 年澳大利亚外交政策白皮书指出，美国“参与支持以规则为基础的秩序符合其自身利益，也符合更广泛的国际稳定与繁荣的利益，如果没有美国的继续支持，基于规则的秩序的自由性将下降”①。澳大利亚不断加强与地区国家间的防务关系。最初，这些接触集中在其临近地区，特别是印尼、新加坡和马来西亚。澳大利亚与菲律宾和越南的关系也得到发展，但速度要慢得多。当前，澳大利亚将整个印度洋和太平洋地区视为其优先战略重点，希望构筑“从印度到东南亚再到东北亚的弧形”,② 印度、印尼、日本和韩国被视为对澳大利亚具有头等重要性的国家。

印尼是澳大利亚在区域内最重要的国家，两国间拥有漫长的海上边界，海上安全利益包括反恐、反海盗、海上执法、边境保护和打击非法捕鱼等。长期以来，澳大利亚一直将与印尼的关系作为其外交政策的首要优先事项之一。2016 年《国防白皮书》将这种关系描述为“至关重要”③。印尼是临近澳大利亚的大国，能够直接影响澳大利亚的国土安全和国民安全，因而对澳大利亚具有战略重要性。两国于 2005 年成为全面伙伴，于 2010 年成为战略伙伴，于 2018 年成为全面战略伙伴。在安全防务领域，两国定期举行的战略对话机制包括年度领导人会议、外交部长和国防部长 2 +2 会议、法律和安全部长理事会和反恐磋商。就防务领域而言，两国国防部和军队之间的对话渠道包括年度国防部长会、年

---

① Australian Government, Department of Foreign Affairs and Trade, “2017 Foreign Policy White Paper,” Canberra: Australian Government, 2017, p. 7.

② Australian Government, “Defence White Paper 2013,” Des. 12, 2013, http: //www. defence. gov. au/whitepaper/2013/docs/WP_2013_web. pdf, 2013, p. 7.（上网时间：2020 年 4 月 11 日）

③ Australian Government, “2016 Defence White Paper,” Dec. 20, 2016, http: //www. defence. gov. au/whitepaper/Docs/2016 – Defence – White – Paper. pdf.（上网时间：2020 年 4 月 11 日）

度高级别委员会（Ausindo HLC）、年度防务战略对话等。然而，两国间的防务合作关系经历了一系列的起伏。两国曾于 1995 年签署《维护安全协定》，该协议在 1999 年澳大利亚干预东帝汶后被废除。2006 年签署《安全合作框架协议》（Agreement on the Framework for Security Cooperation）后两国防务合作有所改善。2013 年，由于澳大利亚情报机构截获印尼总统苏西洛的私密通信，印尼暂停了所有军事和情报合作。2014 年 8 月，两国签署了《行为守则联合谅解》（Joint Understanding on a Code of Conduct），同意双方情报活动不会损害对方利益，双边防务关系才得以恢复。2016 年 12 月，由于在澳大利亚军事教材中出现了对于印尼不利的言辞，印尼国民局暂停了军事语言培训项目，直至 2017 年 2 月佐科总统出访澳大利亚，签署《海事合作联合声明》（Joint Declaration on Maritime Cooperation）后才恢复了合作。目前，《印尼—澳大利亚全面战略伙伴关系行动计划（2020—2024）》（Plan of Action for the Indonesia - Australia Comprehensive Strategic Partnership）中规定了五大支柱，即发展经济关系、促进人员交流、确保共同利益、加强海事合作、保护印太繁荣稳定。安全防务合作是行动计划中的重要内容。此外，专业培训和军事教育也是双边关系中的重要支柱，包括军校交流、流动培训队和英语课程。双方还建立了龙目岛协议 1.5 轨道对话，聚集两国政策制定者、实践者和学者，就共同关心的国防和安全问题进行讨论和交流。

澳大利亚与印尼的军事演习和军事行动主要集中于海事安全和反恐领域。1997 年，两国开始举行“火鸡”（CASSOWARY）年度海上安全演习，重点是海上监视、安全和拦截行动。“新地平线”（NEW HORIZON）是两年度高端作战演习，是两国间规模最大的双边海军演习，重点是防空战、反潜战、战术机动、海上补给和通信领域，旨在增进相互理解合作和互操作性。始于 2016 年的“黄昏/黎明鳄鱼”（DUSK/DAWN CROCODILE）和“黄昏/黎明喜鹊”（DUSK/DAWN MAGPIE）野战训练演习侧重于反恐合作，此外还有“黎明笑翠鸟/科莫多”（DAWN KOOKABURRA/KOMODO）、“狮鹫笑翠鸟/科莫多”（GRIFFIN KOOKABURRA/KOMODO）和“飞马座笑翠鸟/科莫多”（PEGASUS KOOKABURRA/KOMODO）反恐联合演习。印尼于2012年参加了澳大利亚的“漆黑”（PITCH BLACK）演习，也参加了“卡卡杜”（KAKADU）海上演习，旨在发展海域和空域的互操作性。印尼也参加了双边C－130RAJAWALI AUSINDO空运演习和ALBATROSS AUSINDO海上监视演习。2015年12月，两国签署了打击国际恐怖主义谅解备忘录，源于这项备忘录的内容包括协作海上巡逻（AUSINDO CORPAT）年度联合行动、覆盖两国水域的海上协调巡逻队和开放雅加达执法合作中心进行打击跨国犯罪（包括恐怖主义）培训等。印尼还是澳大利亚国防出口第二大国，包括巡逻艇、F－86佩刀（Sabre）飞机、地图援助和技术等。为提高印尼应对海上紧急情况的能力，澳大利亚还赠送了4架翻新的C－130H。综上所述，由于印尼具有战略性的地理位置，澳大利亚十分重视与印尼之间的防务合作关系，并将在很长一段时期里列入澳大利亚的优先事项。

澳大利亚将菲律宾视为“一个重要的区域伙伴，这源于其战略位置……并在安全问题上采取类似的做法”，具有民主、遵守法制等共同点，且都是美国的盟友。①澳大利亚与菲律宾于1946年正式建立外交关系，但两国的防务合作发展较为缓慢。1995年两国签署《关于合作防务活动的谅解备忘录》，为建立训练、演习、交流、访问和信息交换等防务机制奠定了基础。由于两国培训人员数量不断增加，菲律宾提出一项访问部队协定，允许澳大利亚军队在菲律宾上岸。2007年，双方签署《访问部队对等地位协

① Australian Government, "Australian Defence Force Assistance to the Philippines," Jun. 23, 2017, https://www.minister.defence.gov.au/minister/marise－payne/media－releases/australian－defence－force－assistance－philippines.（上网时间：2020年4月11日）

定》（SOVFA），为两国从事防务合作的部队提供更全面的法律支持。[①] SOVFA 于 2012 年 9 月生效，开启了两国之间更深层次的防务交流和培训机制。由于在海事安全和反恐等领域拥有共同利益，两国加强了防务联系。由于澳大利亚担心其北部受到菲律宾恐怖分子的直接袭击，希望阻止恐怖主义向澳大利亚本土蔓延，两国于 2003 年签署了关于合作打击国际恐怖主义的双边谅解备忘录。从那时起，澳大利亚国防部就把反恐、海事安全和援助菲律宾国防现代化计划列为优先事项。2015 年 11 月，两国签署了《关于澳大利亚和菲律宾全面伙伴关系的联合声明》，表明两国关系的深度和广度不断增加。两国防务合作中最重要的机制是年度联合防务合作委员会（JDCC）。JDCC 是 1995 年谅解备忘录的产物，替代了国防部长会议，讨论如何加强防务领域合作，管理着澳大利亚和菲律宾之间大部分国防事务，截至 2021 年 2 月已经举办了 19 次。其次是 1995 年成立的防务合作工作组（DCWG）。这是工作层面的机构，接受 JDCC 的指导，负责发起、协调和监督防务领域的合作活动。再次是年度战略对话，其重点是定期就一系列双边和地区防务和安全问题进行高级别战略讨论。最后是部长级外交和贸易部长会，讨论在更广泛的外交政策和贸易领域加强联系。澳大利亚还为菲律宾武装部队提供防务培训、能力援助和联合演习，并成为继美国之后菲律宾军队的第二大培训提供者。[②] 两国没有联合生产军备，而是澳大利亚对菲律宾援助监视设备、雷达体系、远程巡逻机和快船，协助菲反恐和海岸监视。2015 年 7 月，

---

① Commonwealth of Australia and Republic of the Philippines, "Agreement between the Government of Australia and the Government of the Republic of the Philippines concerning the Status of Visiting Forces of Each State in the Territory of the Other State," Australian Treaty Series, 2019, May 31, 2019, http://www.austlii.edu.au/au/other/dfat/treaties/ATS/2012/31.html.（上网时间：2020 年 4 月 11 日）

② Nicole Forrest Green, "Australia and the Philippines, Strategic Allies and Partners: Interview with Philippines Defense Secretary Delfin N. Lorenzana," Australian Naval Institute, Mar. 5, 2017, https://navalinstitute.com.au/australia-and-philippines-strategic-allies-and-partners/.（上网时间：2020 年 4 月 10 日）

澳向菲捐赠了两艘退役登陆艇，马尼拉又低价购入三艘。此后，澳提供两架 AP－3C 猎户座飞机，帮助打击伊斯兰国武装分子。两国还开展了一系列演习，如两年一度的 LUMBAS 海军演习、DAY CARACHA 陆军特种部队演习、DAWN/DUSK CARACHA 陆军特种部队演习等，旨在通过近距离作战训练、狙击手技能发展训练和部队集体训练增强特种部队在反恐作战中的互操作性。

澳大利亚和越南于 1973 年首次建立正式外交关系，于 1998 年建立了由文职和防务官员参加的双边区域安全对话并持续至今。2009 年两国建立全面伙伴关系，为加强和深化包括防务和安全关系在内的关键领域合作提供了一个总体框架，具体内容包括人员交流和人力资源培训、船舶访问、外交部和国防部官员年度对话、海事和航空安全、防止大规模杀伤性武器扩散、打击跨国犯罪、恐怖主义、贩卖人口等非传统安全挑战。2010 年，两国签署防务合作谅解备忘录，将合作扩大到两国海军和特种部队之间的实际训练活动。2012 年 8 月，两国签署了另一份关于防务合作的谅解备忘录，为在人道主义援助与救灾、培训演习和防务对话等领域加强合作提供了框架，并于 2013 年开始设立年度国防部长会。2015 年，双方通过了一项关于加强全面伙伴关系的宣言，承诺通过年度国防部长会、战略对话、国防合作会谈、澳越防务 1.5 轨道对话、人员交流、军官培训和船舶防务等继续加强防务合作，并同意在航空和海上安全、维和、反恐、特种部队和战争遗留问题等非传统安全领域，以及该地区的跨国犯罪，包括人口贩运、毒品贩运、洗钱和网络犯罪、粮食风险、自然资源管理及疾病、流行病和自然灾害等风险领域加强合作。① 2017 年，两国举行了首次副国防部长级国防政策对话。迄今为止，两国防务合作的核

① Australian Government, “A Declaration on Enhancing the Australia – Viet Nam Comprehensive Partnership,” Mar. 18, 2015, http://dfat.gov.au/geo/vietnam/Pages/a-declaration-on-enhancing-the-australia-viet-nam-comprehensive-partnership.aspx.（上网时间：2020 年 4 月 11 日）

心仍是教育和培训，即为越南人民军开设的英语培训。两国也举行了始于2014年的“黎明/黄昏水牛”（DAWN/DUSK BUFFALO）双边特种部队反恐训练演习。2018年3月，两国将全面伙伴关系上升为战略伙伴关系，将分别建立外交部长和国防部长年度会晤机制，并加强海事决策、行政和执法机构合作、警察和海事/边境之间的安全执法合作等。同年11月，两国防长签署了关于促进越澳防务合作的共同愿景声明，一致同意继续促进在代表团互访、对话磋商与培训、军兵种合作、维和行动、反恐交流等领域的合作。

总之，由于美国在澳大利亚安全问题上发挥中心作用，澳大利亚在保护自身安全和基于全球规则的秩序方面，除了美国，几乎没有其他选择。① 因此，澳大利亚会寻求通过扩大与地区伙伴的防务合作，确保美国在日益严峻的地区安全环境中的长久存在，对抗中国崛起，或者对冲美国从该地区撤出而导致的区域安全架构变化，这是符合澳大利亚根本战略利益的行为。

二、多边防务外交

从历史渊源的角度看，东盟成员国层面最早出现的多边防务外交机制是由域外大国主导的“东南亚条约组织”和“五国联防”（FPDA）。东南亚条约组织（1955—1975年）只包含菲律宾和泰国两个东南亚国家，是东南亚首个区域安全组织，早已退出历史舞台。五国联防是由澳大利亚、新西兰、英国、马来西亚和新加坡于1971年正式成立的安全磋商机制，至今仍是东南亚安全机制的组成部分，为东南亚的安全框架增加了灵活性和互补性。

---

① Charles Miranda, “Our Alliance with the US Is Beyond Personality Politics, Says Defence Minister Marise Payne,” Daily Telegraph, Sep. 29, 2017, https://www.dailytelegraph.com.au/business/work/our-alliance-with-the-us-is-beyond-personality-politics-says-defence-minister-marise-payne/news-story/adcff0f96d696ce2e69ac698c5480fd2.（上网时间：2020年4月11日）

该安排的最初目的是保护马来西亚和新加坡免遭外来攻击的威胁，并遏制共产主义在英联邦的影响。随着对伙伴国构成潜在威胁的安全问题发生变化，五国联防的结构框架和职责使命相应转变为应对恐怖主义、海上犯罪、网络犯罪等非传统威胁，以及实施人道主义援助和灾害管理，使其不仅成为维护东南亚地区安全稳定的多边防务安排之一，还被新西兰、澳大利亚、英国乃至美国视为参与东南亚安全防务的重要机制。

该安排有三大支柱，包括负责维护马来西亚和新加坡防空的"综合防空系统"（IADS，现已升级为综合区域防御系统），用于高级官员定期协商的"联合协商委员会"（JCC）和负责综合防空系统的"防空委员会"（ADC），以及用于实施联合训练、负责非防空活动的"演习计划会"（ESC）。①五国联防从成立初期就开始举行防空演习（ADEX）、"鸭嘴兽"（PLATYPUS）陆上演习和"海星"（STARFISH）海上演习。20 世纪 90 年代开始，军事演习从单一的防空演习和海上演习逐步升级为海空联合演习（STARDEX）。同时，为应对恐怖主义、海上犯罪等非传统安全威胁，五国联防举行了"五合一"（LIMA BERSATU）联合演习，通过联合陆海空力量增强成员国间的协同性与互操作性。2010 年，五国联防发起"联合盾牌"（BERSAMA SHIELD）联合演习，通过让其他东盟国家担任观察员的方式建立互信，增加透明度，协调防务合作，加强与区域各国的联系。

五国联防通过合作机制建立与增强了五国防务力量之间的协同性和战斗力，改善和提升了成员国间的互信与合作。马来西亚和新加坡将该机制视作促进防务专业化、提高了解和互信的重要途径。② 2018 年，马来西亚国防部长拿督・斯利・希沙姆丁・侯

① D Bristow, "The Five Power Defence Arrangements: Southeast Asia's Unknown Regional Security Organization," Contemporary Southeast Asia, 2005, 27 (1), pp. 1 – 20.

② 李兴刚：《"五国防务安排"的发展与走势分析》，《南亚东南亚研究》2018 年第 4 期，第 18—28 页。

赛因指出："五国联防在成员国军队间建立了信任，加强了互操作性，促进了对国际法的尊重，并为地区和平与安全作出了贡献。"① 同时，该安排还与其他东南亚国家举行三方或多方会议。2017 年，印尼在与马来西亚和新加坡举行的三方会议上表示支持五国联防的联合演习活动，并强调这些活动能够增加区域各国之间的相互信任。② 在多边框架内，五国联防被视作东盟、东盟地区论坛、东盟防长会、东盟防长扩大会等既有多边安全机制的有效补充。2019 年召开的第 18 次香格里拉对话会重申，五国联防成员国承诺提升透明度，有利于创造地区和平。而且，"五合一"演习和"联合盾牌"演习在增强互操作性方面取得了重大进展。③ 更进一步，五国联防通过向马来西亚和新加坡提供与澳大利亚、英国和新西兰保持和深化双边关系的途径，为域外大国影响东南亚安全环境提供了制度工具，增强了美国在地区的伙伴关系网。

1988 年，首届西太平洋海军论坛（Western Pacific Naval Symposium）在澳大利亚悉尼举行。1994 年，论坛脱离国际海上力量研讨会（ISS）独立运作，成为区域性海军论坛。截至 2014 年，论坛拥有 21 个成员国（澳大利亚、加拿大、智利、法国、印尼、日本、柬埔寨、汤加、马来西亚、文莱、新西兰、巴布亚新几内亚、中国、秘鲁、菲律宾、韩国、新加坡、俄罗斯、越南、泰国和美国）和 4 个观察员国（孟加拉国、印度、墨西哥和巴基斯

---

① Singapore Ministry of Defense, "Singapore Hosts FPDA Militaries in Joint Exercise," Oct. 11, 2018, https://www.mindef.gov.sg/web/portal/mindef/news - and - events/latest - releases/article - detail/2018/october/11oct18_nr/! ut/p/z0/fY3BEsEwFEW_xSLL zEs6WrbFAtOWRZnIxkQ9hP.（上网时间：2020 年 4 月 11 日）

② Caroline, "Trilateral Meeting Sekjen Kemhan Indonesia," Malaysia dan Singapura, Jan. 1, 2017, http://kbrikualalumpur.org/w/2017/03/01/pertemuan - trilateral - meeting - sekjen - kemhan - indonesia - malaysia - dan - singapura/.（上网时间：2020 年 4 月 10 日）

③ Zhang L. M, "Five Power Defence Arrangements nations reaffirm commitment on sidelines of Shangri - La Dialogue," Sep. 16, 2019, https://www.straitstimes.com/singapore/five - power - defence - arrangements - nations - reaffirm - commitment - on - sidelines - of - shangri - la.（上网时间：2020 年 4 月 10 日）

坦），其影响力早已超出西太平洋的地域概念。其中，参加论坛的东盟成员国包括文莱、新加坡、泰国、印尼、马来西亚、菲律宾、越南、泰国。在论坛框架下不定期举行西太平洋海军论坛多边海上联合演习，有助于成员国海军加强了解和互信，增进合作与协同。2007 年 5 月，中国海军“襄樊”号导弹护卫舰参加了第 2 届西太海军论坛多边海上演习。2014 年，中国海军在南京首次承办西太平洋海军论坛 2014 年工作小组会，在青岛举办西太平洋海军论坛第 14 届年会，并为庆祝中国海军成立日举行“海上合作—2014”多国海上联合演习。此次会议是中国海军参与多边海事安全合作的里程碑。在此次年会上还通过了《海上意外相遇规则》（Code for Unplanned Encounters at Sea），对于海军舰船和飞机意外相遇时的规则程序做出规定，有助于减少误判，缓解地区海域的紧张局势，维护海事安全与稳定。2017 年 5 月，中国海军黄山舰赴新加坡参加第 6 届西太平洋海军论坛多边海上联合演习。2020 年 5 月，菲律宾主持召开了第 17 届西太平洋海军论坛。

此外，在亚太地区还存在香格里拉对话会和北京香山论坛两个规格较高、影响力较大的多边安全论坛，都属于区域国家围绕共同安全议题进行宣传交流的平台，性质上属于 1.5 轨。香格里拉对话会最初于 2002 年由伦敦国际战略研究所创办，由新加坡国防部协办；北京香山论坛原名香山论坛，于 2006 年首次召开，由中国军事科学学会和中国国际战略学会联合举办，由中国国防部大力支持。两个论坛都以官方代表团活动为主轴，会期内会举办多场双边和多边性质的会晤。这种形式开放、制度宽松的安全论坛是地区安全机制的有益补充。

第四章

“印太”背景下的东盟防务外交

随着印度和印度洋政治及经济影响力的不断加强，区域机制建设进程开始出现由亚太地区向印度洋地区的拓展。“印度洋—太平洋”由互不统属的地理单元逐渐演化成相互联系的政治单元和战略概念。主要大国都积极参与“印太”范式的塑造：美国将“亚太再平衡”进行战略东移，整合印度洋和太平洋地区，基于“轴辐双边安全体系”建构“网络状安全架构”，推出美国“自由开放的印太战略”；日本提出“印太构想”，着重建构并谋求印太区域秩序的主导地位；印度“东向行动”希望取道东南亚由印度洋东进西太平洋，进而更加广泛和深入地参与区域和全球事务；中国的“21 世纪海上丝绸之路”倡议经南海和马六甲海峡进入印度洋，在地缘上涵盖了太平洋和印度洋地区，使中国在事实上成为印太利益攸关国。

东南亚地区处于印度洋和太平洋的交界处。印太概念的逐步走实引起了东盟各国的高度关注。作为东盟最大的经济体，印尼认为，东南亚是印度洋—太平洋的支点地带，东盟应该在地区架构中发挥主导作用。在印尼的推动下，东盟对区域架构变化做出集体回应，于 2019 年 6 月 23 日的第 34 届东盟峰会上通过《东盟印太展望》（ASEAN Outlook on the Indo – Pacific），正式参与印太地区的机制建构竞争，维护东盟的区域中心地位。美国虽多次表示东盟具有重要的区域中心地位，但在现实表现中，尤其是 2019

年美国国防部发布的《印太战略报告》中将东盟国家区别对待，尤为重视与盟国和南海周边国家的安全合作关系，将缅甸完全排除于安全网络之外，加剧了东盟国家在美国印太战略中安全合作地位的分化。

由此可见，美国印太战略以自身利益为出发点，将印度洋和太平洋视为拥有巨大战略和经济价值的地区，将中国、俄罗斯、朝鲜等视为区域重大挑战，希望通过强化与盟国和伙伴国的网络状安全架构来构建美国主导的地区安全防务格局。美国所谓的东盟中心主要是指东盟的地缘中心位置和在现有亚太地区机制中的主导作用，而不是地缘新格局中的主导作用。东盟不愿在大国战略之间选边站队，仍希望在竞争格局中维护东盟团结，保持东盟中心性，通过发挥东盟作为区域合作网络关键节点的主导作用、加强东盟共同体建设进程、维护现有东盟主导机制来塑造印度洋—太平洋的多边合作框架，在大国博弈中争取主动。东盟与美国印太愿景的差异同样反映到防务合作领域。美国经过多年经营，在亚太地区形成“轴辐”式和“小多边”安全防务合作体系，需要以此为基础建立横跨印度洋和太平洋的安全防务网络。从第四章的分析可以看出，东盟及其成员国在很多领域与美国及日本、澳大利亚、韩国、印度等国保持深度防务合作，无法脱离美国主导的安全防务合作体系。然而，为了防止东盟在美国网状安全架构中遭到分化，并继续在大国博弈中争取主动，东盟必将在防务外交领域与美国开展适度竞争，力图使东盟在印度洋—太平洋地区的机制建构中占据主动。

第一节 “印太”概念的演变与发展

对于地缘政治而言，“印度洋—太平洋”（Indo - Pacific，简称印太）似乎是个新概念。实际上，印度洋与太平洋之间的经济文化互动可以追溯到千年之前，而印度洋和太平洋作为定义亚洲所处地理位置的方式，可以追溯到殖民时期。那时，欧洲地图上名为“亚洲”的地区是包括环印度洋、东南亚、中国、韩国和日本的印度洋—太平洋弧型区域。美国海权理论家马汉与英国地理学家麦金德都把亚洲视作一个整体，用印度洋和太平洋之间的区域定义亚洲的地理位置。

从20世纪60年代末开始，“亚太”概念开始成为亚洲的主导概念。这通常被认为是一个连接东北亚、东南亚、大洋洲和美洲的地区，以美国和经济成功的东亚工业化国家为主导。20世纪80年代末，随着亚太经济合作组织（APEC）进程的建立，亚太地区的相关性和制度化达到新水平。东盟（1967）、亚太经合组织（1989）、东盟地区论坛（1994）都属于亚太地区特有的架构安排，是中国改革开放后最初接触亚洲多边主义时面对的话语体系。随着亚太概念的持续发展，印度作为一个重要的经济和军事力量不断崛起，其利益超越南亚进入太平洋，“东望”（Look East）政策发展成为“东向行动”（Act East）战略。与此同时，受亚洲经济增长和能源需求的驱动，印度洋成为世界上最繁忙、最具有战略意义的贸易走廊，东亚国家（中、日、韩等）与印度洋国家之间的政治与经贸往来日益频繁。从东盟地区论坛和东亚峰会（EAS，2005）逐步吸收印度和其他南亚国家可以看出，这种动态逐渐反映在亚太地区的机制建设中。

随着印度洋—太平洋国家间的相关性日益增加，“印度洋—太平洋”于21世纪后在概念和实质上开始回归。印度洋—太平洋区域的性质可以理解为西太平洋和印度洋地区之间日益增长的经济贸易、地缘政治和安全联系正在构建一体的区域机制：从经济贸易看，印度洋已经取代大西洋，成为全球最繁忙、最具战略意义的贸易走廊，承载着全球2/3的石油运输和1/3的散装货物；从地缘政治看，这可被视作对于亚洲的重新定义，更可被视作连接两大洋的海上“超级区域”，其地理中心在东南亚，其地缘重心在亚洲沿海；从安全联系看，印度的“东向行动”战略使其逐步进入现存的各种亚太安全机制之中。“印度洋—太平洋”观念的演变对于各国如何看待区域秩序和架构的变化及采取应对这些变化的措施会产生重大的现实影响。由于域内各国对利益关切、战略诉求、行动能力等认知不同，对于“印太”范围的界定带有很大主观性，在这一背景下，“印度洋—太平洋”框架开始进入多国的战略讨论中。

日本是最早重视“印太”的国家之一。日本的印太理念经历了逐步演化的过程，并在美国重返亚太后表现的更为突出。2007年8月日本首相安倍晋三访问印度，首次提出日本版印太战略。安倍再次当选首相后进一步提升印太的地缘重要性，并逐渐成为日本外交政策的核心支点。2015年日本和印度联合发表了《印日2025年愿景共同声明：特殊的全球战略伙伴，携手创造印太地区与世界的和平与繁荣》，在首脑级别声明中首次使用“印太”概念。2016年8月，安倍在第六届东京非洲发展国际会议（TICAD）上正式提出“自由、开放的印太战略”，指出“日本将推动太平洋和印度洋、亚洲与非洲的交流活动，使其成为排除武力和威慑、重视自由、法治和市场经济的富饶之地”①，标志着日本已将印太概念发展成为外交战略。澳大利亚在2013年发布的《国防白皮书》中首次将其所处区域界定为“印太”。② 2016年《国防白皮书》、2017年《外交白皮书》等文件都延续了这一定位。在印度，“印太”概念首先由智库提出。2012年开始，印度官员对美国、日本和东盟等国家和地区组织的代表进行演讲时正式使

① Abe Shinzo, “Confluence of the Two Seas,” Aug. 22, 2007, https://www.mofa.go.jp/region/asia-paci/pmv0708/speech-2.html.（上网时间：2020年4月11日）

② Department of Defence, “Australian Defence White Paper,” Commonwealth of Australia, 2013.

用印太术语。① 印尼外长于2013年首倡印尼视角下的“印太”，总统佐科于2014年提出的“全球海洋支点”战略，强调印尼在太平洋和印度洋、亚洲和澳洲之间的支点作用，具有辐射印度洋和太平洋的属性。2013年，习近平主席提出“一带一路”倡议。其中，“21世纪海上丝绸之路”涵盖了印度洋和太平洋地区，分为两条重点方向：一是从中国沿海港口过南海到印度洋，延伸至欧洲；二是从中国沿海港口过南海到南太平洋。2017年中国外交部发表的《中国的亚太安全合作政策》白皮书中15次提及印度，并将其重要性列为美国、俄罗斯之后的第三位，先于日本及其他国家，体现出中国对“印度洋—太平洋”区域的重视。上述各大国在印度洋急速扩大的存在感和影响力以及各自推出的相关地缘战略，是“印度洋—太平洋”地区迅速成为全球焦点的重要因素之一。

“印太”概念虽然经历了相应的地缘政治变迁过程，但其关键动力主要在美国。美国的印太战略是嵌入其综合性全球战略目标的，体现为从“亚太”到“印太”的拓展。在奥巴马政府时期，美国并没有明确提出印太战略，但经历了从“亚太”到“印太”的战略视野转变。2010年，时任美国国务卿希拉里在演讲中最早表述出太平洋和印度洋的战略联系及对美国的意义。此后，美国多位高官都提及印度和印度洋地区是美国“亚太再平衡”战略的重要关切。美国军事部门在多份报告中指出“印度洋—亚洲—太平洋”（Indo - Asia - Pacific）对于美国的重要性。2015年，美印两国发布《美印关于亚太与印度洋地区战略愿景的联合声明》和《防务合作框架协议》。2017年下半年，特朗普政府推出“印太战略”，以自由、民主、基于规则、市场经济等价值观为宗旨，以经济、军事和意识形态为支点，以高质量基础设施项目投资、海事

① Priya Chacko, “The Rise of the Indo - Pacific: Understanding Ideational Change and Continuity in Indias Foreign Policy,” Australian Journal of International Affairs, Vol. 68, No. 4, 2014, pp. 443 - 449.

安全防务合作为两大核心领域，借助美、日、印、澳与重点伙伴关系国（Quad + X）多边机制维持印太区域的既有国际秩序。

就安全防务合作而言，美国印太战略体现出相当的政策延续性。在二战后的几十年里，美国与澳大利亚、日本、韩国、菲律宾、泰国等国捆绑成一系列双边安全联盟，在东亚建立起被大多数观察家描述为“轴辐”模式的安全架构。这是继20世纪50年代中期美国意欲在亚洲建立一个类似北约组织的反共多边联盟“东南亚条约组织”失败后形成的地区格局，是美国亚太政策的支柱。冷战结束后，美国与其区域伙伴间的双边联盟发生了重大变化，美日联盟和美韩联盟出现了升级和扩大，美菲联盟和美泰联盟则一度陷入停滞。与此同时，亚太权力分配格局开始向“多节点结构”转型。地区国家对于维护国家主权、争取发展权益、参与国际事务表现出极大地主动性，普遍积极建构以本国为中心的关系网络，强化区域各国之间的合作与联系，推动亚太多边主义合作模式蓬勃发展。东南亚国家虽然整体实力不强，却可以利用自身优势，在地区议程或者专业议程中取得主动权甚至主导权，并在大国关系发生变化时为自身谋求更多的利益和更高的国际地位。① 在这种背景下，亚太地区形成了以美国为中心的轴辐安全体系、以中国为中心的经济合作机制和以东盟为中心的区域合作机制。

特朗普政府推出的印太战略不仅强调将继续在印太保持强大的军事存在，还强调要与盟国和伙伴国开展多边安全合作，强调“深化同盟与伙伴国关系”，“强化与盟友和伙伴国的军事协作”。在《2018年美国国防战略报告》中，美国提出持久的联盟和长期的安全伙伴关系需以美国为核心的同盟关系为支撑，并以盟友拥有的安全关系网予以补充和强化；美国将加强在印太地区的同盟和伙伴关系，建立一个能够遏制侵略、维护稳定和确保自由进入

① 王琛：《冷战后东南亚国家的“利基外交”》，《国际政治研究》2018年第4期，第108页。

共同领域的网状安全架构。① 2018 年 5 月 30 日，美军太平洋司令部正式更名为“印太司令部”（Indo - Pacific Command），标志着在安全领域内实质性开展“印太战略”。2018 年 8 月，蓬佩奥在东盟地区论坛上宣布美国将出资 3 亿美元用于加强在印太地区的安全投入，并将“东南亚海事安全倡议”（the Southeast Asia Maritime Security Initiative）更名为“印度洋—太平洋海事安全倡议”（the Indo - Pacific Maritime Security Initiative），旨在加强对印度洋—太平洋国家海上能力发展的援助，对抗中国海军的影响力。②在 2018 年 11 月制定的《东亚和太平洋联合地区战略》（Joint Regional Strategy State Department - Bureau of East Asian and Pacific Affairs USAID - Bureau for Asia）中，美国指出，“一是通过强化安全协议，来建立更加强大的联盟和伙伴关系，抵消中国的影响力……为了平衡中国的影响力，我们将加强现有地区联盟关系，包括与日本、澳大利亚、泰国、菲律宾和韩国的关系，并加强与包括印度在内的其他国家的安全伙伴关系……提高地区伙伴国的安保能力和协同作战能力，以支持和倡导建立一种自由、开放和基于规则的地区秩序。”③ 2018 年 12 月 31 日，特朗普总统签署《亚洲再保证倡议法》（ARIA），再次强调在印太地区保持强大的军事存在，加强同该地区盟国和伙伴国的安全关系④，为美国

① 《2018 年美国国防战略报告》（Summary of the 2018 National Defense Strategy of The United States of America），第 2 页，2018 年 1 月 19 日，https://dod.defense.gov/Portals/1/Documents/pubs/2018 - National - Defense - Strategy - Summary.pdf。（上网时间：2020 年 4 月 9 日）

② John S. Mc Cain, “National Defense Authorization Act for Fiscal Year 2019,” Aug. 16, 2018, United States Congress, https://www.congress.gov/115/bills/hr5515/BILLS - 115hr5515enr.pdf.（上网时间：2020 年 4 月 11 日）

③ State Department - Bureau of East Asian and Pacific Affairs, USAID - Bureau for Asia, “Joint Regional Strategy,” Nov. 20, 2018, https://www.state.gov/documents/organization/284594.pdf, pp. 9 - 10.（上网时间：2020 年 4 月 11 日）

④ U. S. Congress, “S. 2736 - Asia Reassurance Initiative Act of 2018,” Dec. 31, 2018, https://www.congress.gov/bill/115th - congress/senate - bill/2736/text # toc - H1736A89135404258AFF1BC4E7A5555D0.（上网时间：2020 年 4 月 10 日）

“在印度洋—太平洋领域开发并承诺一种长期战略性愿景和综合性、多层面及有原则的政策”① 提供立法性快速通道，呼吁扩大与盟国和伙伴国间的安全防务合作，授权 15 亿美元提高美国及其印太盟国的防务能力。《亚洲再保证倡议法》强调美国印太战略是国家利益，声称这项美国外交战略“支持功能性、问题解决型区域架构，包括东盟、APEC 和东亚峰会”，其中蕴含的战略、经济和外交方针支撑美国对抗中国日益增长的实力和影响。

2019 年 6 月 1 日，美国国防部发布《印太战略报告》（INDO – PACIFIC STRATEGY REPORT），指出其三大支柱是战备能力、伙伴关系和地区网络建设。报告声称：“区域内出现的消极的权力制衡变化可能导致对手挑战并颠覆保障美国及其盟友和伙伴国繁荣安全的自由和开放的秩序。为应对这种挑战，国防部正在建设一种更有杀伤力、更具复原力、更快革新力的联合作战力量，提升与欣欣向荣的盟国和伙伴国之间的协作。”② 报告内容显示，美国印太战略的核心概念是“推动地区网络建设”（Promoting a Networked Region），其关键是促进美国、日本、澳大利亚、印度“四方安全对话”（Quad）与印太地区其他国家和组织深入对接，设置四组安全架构：第一组是美国区域盟友日本、澳大利亚、韩国、菲律宾、泰国；第二组是新加坡、中国台湾、新西兰、蒙古国，以及南亚主要防务伙伴印度；第三组是新兴伙伴国斯里兰卡、马尔代夫、孟加拉、尼泊尔，以及太平洋岛国和东南亚国家越南、印尼、马来西亚、文莱、老挝、柬埔寨等；第四组是拥有“太平洋身份”的西方盟友英国、法国、加拿大等。为此，美国印太战

① 《亚洲再保证倡议法》，2015 年 11 月 20 日，http：//www. congress. gov/115 – congress/senate – bill/2736/text. March – 2015. pdf。（上网时间：2020 年 4 月 10 日）

② The Department of Defense，“Indo – Pacific Strategy Report Preparedness，Partnerships，and Promoting a Networked Region，” p. 16，Jun. 1，2019，ttps：//media. defense. gov/2019/Jul/01/2002152311/ – 1/ – 1/1/DEPARTMENT – OF – DEFENSE – INDO – PACIFIC – STRATEGY – REPORT – 2019. PDF.（上网时间：2020 年 4 月 5 日）

略将灵活使用“对外军售”（FMS）、“国际军事教育和培训”（IMET）、“印太海上安全倡议”（MSI）、“全球和平行动倡议”（GPOI）等多种政策工具，提升与盟友和伙伴之间的“互操作性”（interoperability）和协同能力。

2021 年 1 月 12 日，白宫在总统权力交接前一周公开发布了由时任总统国家安全事务助理奥布莱恩提前解密的 2018—2020 年度《印太战略框架》文件，既是向中国发出明确的威慑信号，也是向盟友显示美国的战略决心，更是促使即将上任的拜登政府继承特朗普的“印太战略”政策遗产。14 日，拜登宣布由主导制定“亚太再平衡”战略的库尔特·坎贝尔出任新设立的国家安全委员会“印太事务协调员”。这一安排体现出美国两党亚太政策的延续性，预示着美国有意进一步协调整合各国印太战略。与特朗普时期的硬遏制不同，拜登政府可能转变为重视同盟和规则的软遏制。可以看出，拜登执政以来更加倚重联盟战略，不仅重视美、日、澳、印“四方安全对话”，而且积极推动轴辐体系向网络化方向发展，深化与传统盟国和伙伴国的关系，拓展对外关系网，提升关系治理能力。美国试图通过深化与亚太关键国家和国际组织的关系，让它们在区域安全秩序建构中发挥更大作用，力图在印太地区构筑对华遏制的统一战线。与此同时，日本、澳大利亚等轴辐体系成员国也在总体框架下着力建构以自身为中心的安全关系网络，并加强彼此之间的防务合作，推动轴辐体系向网络化发展，由此形成马蒂奥（Matteo Dian）所谓的“网络安全架构”（Networked Security Architecture），即美国与其地区盟国、合作伙伴之间形成的由双边、小多边和多边关系交织而成的防务关系网络，其中还包括部分与中国形成的安全合作关系。①

由此可见，从特朗普政府到拜登政府，美国用以整合地区战

① Matteo Dian and Hugo Meijer, "Networking Hegemony: Alliance Dynamics in East Asia," p. 2. 转引自包广将：《多节点结构：东亚国际秩序的转型与“轴辐体系”的困境》，《国际政治研究》2021 年第 2 期，第 58 页。

略力量遏制中国崛起的印太战略在一定程度上已经实现机制建设和具体举措的实心化和常态化。在安全防务领域，美国印太战略致力于打造围堵中国的“亚太版北约”，核心关切是地缘政治规则竞争和海权博弈，具有多边化和机制化的特征，可能促使区域既有秩序分化重组进程加快，引发区域各国做出相应的政策调整。“印太战略”作为美国企图用于对冲中国推进“21世纪海上丝绸之路”倡议、阻止东南亚地区成为中国崛起的战略依托的工具，会增加东盟国家选边站队的风险，导致东南亚地区的安全环境进一步恶化。

第二节 东盟国家在美国地区安全网络中的地位

二战后，美国在东亚地区一直奉行双边主义，着力建设美国与其亚洲盟友和伙伴国的双边关系。美国为首的美日、美韩、美菲等双边安全关系体系保持着显著的稳定性和持久性。如今，这种“轴辐”安全模式依然是地区秩序的重要支柱，并以此形成了一个复杂的政治和经济相互依存的体系。根据车维德的观点，同盟是施加控制的工具。对于能力不对称的同盟关系而言，双边同盟可以成为强有力的控制工具，如果实力较弱的盟友依赖于较强的成员提供的好处（如安全和声望），那么实力较强的盟友就享有很大的影响力。如果强国试图控制弱国，那么双边联盟是更好的选择。大国可以通过与盟友达成一系列双边安排，加强自己的能力，并最大限度地提高自己的影响力，而不是任由自身的影响力在多边论坛中被稀释。因此，实力较弱的国家寻求多边主义，强大的国家则倾向于避开普遍规则和多边机制的约束。[①] 根据这种观点，在美国主导的轴辐双边关系中，美国能够通过一系列双边安排在事实上控制盟友。与此同时，地区国家也在寻求更为广泛和更具包容性的多边机制，以增强自主性，应对日益复杂的政治和经济挑战。整个区域内分布着越来越多的安全对话、多边论坛、部长级会议、双轨机制等合作安排。中国、东盟、日本、韩国等对外安全接触逐渐多样化，显示出地区多边主义的兴旺。这种秩序已经远远超出了轴辐模式的逻辑，但在未来一段时期里，美国的轴辐模式仍将是东亚乃至亚太秩序的重要组成部分。

在这种背景下，美国推出印太战略，着重于巩固并加强现有的双边伙伴关系，同时扩大和深化与新伙伴的关系，寄希望于多边主义安全联盟和伙伴关系网络，建立基于共同价值观、合作、兼容、互补的网络安全架构，维持以其为主导的地区和国际秩序。网络安全架构是指美国及其地区盟友和伙伴国之间相互交织的双边、小多边和多边安全防务网络。在网络安全架构中，小多边和多边防务合作是现有的轴辐体系的补充和拓展。为此，一方面，美国将进一步采取措施，寻求加强与日本、韩国、澳大利亚、菲律宾和泰国的安全关系，寻求与印度和越南、新加坡、印尼、马来西亚等南海周边国家加深防务关系，扩大与中国台湾、新西兰和蒙古的伙伴关系，加强与斯里兰卡、马尔代夫、孟加拉、尼泊尔、文莱、老挝和柬埔寨的安全关系，密切与英国、法国和加拿大等拥有“太平洋身份”的关键盟友的关系。正如2017年度美国《国家安全战略》（National Security Strategy，NSS）明确指出，“菲律宾和泰国是美国重要的盟友和市场。越南、印尼、马来西亚、新加坡是美国日益重要的安

① Cha V. D. Powerplay，“Origins of the US alliance system in Asia，” International Security，34（3），2010，pp. 158－196. 转引自国政学人：《高压攻势：美国亚洲同盟体系的起源》，2020年3月4日，http：//www. irscholars. com/index. php/2020/03/04/824ea3e2dc/。（上网时间：2020年4月10日）

全和经济伙伴。”① 在美国的战略规划中，东盟国家菲律宾和泰国是传统盟国，关系最为紧密；新加坡是传统伙伴国，关系也很密切；越南、印尼、马来西亚、文莱、老挝和柬埔寨是新兴伙伴国，需要大力争取。除缅甸外，所有东盟国家都被分类纳入美国的网络安全架构之中。在2019年香格里拉对话会上，美代理防长沙纳汉宣布，未来5年美国会全面强化与东盟军事关系，将菲律宾、泰国、印尼、新加坡列为其安全网络的核心伙伴；另一方面，美国乐见并促进印度洋—太平洋地区盟国和伙伴国之间发展各种双边和小多边安全合作，并认为这些合作有助于美国主导的网络架构。在美国看来，澳大利亚、印度、日本、韩国、印尼、菲律宾和越南等区域内最具战略意义的国家相互之间分别举行高级别战略对话或高层接触、举行联合军事训练和演习、开展武器销售和转让、进行联合国防工业发展、签署《采购和交叉服务协议》（ACSA）和《军事情报总安全协定》（GSOMIA）等，对于建构以美国为核心的网络化安全架构具有推动和补充作用。

因此，在美国主导的地区安全网络中，东盟国家遭到分化并处于不同地位。就菲律宾而言，美菲防务关系是美菲双边同盟关系的关键组成部分，是美国亚太军事战略的重要支柱之一。这种关系在2016年杜特尔特上台后遭遇了一些挫折，但在军方和民意的支持下依然不断发展。2016年美国敦促菲律宾落实《加强防务合作协议》（EDCA），获准使用菲律宾5处军事基地，支持菲律宾武装部队的现代化建设，提高在突发事件中的行动灵活性。该协议下的第一批项目已于2018年完成，另有12个项目已批准在2019年和2020年实施。2018年5月，杜特尔特批准此后五年约56亿美元军购计划，大部分采购来自美国，包括护卫舰、反潜直升机、潜艇、多用途战斗机等。2018年4月，马尼拉南部的塞萨

① White House, “National Security Strategy of the United States of America,” Dec. 17, 2017, https://www.whitehouse.gov/wp-content/uploads/2017/12/NSS-Final-12-18-2017-0905.pdf.（上网时间：2020年3月2日）

尔·巴萨（Cesar Basa）空军基地建成人道主义救援和灾难救助仓库，这是《加强防务合作协议》框架下首个落地项目。2019年2月，美国首次在该地部署战机进行训练，9月举行首次两国联合空降演习。① 美国与菲律宾连续多年举行“肩并肩”年度双边演习，侧重联合任务规划、战斗准备、提高内部行动和抵御外部入侵的能力。在印太司令部责任区域内，菲律宾主办的双边演习最多。2018年5月，美国与菲律宾在菲吕宋岛举行了两国之间规模最大的第34次“肩并肩”联合演习，日本和澳大利亚也参与其中。强有力的年度合作确保两国军队保持足够的互操作和协作水平。2019年3月，美国务卿蓬佩奥重申《美菲共同防御条约》，表明了美国以安全承诺义务为由极力拉拢菲律宾这一老牌盟友的决心。② 2019年7月，美菲两国自杜特尔特总统上任后首次在菲举行双边战略对话。虽然菲律宾政府不满美国以各种形式干涉其内政，曾于2020年2月宣布将终止《访问部队协议》，但此后菲方态度反复，三次（2020.6、2020.11、2021.6）提出暂停终止该协议6个月，说明菲方仍十分重视美菲同盟关系。

泰国作为美国主要的非北约盟国，既位于东盟的中心，又位于南亚和东南亚之间，在印度—太平洋地区发挥着关键的地缘战略作用。美国与泰国共同加强地区安全，打击跨国犯罪，打击贩卖人口、野生动物和毒品罪行，协助难民和流离失所者。乌塔帕（Utapao）皇家泰国海军航空站和萨塔希（Sattahip）深水港是美军投送军力的关键。两国每年举行130多场军事接触，包括印太地区最大的军事演习“金色眼镜蛇”、美国主导的“卡拉特”（CARAT）联合备战与训练海上演习、环太平洋军演（RIMPAC）等。2012年11月，泰国与美国签署《泰美联合防务愿景声明》，重申两国对其长期防务同盟的共同承诺，强调持续安全合作的重

---

① 任远喆：《杜特尔特时期美菲防务合作的调整及其局限》，《国际问题研究》2020年第1期，第121—135页。

② Indo-Pacific Strategy Report, the Department of Defense, June 1, 2019.

要性，通过教育和培训、能力建设、互操作性，以及国防和安全机构现代化加强美泰防务联盟。2014 年 5 月军事政变后，美泰防务关系暂时降级，之后逐渐得以扭转。特朗普执政后，美国开始在印太战略背景下调整对泰政策，双方高级别将领互访频繁，重启防务合作并进入新的发展阶段。2019 年 7 月，泰国向美国采购了 70 辆“斯特赖克”（Stryker）轮式装甲车，标志两国恢复正常军事关系；8 月，美泰共同举办印度洋—太平洋国防部长会（CH-ODs）；9 月，美国批准向泰国出售价值 4 亿美元的 8 架轻型攻击/侦查直升机及相关武器和设备；11 月，泰国与美国、日本和中国分别签署防务合作谅解备忘录，用以提升泰国与对话伙伴之间的军事交流水平，显示出泰国在印太地区扮演的角色日益重要。

印尼在美国印太战略中占据重要地位。印美两国防长已实现多次会晤，两军每年都会举行“格鲁达盾牌”陆军演习、“对抗西部”（COPE WEST）空军演习，以及以人道主义救援和救灾为内容的 GEMA BHAKTI 演习等约 170 项双边军事交流活动；两国还共同参与多个多边军演，包括亚太地区最大规模的“金色眼镜蛇”演习、“卡拉特”海上演习以及环太平洋军演。佐科总统时期，双方关系升级为战略伙伴。在特朗普任内，两国间进行的防务接触、联合演习和训练等务实安全合作不断增加。2018 年 1 月，美国同意扩大对印尼反恐部队的教育和训练，包括联合训练陆军精锐特种部队战士；2019 年 11 月印尼国防部长帕拉波沃·苏比安多与美国国防部长马克·埃斯珀在泰国曼谷举行会谈，双方同意加强国防与安全合作。美国国防部长邀请印尼参与由美国主导的印太战略合作。帕拉波沃表达了愿意与美方在教育和培训领域加强合作的愿望，可能派遣一些军事院校的毕业学员到美国军事学院学习，接受美国的国防教育。美国同意从 2020 年开始，通过联合训练使两国陆军特种部队关系正常化。

越南与美国关系于近年来急速上升。美国于 2016 年宣布解除对越武器禁令，2016 年和 2017 年美国国防部通过“直接商业销售”的方式向越南出售了价值1500万美元的武器，2018年初美国赠送给越南一艘军舰，3月美国航母“卡尔文森”号编队首访越南。截至2018年4月，美国国防部已将12艘军用巡逻艇交付越南海岸警卫队，并增加了1600万美元的军事援助，帮助其提高海洋防卫能力。2018年，越南还首次受邀参加了美国主导的“环太平洋”军事演习。然而，2019年越南国防白皮书中明确宣布不参加军事联盟、不联合一国反对另一国、不允许外国在越南建立军事基地、不使用武力或威胁使用武力对付其他国家的“四不原则”，暂缓了美国在越南获得军事驻留权的规划。

马来西亚自从2014年与美国建立全面伙伴关系以来，一直是美国的重要地区伙伴。美国认为，马来西亚是应对若干关键地区安全挑战的领导者，特别是海上安全和打击暴力极端主义。美国每年与马来西亚进行100多次防务合作，包括演习、主题交流，以及海上安全和反恐等内容。美国与马来西亚通过多个空中、海上和两栖联合训练提高互操作性。在海上，加强与马来西亚海事执法机构的合作，共同参加“卡拉特”和“东南亚合作与训练”（SEACAT）演习。美国通过《印太海上安全协议》为其现有的海事平台提供传感器，帮助马来西亚增强“海洋领域意识”。美国还为马来西亚提供海事顾问，协调海事安全。2019年8月，美国海军与海岸警卫队舰船抵达马来西亚，共同开展“2019年马来西亚海上训练活动（MTA）演习”。美国海军的埃塞克斯号两栖攻击舰和马来西亚海军展开两栖作战战术联合演练，以增强两军的互操作性。美军的F－35B短距离起降战斗机也参加了此次演习。9月，马来西亚内政部长访美，寻求深化在反恐、贩卖人口等问题上的合作。10月，马来西亚和美国联合举办“猛虎打击2019”演习，美国海军陆战队、海军士兵和马来西亚武装部队共同参与。此次美国和马来西亚的联合训练涵盖了丛林生存，战斗突击艇使用、着陆区安全/控制和两栖登陆演习。另外，2019年6月，美国国防部宣布将向马来西亚、印尼、菲律宾及越南4国出售34架总价值为4700万美元的“扫描鹰”无人机，其中马来西亚12架，印尼及菲律宾各8架，越南6架，美方将提供零件、维修、支援及培训，预计这批无人机将于2022年3月前投入使用。①

新加坡是美国在东南亚的坚定伙伴，双方的防务关系以1990年谅解备忘录、2005年战略框架协议和2015年的美新加强防务合作协议为基础。在2005年战略框架协议中，美国称新加坡为“主要的安全合作伙伴”。新加坡为美国海军舰艇和军用飞机提供通道，包括濒海战斗舰和P-8海神飞机。美国国防部长期主办新加坡战斗机分队训练，以深化安全关系，增强互操作性。新加坡每年向美国派遣约1000名人员参加培训和教育课程，创外国军队在美培训的数量之最。2018年，美新高级别安全接触频繁。根据2018财年《军事基地结构报告》，美国希望在新加坡以“地区协作点”的名义租借和使用一个价值为3.247亿美元的小型基地；新加坡海军与美国通过举行年度双边“卡拉特”演习等合作，促进两国战术交流。2019年两国安全合作的亮点是续签1990年的《美新谅解备忘录》，之后新加坡将在关岛建立永久的战斗机训练基地，而美国将继续使用新加坡军事基地至2035年。

美国与文莱的两军关系是双边关系的支柱之一。2018年，除文莱海军参加环太平洋军事演习（RIMPAC）和举行年度双边“卡拉特”演习外，文莱皇家陆军和美国陆军还在文莱举行了首次双边“帕拉万勇士”（PAHLAWAN WARRIOR）演习。2019年，美国与文莱共同主办了打击跨国威胁多边合作研讨会。两国仍在继续寻求扩大两军合作的途径，包括加强信息共享等内容。

在2018年8月的东盟外长会议上，蓬佩奥宣布将向印太地区提供近3亿美元的“安保资金”，用于增强海上安全、人道主义援助、维和能力和打击跨国威胁的能力。其中，2.9亿美元通过“国际军事援助计划”用于强化海洋安全、人道主义救援、灾难防

---

① 《美国印太战略的东南亚支点》，2019年6月20日，http：//www.chinanews.com/gj/2019/06-20/8869744.shtml。（上网时间：2020年3月2日）

护和维和能力建设，850 万美元的“国际毒品与执法”基金用于打击跨国犯罪。印尼、马来西亚、菲律宾、泰国和越南属于列为“海洋安全倡议”（MSI，Maritime Security Initiative）项目的首要国家，由美国援助发展其“海洋领域意识”（MDA），具体包括提供设施、组织培训、能力建设及优化筹备组织架构，以应对当前的安全挑战。相应的，隶属“海洋安全倡议项目”的国家将与地区邻国分享情报，彼此建立联接。① 12 月的《亚洲再保证倡议法》授权美国政府未来 5 年每年拨款 15 亿美元，用于美国加强与印太地区战略盟友的合作。该法案要求继续推进冷战时期建立起来的军事同盟关系，深化同印尼、马来西亚、新加坡和越南的安全伙伴关系，择机及时发展新的伙伴关系。法案还要求建立海洋区域重点项目，与东南亚和南亚国家进行情报及信息分享，促进东南亚与日澳印等国家的多边军事合作。由此可见，特朗普政府认识到泰国、菲律宾、印尼、新加坡、越南等东盟国家在其印太战略中不同的战略价值，以应对非传统安全领域的威胁为目标，通过扩大军售、提高安全防务合作水平以及加强互操作性等手段，强化与盟友和伙伴国的双边“轴辐”关系，并推动这些国家之间以及它们与日韩澳印的防务合作不断加深，以补充并促进美国印太战略区域安排，打造以其为首的区域防务合作网络。2020 年 3 月，美国联合越南、韩国和新西兰举办了“四国机制 +”副外长级视频会议，凸显了拉拢周边国家围堵中国的意图。② 拜登政府上任后，不仅在印太以美日印澳（QUAD）为核心建立多层次议题联盟，还想将 QUAD 扩容至所谓整个“印太”民主国家与美国现有联盟机制相呼应。

---

① Dzirhan Mahadzir, “Pentagon Asia Policy Chief Talks South East Asia Military Cooperation, U. S. South China Sea Operations,” Aug. 15, 2018, https://news.usni.org/2018/08/15/pentagon-asia-policy-chief-talks-south-east-asia-military-cooperation-u-s-south-china-sea-operations.（上网时间：2020 年 3 月 2 日）

② 罗圣荣、赵祺：《美国“印太战略”对中国—东盟共建“21 世纪海上丝绸之路”的挑战与应对》，《和平与发展》2021 年第 3 期，第 115—134 页。

东盟国家出于自身战略考虑，对美国的印太战略表现出忧虑和期待交织的复杂心态。一方面，东盟国家认为该战略充满浓厚的政治和军事色彩，是用来遏制中国的工具。东盟国家不得不面临选边站队的压力，进而丧失战略选择空间并严重影响东盟内部团结；另一方面，东盟担心美国印太战略的排他性会引发地区内的冲突对抗，四方机制会成为地区新的安全架构基础，削弱“东盟中心地位”。但是，多数东盟国家仍希望通过与美国加强安全合作提升自身防务能力，并依靠美国的经济援助降低对中国的经济依赖。

第三节　区域中的东盟中心性

东南亚地处亚洲与大洋洲、太平洋与印度洋之间的“十字路口”，包含分异明显的海陆两板块。东南亚地缘格局演变主要受到地理环境的特殊性和域外势力介入的影响。陆地板块的碎片化导致区域政治的破碎化。海洋板块的属性利于其跟外界发生互动，使域外势力能够深刻影响东南亚。这些域外势力中包括能够产生持续影响、深刻塑造东南亚地缘格局演变进程的毗邻势力，也包括不同历史时期内伴随全球格局发展进入或退出的外部势力。在当今的地缘政治格局中，东盟作为东南亚国家的代表性多边合作组织（除东帝汶），在亚太区域合作进程中发挥出日益重要的作用。这种作用通常被表述为“主导地位”“核心地位”“主导权”等。在东盟官方文件中，这种作用被称为“中心性”（centrality）。概括地说，东盟理解和寻求的中心性，主要是指东盟在处理对内关系、推进地区一体化进程、构建地区政治与安全架构、处理域内外大国关系以及在地区议程设置和秩序塑造等方面发挥的引领作用，或人们常说的“驾驶员”角色。①

在“亚太”概念和“印度洋—太平洋”概念下，中国、美国、俄罗斯、印度、日本、韩国、澳大利亚等域内外各国都在不同程度上认可东盟的“主导性”或“中心性”。以拥有最大地区影响力的美国为例，从奥巴马的“亚太再平衡”战略到特朗普的“印太战略”，东盟都被表述为整合地区制度架构的关键力量和保持地区平衡的核心支柱。美国政府高官通过各种场合强调东盟在其战略中的中心地位，明显含有拉拢和安抚东盟的目的。奥巴马政府声称“东盟在整合地区制度架构、促进我们亚太利益攸关方共同利益方面，扮演着不可或缺的作用。”② 2015 年《东盟—美国战略伙伴关系联合声明》指出，“在亚太地区基于规则的地区架构演进中，我们致力于支持东盟的中心地位。我们认识到彼此扮演的重要角色，我们将携手行动，维护亚太地区的和平与稳定。”③ 特朗普政府宣称美国与东盟拥有共同的价值观，在维护海洋自由、市场经济、良治及尊重基于明确和透明规则的秩序等方面，东盟是美国的关键伙伴。2018 年副总统彭斯在美国—东盟领导人峰会上强调，“东盟处于我们地区构想的中心地位，是我们不可或缺、无可替代的战略伙伴。”④ 美国在 2019 年《印太战略报告》中多次

① Hiro Katsumata, "What Explains ASEAN's Leadership in East Asia Community Building?" Pacific Affairs, Vol. 87, No. 2, 2014, p. 247 - 264. 转引自韦宗友：《印太视角下的“东盟中心地位”及美国—东盟关系挑战》，《南洋问题研究》2019 年第 3 期，第 1—11 页。

② Hilary Rodham Clinton, "Remarks at the U. S. - ASEAN Ministerial Meeting," Jul. 11, 2012, https://2009 - 2017stategov/secretary/20092013clinton/rm/2012/07/194843. htm.（上网时间：2020 年 3 月 3 日）

③ The White House, "Office of the Press Secretary. Joint Statement on the ASEAN - U. S. Strategic Partnership," Des. 21, 2015, https://obamawhitehouse. archives. gov/the - press - office/2015/11/21/joint - statement - asean - us - strategic - partnership.（上网时间：2020 年 3 月 2 日）

④ The White House, "Remarks by Vice President Pence at the 6th U. S. - ASEAN Summit," Nov. 14, 2018, https://www. whitehouse. gov/briefings - statements/remarks - vice - president - pence - 6th - u - s - asean - summit/.（上网时间：2020 年 3 月 5 日）

肯定东盟在其印太战略和区域多边架构的中心地位，强调“美国继续支持东盟在地区安全架构中的中心性，美国的自由和开放的印太战略致力于进一步加强这一中心性”，承诺通过继续支持东盟地区论坛、东盟防长扩大会、东亚峰会等东盟主导下的地区安全机制建设加强接触与合作，推动印太战略的实施。2019 年《自由开放的印太：推进共同愿景》中强调：东盟位于印太地理中心，是其愿景的中心，是区域多边架构的中心。日本、澳大利亚和印度等国响应美国的态度，纷纷表示将尊重东盟的内部统一性和区域架构中心性。拜登总统上任后，重新评估外交政策，视外交为全球接触的最优先工具，而武力只是最后的手段。拜登政府已宣布将更多的资源投入到“印太”，回归盟友，承诺按照同盟条约防卫日、韩、澳、菲、泰的安全，加强与印度、越南、马来西亚、新加坡、印尼、中国台湾、新西兰等伙伴关系。2021 年 3 月举行的美日印澳四国峰会重申“支持东盟的团结与中心地位”，“支持东盟在印太地区的愿景”。

然而，美国印太战略所肯定的东盟中心性与东盟自身强调的中心性在内涵和外延上存在较大差异。东盟强调的“东盟中心性”是在冷战后世界格局变迁和促进东盟一体化的进程中逐步形成的，有其内在形成逻辑，这一逻辑对于东盟在印太格局下的地位演变同样影响深远。东盟官方文件中表述的东盟中心性虽然获得各界普遍肯定，但对其内涵尚存在多种解释。经典国际关系理论视角认为，由东盟主导的区域合作框架是东盟自身与亚太区域环境这两种内外因素共同作用的结果，东盟在东亚区域机制中的角色和作用是其中心性的来源和基础。东南亚位于太平洋和印度洋、亚洲和大洋洲交汇的十字路口上，从地理位置看是连接印度洋和太平洋海空交通的中心地区，是大国地缘政治竞争的核心地区。然而，东盟的地理中心无法天然推导出其地缘政治中心，即东盟的中心地位在很大程度上并非来源于自身物质实力，而是在相互竞争的大国无法构建区域合作框架的情况下，由东盟在亚太区域架构中充当关键节点，主导组建区域政治安全合作平台。东盟通过在大国之间担任“有限的中间人”（limited brokerage）或“地区合作驾驶员”（the driver's seat），利用“高度中间性”（high betweenness）达到势力均衡，同时巩固并提升自身国际地位，维护并增进成员国利益。由此可见，东盟并不具备发挥区域中心作用的物质实力，东盟中心性来源于与权力性外交不同的平衡性和对冲性外交。东盟地区论坛、10＋1、10＋3、东亚峰会、东盟防长扩大会等以东盟为中心的地区多边机制作为组织中、美、日、澳、印等域外大国合作的平台，使东盟在推进自身一体化的进程中同时发挥区域架构的主导作用。

从这种意义上看，东盟在亚太地区合作中发挥过程主导的作用，即东盟在地区事务与秩序中并不具备直接权力，而是更多表现为维持主体间关系互动与平衡等间接权力。东盟在亚太地区复杂的关系网和过程网中占据中心地位，发挥桥接作用。这种间接权力的生成及作用体现出东盟中心性形成的基本逻辑。占据网络中心地位的东盟必须奉行“关系平衡”原则，即将相关大国纳入东盟的关系网络中，通过对关系的主动管理和调节，实现各种关系的亲疏均衡和关系体系的环境最优，从而维护自身安全、增进自身权利。① 在其主导的区域合作机制中，东盟中心性体现在联接区域主体、推动多边合作等方面，从而在区域合作网络结构中的地位不断上升，增加了东盟对区域秩序的影响能力和主导能力。美国及其盟国都肯定东盟的中心地位，既是为了打消东盟对于印太战略的疑虑，更是意识到东盟的地缘重要性、区域影响力和主导力，要利用东盟主导的东亚峰会、东盟地区论坛、东盟防长扩大会等区域多边机制为美国在印太地区建立网络化安全联盟的战略目标服务。

在印太战略中，美国强调倚重与盟国的双边关系、美日韩、

---

① 魏玲：《关系平衡、东盟中心与地区秩序演进》，《世界经济与政治》2017年第7期，第38—64页。

美日澳、美日印三边关系以及美日印澳四边机制。美日印澳四国安全合作是骨架。① 在拜登治下，美国在印太以美日澳印为核心建立多层次议题联盟，以美日同盟尤为重要。美日峰会确定两国进入强化“共同框架”、制定“共同优先次序”、执行“共同议程”的新时代。在美国促动下，2021 年 3 月 12 日，美日印澳“四国峰会”通过视频方式举行，强调推动“基于规则的自由、开放的地区秩序”，“以国际法为基础，促进安全与繁荣”。会议决定四国外长每年至少会晤一次，四国元首于年内实现面对面峰会。②

可以预料，在拜登政府时期，美国想将 QUAD 扩容至所谓整个印太“民主国家”，而东盟国家被打造为不同层级的伙伴，通过加强与美国的双边安全关系或加强与日印澳的双边安全关系直接或间接纳入其网状安全结构，再利用东盟的机制约束性将东盟整体纳入美国主导的安全网络之中，推动印太战略不断走实。这种地区秩序所基于的规则不是东盟主导的多边机制，而是美国主导的以双边轴辐体系为主体、以多边网络架构为补充的地区秩序。因此，东盟在美国印太战略设计中主要处于工具和手段的被动地位，而非构建地区安全架构的主导地位。美国承认“东盟中心性”的本质是看重其工具属性，充当美国主导下以盟友和伙伴关系为依托的网络化安全联盟的重要支点。

第四节　东盟防务外交动向

在印太背景下，东盟作为一个以政治安全、经济及社会文化

① 胡波：《美国“印太战略”趋势与前景》，《太平洋学报》2019 年第 10 期，第 21—30 页。

② 《美日印澳四边机制首次峰会——注定难以实现的“虚拟政治秀”》，2021 年 3 月 13 日，https：//www. sohu. com/a/455534281_120244154。（上网时间：2020 年 3 月 12 日）

合作为基础的、具有一定机制性约束的共同体，发展防务外交就不仅局限于预防军事冲突、保障地区安全、协调防务政策、进行防务合作，而被赋予了加强东盟内部团结、促进东盟一体化建设和维护东盟中心性的重要使命。东盟通过一系列制度规范，在整体上约束、统合并引导东盟成员国之间的防务合作、东盟成员国与外部行为体之间的双边和小多边防务合作、以及东盟作为独立行为体与外部行为体之间的防务合作，以增强东盟领导力，实现对内东盟一体化、对外成为亚太地区的一个地缘中心的目标，担任“活力亚洲的心脏”。

一、东盟内部防务合作

从东盟的角度看，最理想的状况是通过搭建包容性的地区架构，实现中国方案与美国战略的对接，维护东盟中心性，实现东盟利益最大化；最不利的局面是中美博弈进一步加剧，导致东南亚成为中美两国对抗的舞台，不仅影响东盟的主导地位，还将导致东盟面临分裂。① 面对日趋剧烈的大国博弈、内涵各异的印太安排和日益凸显的非传统安全威胁，东盟比以往任何时候都更需要内部团结，防务和安全领域合作是保障东盟团结的关键环节。成立于2006年的东盟防长会作为地区安全防务合作的最高机制，有望在加强东盟内部防务合作、建设东盟政治安全共同体领域发挥重要作用。

2017—2019年东盟防长会三年工作方案的重点是继续执行现有合作倡议、促进相关倡议和部门协同；在人道主义援助与救灾、海事安全、社会组织、军事医学、维和行动、后勤保障、国防工业合作、直接通信设施、防务互动、反恐反暴领域加强合作；解决前期尚未解决的问题，如东盟成员国之间关于访问部队地位的协定、发展预警系统、分享提交联合国武器登记册的资料、推动

---

① 张洁：《东盟版“印太”愿景：对地区秩序变化的认知与战略选择》，《太平洋学报》2019年第6期，第1—13页。

核武国家签署《东南亚无核武器区条约》等；开发“防务与安全机构网络”和“东盟战略与国际研究所”的潜在合作领域，探讨在传统安全方面可能的合作领域；为全面执行《南海行为宣言》作出贡献，并支持通过《南海行为准则》；制定海上互动准则和军用飞机空中相遇准则，确保航行和搜救安全等。2017 年东盟防长会发布了《关于合作促进变革、参与世界事务的联合声明》和《东盟反暴力极端主义、极端化和恐怖主义特别国防部长会议联合声明》，2018 年东盟防长会发布了《关于加强合作、建设抗风险能力的联合声明》、2019 年东盟防长会发布了《关于可持续安全的联合声明》、2020 年东盟防长会发布了《东盟防长关于建立一个有凝聚力和反应力的东盟的防务合作联合声明》，2021 年东盟防长会发布了《旨在打造面向未来、和平和繁荣的东盟斯里巴加湾联合声明》，都在不断强调加强安全合作、应对非传统安全挑战、参与世界格局变化的意愿和决心。

与此同时，为巩固东盟内部团结，推进东盟政治安全共同体发展，东盟国家间双边和小多边防务合作也在不断推进。在印太背景下，地区联合军事演习显著增加，重点是海空作战。就双边合作而言，主要体现为边境和海上安全协议，如印尼和马来西亚、马来西亚和泰国的边界安全合作；联合军事训练演习和武器体系标准化合作，如印尼—马来西亚系列演习（如 MALINDO JAYA、ELANG MALINDO 等）、印尼—新加坡系列演习（如 EAGLE、ENGLEK、ELANG INDOPURA 等）、印尼—泰国系列演习（如 KEKAR MALINDO、ELANG THAINESIA 等）、文莱—新加坡系列演习（如 PELICAN、TERMITE、MAJU BERSAMA 等）、新加坡—泰国系列演习（如 THAI - SING、MALAPURA 等）、菲律宾—新加坡系列演习（如 ANOA - SINGA 等），以及新加坡和马来西亚在五国联防机制下的合作。就小多边防务合作而言，主要体现为 2017 年开始的菲律宾—印尼—马来西亚苏禄海联合海上巡逻和婆罗洲陆地联合巡逻、马来西亚—菲律宾—印尼—泰国的 MALSINDO 地区防务合作安排、印尼—马来西亚—菲律宾—新加坡—泰国—文莱“我们的眼睛”（Our Eyes）情报合作协定等。东盟国家认为，持续的相互接触与合作至关重要，因为良好的沟通可能阻止任何潜在内部威胁，有助于不断促进东盟内部团结。

二、东盟成员国与外部行为体之间的防务合作

（一）东盟成员国与美国的防务合作

美国将东南亚视为打造印太安全网络的支点，安全领域成为美国强化对东南亚影响力的主要途径。对于东盟而言，虽然当前与中国的军事合作取得进展，但东盟国家在安全上对美依赖的心态和局面仍未明显转变。东盟欢迎美国加强与东盟的安全合作，避免在美日印澳四边机制中被架空。泰国近来与美国军事互动表现尤为突出。越南、菲律宾等国也希望通过加强与美合作抬高自身在南海问题磋商中的筹码。

美国于2018年11月20日批准《东亚和太平洋联合地区战略》，提出强化与地区国家协同作战、侦察、巡逻与拦截能力，提升海上态势感知能力。2018年《国防授权法》规定将强化盟国和伙伴国关系，建设合作性安全举措，提出“印度—亚洲—太平洋稳定倡议”，提升地区盟国和伙伴国的防务与安全能力。① 2019年6月1日，美国宣布未来5年会全面强化与东盟军事关系，将菲律宾、泰国、印尼、新加坡等列为其安全网络的核心伙伴。美国将继续提升在东南亚地区的军演频率、规模，并利用多边合作加大对东盟国家的掌控程度。

长期以来，美国每年都会在东南亚地区与盟友伙伴举行双边或多边演习，如美菲“肩并肩”演习、美泰“金色眼镜蛇”演习、“卡拉特”演习、“东南亚合作与训练”（SEACAT）年度联合

---

① Public Law No. 115 – 191，H. R. 2810，“National Defense Authorization Act for Fiscal Year 2018，” 115th Congress，December 12，2017，sec，1251 – 1255.

反恐训练等。近年来，这些演习常有日本、澳大利亚等更多国家参与，呈现多边化趋势。在这些防务合作中，美国高度重视互操作性和标准化，希望将防务合作从战略层面深入到更为具体的技战术层面，通过防务融合提高盟国和伙伴国的协同作战能力，并将其纳入以自身为核心的安全关系网络，切实推进印太战略。在海事安全合作领域，美国明确表示将致力于帮助东盟国家提升海洋态势感知能力和海上能力建设①，意图加大对中国军事力量在印太海域的牵制。2019 年 7 月的美国《2020 财年国防授权法》将“东南亚海洋安全倡议”更名为“印太海洋安全倡议”，重点在于提升东盟国家的海上态势感知能力和海上能力建设。② 2020 年 1 月底之前，国防部长要向国会相关委员会提交一份执行印太海事安全倡议的报告，其中涉及相关国海事安全态势感知能力的评估。③ 东盟国家作为南海问题的利益攸关方，为增加解决南海争端的话语权，提出加强地区海洋态势感知能力建设，便于双方在该项议题上达成合作。此外，打击恐怖主义、防范自然灾害和人道主义救援等非传统安全领域也是美国和东盟的合作重点。东盟自身实力有限，非常欢迎中美等大国提供反恐、救灾等区域公共产品，如美国政府通过“东南亚海上通道执法倡议”培训东南亚国家海岸警卫队，提升双方联合行动能力；美国宣布将向印太地区提供近 3 亿美元援助，加强海洋安全、发展人道主义救助和维和能力，应对“跨国威胁”；④《印太战略报告》指出，美国将继续

---

① The Department of Defense, “Indo – Pacific Strategy Report: Preparedness, Partnerships, and Promoting A Networked Region,” 2019, pp. 46 – 48.

② Public Law No. 115 – 232. H. R. 5515, John S. McCain, “National Defense Authorization Act for Fiscal Year 2019,” 115th Congress, August 13, 2018, sec. 1241 – 1246.

③ H. R. 2500, “National Defense Authorization Act for Fiscal Year 2020,” 116th Congress, July 12, 2019, p. 1307 – 1308.

④ “U. S. Pledges Nearly $ 300 Million Security Funding for Indo – Pacific Region,” Reuters, Aug. 4, 2018, https://www.reuters.com/article/us – asean – singapore – usa – security/u – s – pledges – nearly – 300 – million – security – funding – for – indo – pacific – region – idUSKBN1KP022.（上网时间：2020 年 3 月 4 日）

加强与东盟国家在人道主义救助、减灾及打击海盗等领域的合作等。

具体而言，美国和东盟国家首先加强了多边和双边安全合作。2018 年 3 月，美国卡尔文森号航母继越战后首访越南。2019 年 7 月，美国和菲律宾举行双边战略对话，这是自杜特尔特就任总统以来首次在菲律宾举行此类对话。8 月，美国和泰国组织了印太防务首长会议。9 月 14—21 日，马来西亚内政部长访问美国，讨论扩大打击恐怖主义和人口贩运的合作。新加坡和美国续签了 1990 年关于美国在新加坡使用设施的谅解备忘录，将其再延长 15 年。美国和印尼同意从 2020 年开始联合演习，使两国特种部队的关系正常化。其次，美国的地区军事演习更加多边化。美国与泰国、马来西亚和印尼等许多东盟国家举行了一系列联合海军演习，如 2018 年美国参加“黄金眼镜蛇”演习的人数增加了一倍。2019 年 8 月，美国启动了东南亚合作与训练（SEACAT）演习，聚集了除缅甸和老挝以外的所有东盟国家。最后，美国增加了对东盟国家的军售。2019 年 6 月，美国宣布向马来西亚、印尼、菲律宾和越南政府出售 34 架“扫描鹰”无人机。7 月，泰国表示将从美国购买 70 辆 Stryker 步兵运输车。9 月，美国批准向泰国出售 8 架总值为 4 亿美元的轻型攻击/侦察直升机和相关设备。美国向越南交付了第三批 6 艘海岸巡逻艇。此外，美国海岸警卫队除了在该地区执行更多任务外，还参加了许多东南亚军事演习，并与菲律宾、印尼、马来西亚等国开展了联合军事演习和训练项目。由于技术兼容性和通信有效性有助于克服合作障碍，共享的防务组织架构和防务装备有助于促进更为深入的防务合作，这些措施能够为美国建立和深化区域安全合作及伙伴关系提供积极的帮助，也能够为东盟国家建设国防现代化、提升应对传统安全和非传统安全威胁的能力提供帮助。

然而，美国的地区多边安全网络建设并非一帆风顺。2016 年杜特尔特宣誓就职后多次批评美国的霸权行径，导致美菲关系急剧下降。美国在2020年度财政预算案中宣布将对菲律宾进行制裁。2020年2月11日，菲律宾向美国发出终止《访问部队协议》（VFA）的通知，标志着180天期限以后，两国之间长达20年的军事协议将被废除。《访问部队协议》是1998年马尼拉和华盛顿之间签署的一项关于美国驻菲律宾军事人员议定书的协议。其中有争议的条款包括美国军队宽松的签证和护照政策，以及授予美国军事人员豁免权。《访问部队协议》是两国《增强防卫合作协议》（EDCA）的基础，其终止必将影响《增强防卫合作协议》的效力。如果《访问部队协议》和《增强防卫合作协议》不再有效，《共同防御协定》（MDT）将面临失效。如果《访问部队协议》被废除，必然导致双方军事同盟关系出现降级，对于两国关系和地区安全格局将产生较大影响。对于美国来说，一旦《访问部队地位协议》失效，美军多年来利用菲律宾港口、机场、军事基地苦心经营的“第一岛链”也将面临崩溃，甚至还会影响未来印太战略的深化和军事部署。然而，菲方态度出现反复，三次（2020.6、2020.11、2021.6）提出暂停终止该协议6个月。从目前看来，菲方大概率不会终止《访问部队协议》，这既是对拜登政府上台后倚重盟国的回应，也是对冲中国崛起、增加自身话语权的必然选择。从菲律宾的态度可以看出，东盟国家对于与美国开展双边防务合作持有复杂的矛盾心态，不愿丧失对冲空间，倒向完全追随。

（二）东盟成员国与日本、澳大利亚、韩国和印度的防务合作

对于大部分东盟国家而言，殖民经历留下的惨痛回忆仍历历在目。不仅美国最亲密的盟友之一菲律宾对过于依赖美国感到担忧和不满，非盟友印尼也担心遭到美国制裁或禁运。这些国家虽然规模庞大且增长迅速，但仍面临国内安全和经济发展的挑战。它们在承担外部安全承诺方面更加谨慎。出于对美国衰落或孤立

的担忧、对过分依赖美国而限制自身外交政策灵活性或独立自主意识的焦虑、对自主开发和采购国防装备、提高防务能力建设的需要，东盟国家一方面努力寻求加强自身实力，另一方面加强与其他有着相似利益、价值观或威胁观念的伙伴的合作。① 在加强自身实力上，东盟一体化和中心性非常有效，可以帮助成员国行使更大的影响力，而不用耗费更多的物质资源。印太地区的国家也支持东盟发挥主导作用。在开展对外合作上，印太地区的主要国家正在扩大和深化彼此之间的防务合作。这种合作正在传统的“轴辐”体系之外建立新的联系，逐步改变该地区几十年来的安全架构。印尼等新兴中等国家和越南、菲律宾等欠发达国家越来越多地与日本、韩国、澳大利亚等经济和技术发达国家合作，并开始加强与印度这样距离较远、传统上没有在东亚或东南亚发挥实质性作用国家的安全防务合作。它们提供的培训、演习、军售、共同开发等防务合作具有很强的吸引力。

日本、韩国、澳大利亚和印度提供的防务合作有其自身逻辑。二战后日本被要求严格限制其国际安全范围，当它试图挣脱这些束缚时，与地区国家的安全合作成为一个关键的验证工具，以塑造一个负责的地区大国形象。日本一直向越南和菲律宾转移监视飞机和海岸巡逻艇等非致命性军备，资助其改善两用基础设施。同样，对于印度这个影响力不断上升的国家而言，在世界舞台上发挥更大的作用具有很大的吸引力。澳大利亚长期以来一直受到与美国联盟的推动，谋求提升对地区秩序的影响力。印度和澳大利亚也参与提供设备或培训。韩国是军售的领头羊，曾向菲律宾出售机身、向印尼出售潜艇，与印尼共同开发战斗机。美国认为，对东盟国家的军售有助于削弱俄罗斯在该地区的影响力。由于担心引发中国不满，这些防务合作的范围和程度较为节制，往往从反恐合作开始，在非传统安全领域上予以加强。打击非

---

① Victor D. Cha, “Alignment Despite Antagonism: The U. S. – Korea – Japan Security Triangle,” Stanford: Stanford University Press, 1999, p. 198.

法捕鱼、贩毒、人口走私、打击海盗等内容也为开展合作提供机会。此外，由于网络安全对于区域所有国家都是一个重大问题。这些国家可能通过创建定期更新的威胁矢量共享数据库、网络清洁最佳实践和网络防御测试演习推动区域伙伴在网络安全领域进行合作。①

需要警惕的是，美国可以借助盟国和伙伴国的帮助，缓和与某些国家的分歧，强调合作对于彼此的价值。在2014年泰国政变和2016年杜特尔特当选总统等事件中，澳大利亚、韩国、日本及其与泰国和菲律宾之间的防务合作被证明对于缓和泰美和菲美关系是有价值的。当美国及盟国拥有共同的安全防务平台时更有可能促进合作，而这些平台都根植于日常联合训练和演习中。这种关系具有制度“黏性”，不容易通过政变或选举而改变。以美国为首的F－35联军部队、海空共有平台、情报共享和融合协议及联合演习都有助于将合作伙伴团结在一起。美国认为，东盟国家与区域内盟国和重要伙伴国之间日益增长的防务接触与合作是印太地区秩序演变过程中一个极其重要的方面，不属于美国联盟和伙伴国架构的国家正直接或间接地与其联系在一起。这些接触与合作都与美国的印太战略相适应，有助于促进彼此之间进一步的防务关系，并可能为更广泛的地区规范和共享打下基础。日益增长的防务合作关系对于美国的安全利益是附加性的，能够制约中国对地区的影响。事实上，澳大利亚、日本、韩国已经开始在从轴辐双边安全关系向网络安全架构的转变中扮演适当的角色。日本已成为网络安全架构发展的中心枢纽，其战略是通过巩固与美国的同盟关系，并与亚洲盟国建立新的、约束力较弱的双边、小多边和多边安全伙伴关系促进美国主导的网络安全架构建设。

① Scott W. Harold, et al., "The U.S. – Japan Alliance Conference: Strengthening Strategic Cooperation, Santa Monica," Calif.: RAND Corporation, CF – 351 – GOJ, Sep. 12, 2016, https://www.rand.org/pubs/conf_proceedings/CF351.html.（上网时间：2020年3月5日）

三、东盟与外部行为体之间的防务合作

随着亚太大国对于塑造地区秩序的自觉性日渐增长和设计地区政策的目标性日趋明朗，东南亚地区现有地缘政治格局不断受到冲击，东盟面临着何去何从及选边站队的巨大压力。为保持东盟中心性，东盟作为独立行为体，在政策延续的基础上主动寻求机制升级，在大国平衡的前提下主动提升合作水平，利用内部不断加强和外部保持均衡的防务外交力争主导地区安全防务合作，尽量避免在地区架构分化升级的过程中遭到分化和边缘化。

（一）在政策延续的基础上主动寻求机制升级

自从 2017 年美国提出“自由开放的印太”战略构想以来，东盟整体上对其持谨慎观望的态度，认为就特朗普总统的政策理念和行事风格而言，这一战略构想的实施前景充满不确定性。就最为确定的安全领域而言，该战略带有明显的制衡中国的意图。东盟国家不希望中美之间发生的摩擦和冲突殃及自身，不愿意选边站队。所以，东盟官方始终强调，欢迎任何开放包容的区域合作项目，但这些项目必须加强而不是破坏以东盟为中心的现有安排，即不能降低东盟的区域主导性。随着美国印太战略的不断走实，东盟大国印尼开始积极探究东盟视角下的印度洋—太平洋概念，希望在概念内涵建构上加入东盟的特色与考量。

作为东盟中连接印度洋和太平洋的支点国家，印尼尝试提供构建地区秩序的新方案，在区域安全架构的动态变化中维护自身及东盟利益。早在苏西洛总统第二任期内，印尼已经开始探索一种连通两洋的新途径。2013 年 5 月 20 日，印尼时任外长马尔蒂·纳达勒伽瓦（Marty Natalegawa）在华盛顿国际战略研究中心（CSIS）提出“印尼视角下的印度洋—太平洋”，认为印度洋—太平洋地区的首要和平稳定威胁是“信任危机”，希望未来将构建一

种连接印度洋和太平洋的新型国际架构。他认为，为应对印度洋—太平洋地区国际关系的信任危机，应在共同安全的基础上建立一种新范式。他建议，印度洋—太平洋国家发展出相应的合作条约。① 这一建议被视作《东南亚友好合作条约》的“印度洋—太平洋”版。2013 年 6 月，第 46 届东盟外长会提出了印度洋—太平洋框架理念须依据《东南亚友好合作条约》和《巴厘宣言》原则，并未出台任何行动建议。2014 年 5 月，东盟峰会主席声明“欢迎印尼在更广阔的太平洋领域促进伙伴与合作条约”。2014 年 8 月，第 47 届东盟外长会欢迎并期待印尼进一步提出相关细节。随着印尼时任外长卸任，在 2015—2017 年间的东盟外长会、峰会、东亚峰会中，印尼的印度洋—太平洋提议消失无踪。

2014 年佐科总统上任后，强调印尼在印度洋和太平洋都面临地缘政治和地缘经济的现实，希望将印尼建设成为“全球海洋支点”（GMA），这被视作印尼开始立足本国实际，转移其长期坚持的以东盟为基础的外交政策理念。在 2014 年 11 月的第 9 届东亚会议上，佐科总统声称印尼作为一个强大的海洋国家，能够帮助印度洋—太平洋地区保持和平与安全，而不是用于攫取自然资源、领土争端和海洋霸权。② 印尼“全球海洋支点”战略迅速将印尼与印度洋连接起来，其重要途径之一是“环印度洋区域合作联盟”（IORA）。联盟由 21 个印度洋沿岸国家组成，旨在支持和促进海洋安全、经济发展、旅游投资等。东盟国家印尼、马来西亚、新加坡和泰国也是其成员。印尼于 2015—2017 年担任环印联盟轮值主席国，佐科总统将主席国身份视作其将“全球海洋支点”战略打造成为印度洋和太平洋关键链接的良机。2016 年的联盟峰会采纳了《雅加达协约》（Jakarta Concord），详细规定了加强印度洋区

---

① Donald E. Weatherbee, “Indonesia, ASEAN, and the Indo – Pacific Cooperation Concept,” Feb. 23, 2020, www. iseas. edu. sg/images/pdf/ISEAS _ Perspective _ 2019 _ 47. pdf.（上网时间：2020 年 3 月 5 日）

② “Jokowi launches maritime doctrine to the world,” Jakarta Post, 15 November 2014.

域合作的各项措施。2017年3月，印尼将一年一度的部长理事会会议升级为领导人峰会，提升了环印联盟的有效性。通过定期举行峰会，联盟更具系统化和结构化，能够更多地参与政治安全事务，促进成员国之间的信任。

在东盟层面，各国普遍对于中美竞争深表焦虑。为回应特朗普总统将地缘政治竞争区域从亚太扩展至印太，印尼前外长马尔蒂认为东盟不应对于印度洋—太平洋概念的复兴感到恐慌，而应提出建立印度洋—太平洋伙伴与合作条约、采用拓展版的东亚峰会形式囊括印度洋和太平洋所有沿岸国家。① 印尼外长蕾特诺尽力在东亚峰会上推销这种框架协议，以期在区域安全架构中保持东盟中心性。2018年5月16日，蕾特诺外长在雅加达战略与国际研究中心发表政策演讲，提出印尼的印度洋—太平洋概念框架。② 她指出，概念框架根植于开放、透明、包容、对话、伙伴关系及国际法原则，强调加强东盟团结与合作的重要性，旨在保持东盟中心性。通过东盟中心性、共同安全和经济增长战略，印度洋—太平洋伙伴关系能够独立于中美两国的战略框架。2018年8月9日，蕾特诺外长正式将印尼的“印度洋—太平洋合作概念”提交东亚峰会部长级会议。她向与会部长保证，该倡议并非创造一个新机制或更换现有机制，而是在现有机制的基础上加强合作。在2018年第32次东盟领导人峰会期间，印尼总统佐科提出适合东盟的“印太合作”概念，表示“在推进印太合作框架方面，东盟责无旁贷……这对东盟的存续和维护中心地位十分重要”③。在11

---

① Marty Natalegawa, “Asean should step up to promote a pacific Indo - Pacific,” Straits Times, 30 November 2017.

② “What's in Indonesia's Indo - Pacific Cooperation Concept?”, The Diplomat, May 16, 2018, https: //thediplomat. com/2018/05/whats - in - indonesias - indo - pacific - co-operation - concept. (上网时间：2020年3月6日)

③ Marguerite Afra Sapiie, “Indonesia Wants ASEAN to Take Central Role in Developing Indo - Pacific Cooperation,” The Jakarta Post, Apr. 29, 2018, https: //www. thejakarta-post. com/seasia/2018/04/29/indonesia - wants - asean - to - take - centralrole - in - develo-ping - indo - pacific - cooperation. html. (上网时间：2020年3月5日)

月的东亚峰会上，印尼正式提出“印太展望”概念文件。2019年1月9日，蕾特诺外长在年度外长媒体声明中承诺印尼将面向印度洋—太平洋继续发展区域架构。她强调对于印尼而言，太平洋和印度洋是“单一地缘战略剧场”，必须确保印度洋—太平洋不会成为自然资源、领土争端、海洋主权的竞技场。为此，印尼提出其印度洋—太平洋合作概念，并希望东盟有前瞻性地对于区域变化实行战略性反制。① 2019年3月20日，蕾特诺外长在雅加达召开印度洋—太平洋合作高级别对话，警告大国战略竞争会威胁印太地区的和平与稳定，破坏几十年的经济与社会发展。诸国必须一起发展印太地区的合作框架，以确保地区和平合作，而非竞争冲突。② 2019年3月，印尼主办首届“印度尼西亚—南太平洋论坛”(ISPF)，主题是“我们的未来，共享的海洋，共享的繁荣”。蕾特诺外长声明论坛的目的是“增强（印尼）在南太平洋的作用和存在感”。③ 至此，印尼已经在东盟层面、“环印度洋区域合作联盟”层面和“印度尼西亚—南太平洋论坛”层面推广其印太概念。目前，印尼正在寻找东盟与环印度洋区域合作联盟在印太地区的共同点，“印尼的愿景是让它们走到一起”。印尼希望在安全、海洋、贸易、投资等各个战略领域加强印太国家的双边和多边合作，创造一个“自由、开放、包容、透明”，有利于本地区各国长远利益的以共同致力于维护和平、稳定与繁荣为基础的“印太合

① “2019 ANNUAL PRESS STATEMENT OF THE MINISTER FOR FOREIGN AFFAIRS OF THE REPUBLIC OF INDONESIA,” Feb. 24, 2019, http://www.en.indonesia.nl/gallery/download/send/5 - speeches/14 - 2018 - annual - press - conference - of - retno - lp - marsudi - minister - for - foreign - affairs.（上网时间：2020年3月5日）

② Retno LP Marsudi, “Time to deepen Indo - Pacific Cooperation,” Jakarta Post, 20 March 2019.

③ Dipanjan Roy Chaudhury, “Indonesia puts meat into Indo - Pacific agendas; launches South Pacific Forum,” Economics Times, Mar. 21, 2019, https://economictimes.indiatimes.com/news/economy/policy/indoensia - puts - meat - into - indo - pacific - agenda - launch es - south - pacific - forum/articleshow/68513814.cms.（上网时间：2020年3月5日）

作伞”。①

2019年6月，在印尼的大力游说和倡导下，第34届东盟峰会正式通过《东盟印太展望》（AOIP），这是东盟首次发布关于印度洋—太平洋地区秩序的区域架构倡议，为根据以东盟为中心的区域架构就印度洋—太平洋合作的具体问题开展进一步对话奠定了基础。东盟在印太展望中回避了美国主导的印太战略等构想，而是将“东盟中心地位”作为促进印度洋—太平洋合作的基本原则，“发挥东盟的集体领导作用，形成和塑造更密切的印太合作”。东盟认为，亚太地区和印度洋地区不是连续的领土空间，而是密切整合与相互连通的区域，东盟担任中心和战略角色。印太概念旨在创造有利于和平与稳定的地区环境，加强互联互通，促进合作发展，推动区域内国家共同繁荣进步。《东盟印太展望》不寻求创建新的机制或取代既有机制，而是寻求促进次区域合作。东盟主导的东亚峰会等机制、地区国家已有的互联互通倡议、《东盟互联互通总体规划2025》（MPAC）、环印度洋区域合作联盟（IORA）、孟加拉湾多部门技术经济合作倡议（BIMSTEC）和湄公河次区域合作进行协同，为区域合作实践提供平台。②

在《东盟印太展望》发布前，东盟成员国对于印太构想的范围、目标和理想持有的不同态度，反映出东盟在印太地区影响力的局限性、在区域机制建构中复杂的角色定位及其与传统伙伴之间产生严重误判的风险性考量。东盟推出《东盟印太展望》，意味着最终承认地区安全架构的变化不可避免。东盟担心，将重心从亚太地区转移到印太地区，可能会削弱其在地区安全架构中的作用和中心地位。东盟中心性需求、沿用现存东盟机制的需求、独立于大国博弈的需求都成为东盟印太展望的推动性力量。东盟印

① 韦红、李颖：《印尼的“印太”构想——特征、动因、影响及中国应对》，《印度洋经济体研究》2019年第4期，第92—109页。

② Nazia Hussain, “ASEAN joins the Indo - Pacific Conversation,” Aug. 16, 2019, http://aagc.ris.org.in/sites/default/files/Asean%20joins%20the%20Indopacific%20Conversation.pdf.（上网时间：2020年3月5日）

太展望是正式将东盟中心性纳入印太概念的第一步，将成为东盟应对地区架构战略竞争的逻辑起点和良好开端。

然而，东盟能够为印太概念提供多少实质性内容，不得不令人怀疑。即便印度洋—太平洋地区所有的利益攸关者认识到在当前权力构成和潜在威胁的背景下，东盟中心和东盟方式弥足珍贵，并赞成其加强合作、缓解紧张的宏大目标，他们仍会对东盟的有效性心存疑虑。毫无疑问，东盟意图利用其位于印度洋—太平洋中心的地理位置，充当桥梁、通道或十字路口，推动发展其连通计划。但是，在东盟的话语中，“中心”包括地缘中心、将域外大国纳入东盟主导的地区架构等多重含义。尽管缺乏物质实力，东盟能够在地区关系网中充当关键节点。这种“高度中间性”（high betweenness）使东盟在大国的心照不宣中干预区域化进程。① 然而，尽管中心性或许容易实现，在快速变化的区域环境中保持中心性却迫使东盟应对挑战，这必然要求东盟集体行动、团结一致。因此，在《东盟印太展望》中，东盟首先强调“在竞争性利益的战略环境中继续担任诚实的中间人”，② 持续发挥“高度中间性”作用，并在恰当时机与亚太和印度洋地区其他区域和次区域机制加强合作。此后，东盟进一步探讨通过印太展望巩固以东盟为中心的区域架构。可见，《东盟印太展望》是在当前和未来区域和国际环境中进一步为东盟主导的区域机制赋能。然而，从包容性角度看，印度洋—太平洋概念所涉及的国家非常多。如果这一概念被制度化，一个潜在的巨大集团意味着它将面临更多的结构性限制和更慢的决策过程。东盟与生俱来的多样性虽然具有灵活机动的特点，但必然导致其效率低下。

---

① Mely Caballero - Anthony, “Understanding ASEAN's Centrality: Bases and Prospects in an Evolving Regional Architecture,” The Pacific Review, 2014, Vol. 27, No. 4, Jun. 13, 2014, https://www.tandfonline.com/doi/10.1080/09512748.2014.924227.（上网时间：2020 年 3 月 6 日）

② ASEAN OUTLOOK ON THE INDO - PACIFIC, Jun. 23, 2019, https://asean.org/asean - outlook - indo - pacific/.（上网时间：2020 年 3 月 5 日）

近20年里，东盟一直努力在东亚地区秩序中推行东盟中心和东盟方式，并将域外大国势力纳入其主导的区域多边框架中，取得超出其自身实力的成果。如今，区域权力建构受到实力较量和现实政治的支配，可能破坏东盟和平、稳定和繁荣的生态环境。《东盟印太展望》不仅希望在现行区域架构上保持中心地位，还在外部环境变动中主动寻求区域机制升级，希望把其中心作用从亚太地区拓展到印度洋—太平洋区域。根据东盟与亚太国家在冷战后建立的多个区域多边合作框架经验来看，东盟一贯倡导相互尊重、平等互利、维护国家主权和领土完整、协商一致等原则。东盟有能力、有潜力成为印太地区一支不可忽视的稳定力量和中间节点。另外，由于印太概念还处于初级阶段，美日印澳四国机制与印太并非同义词，且美国的政策具有不可预测性。若要使得印太概念更容易为地区国家所接受，东盟提出的合作理念更为可行。①

（二）在大国平衡的前提下主动提升合作水平

从独立行为体角度看，东盟与外部国家提升防务合作的主要措施体现在东盟防长扩大会框架范围内，尤其是其机制下的联合演习。东盟防长扩大会开展的联合演习与其下辖的海事安全、反恐、人道主义援助和救灾、维和行动、军事医学、人道主义排雷和网络安全7个专家工作组相对应，在各参与方之间架起了防务合作的桥梁。2019年4月30日至5月13日，第4届东盟防长扩大会海事安全实地演练圆满结束。这是第4次海事安全实地演练，共有来自18个国家的10架飞机、19艘舰艇、约700人参加。为建立信任，开展务实合作，演习包括共享船舶信息、实践海上意外遭遇准则、登船作业和关键设施保护，在海上演习中进行直升

---

① Nazia Hussain and Tan Ming Hui, “The Indo – Pacific：Clarity，Inclusivity and ASEAN Centrality,” Aug. 21，2018，https：//theasiadialogue. com/2018/08/21/the – indo – pacific – clarity – inclusivity – and – asean – centrality/.（上网时间：2020年3月7日）

机跨甲板着陆和补给。① 2019 年 8 月，东盟防长扩大会人道主义援助与救灾专家工作组演习在马来西亚举行等。2019 年 9 月 2 日，东盟防长扩大会反恐专家工作组举办了反恐桌面推演。推演由中国和泰国共同主办，来自 18 个国家和东盟军事医学中心的 100 多人参加。演习进一步加强了东盟成员国、扩大合作国和东盟医学中心之间的交流与合作，以及它们应对地区恐怖主义威胁的能力。② 2019 年 11 月，东盟防长扩大会反恐实地演练在中国桂林举行，共 800 多名军事人员、10 架飞机和 60 多辆装甲车参加了演习。此次演习以参演者的众多性、编队构成的动态性和演习想定的实用性为特色，是自成立反恐专家工作组以来规模最大的陆地联合反恐演习。

最值得关注的是，东盟分别与中国和美国举行的海上联合军演。2018 年 10 月和 2019 年 4 月，东盟与中国分别举行“海上联演—2018”和“海上联演—2019”。“海上联演—2018”是东盟首次与单一国家进行联合军演，也是我军首次与东盟开展海上联演。演习在湛江附近举行，为期 5 天，由新加坡共和国海军和中国人民解放军海军联合组织，共有 1000 多名人员部署在 8 艘舰艇上。文莱、中国、菲律宾、新加坡、泰国和越南部署了演习军舰。演习采用《海上意外相遇规则》，海上阶段包括联合搜救行动和使用直升机进行医疗疏散演习，并在岸上组织了军事医学和潜水方面的专业交流。双方联演以共同维护海上安全为背景，以联合应对海盗威胁和海上应急医疗救援为课题，凸显了互信合作、安全稳定的主张。通过联演，中国与东盟国家之间增进了相互了解和信

---

① “Multinational Navies Work Together to Counter Maritime Security Threats in ADMM - Plus Exercise,” May 12, 2019, https://www.mindef.gov.sg/web/portal/mindef/news-and-events/latest-releases/article-detail/2019/May/12may19_nr.（上网时间：2020 年 3 月 5 日）

② “ADMM + Hold Counter - Terrorism Table - Top Exercise,” Sep. 9, 2019, http://eng.mod.gov.cn/news/2019-09/09/content_4850072.htm.（上网时间：2020 年 3 月 5 日）

任，增强了互操作和协同水平，专业合作更为紧密，对于维护区域和平稳定具有重要意义。“海上联演—2019”在青岛举行。包括中国、泰国、菲律宾、新加坡和越南在内的7个国家参加了联合演习。印尼和老挝派观察员观摩。演练内容包括编队、临时检查、访问、登船、搜寻和查封（VBSS）、联合搜救、伤员救治等8个科目。海上联合军演体现了中国坚持睦邻、安邻、互利、包容的周边外交理念，是推进“构建海上命运共同体”重要倡议的具体实践，是中国和东盟深化防务安全合作、增进相互理解和信任的重要举措。

东盟为了贯彻其大国平衡策略，在提升与中国的防务合作的同时，也不断提升与美国的防务合作。为此，东盟国家在2018年第12届东盟防长会上决定与美国开展联合军演。2019年9月，美国与东盟之间为期5天的海上联合军演如约进行。这是美国首次与东盟十国共同举行演习。与强调共同维护海上安全、打击海盗等非传统海上安全威胁的中国—东盟联合海上演习不同，美国—东盟联合演习的目的是“维护海上安全，重点防范和预防海上不法行为”。此次联合军演主要在越南附近海域举行，美国海军在那里部署“可疑船只”，帮助东盟国家海军对这些船只进行搜索、查实和起诉。在美国看来，随着印太战略的不断走实，东南亚的战略地位日益明显，已成为美国全球战略资源配置调整的优先目标之一。大力推进双方军事合作、举行联合海上演习是加强美国与东盟国家防务合作关系、深化印太战略的重要军事举措，能够与美军在东北亚、中亚和南亚的基地相呼应，有助于弥补印度洋—太平洋战略之弧的短板，会对地区安全格局产生重大影响。

对东盟来说，与中国和美国分别举行联合海上演习是避免卷入中美竞争、维护地区中心地位的又一防务合作举措。因为小国通过组建集体对大国构成约束从而实现其控制目的可能是最有效的。无论是以同盟国身份还是以国际机构成员国身份，多边约束都是对大国进行约束、阻止单边主义、给予小国发言权和投票权的必要条件。东盟可能以中美联合军演为契机，逐步建立起一个新的系统化平台，维护东盟的地区架构中心性。① 另有观点认为，联合海上演习在短时间内以大致相似的方式举行，也可被视为中美两个大国通过拉拢东盟争夺地区影响力的一种竞争形式。这种竞争一旦出现制度化，可能导致东盟防长扩大会由合作走向对抗。虽然中美竞争强度超出东盟制度性框架所能应对的范围，但东盟原则可以在一定程度上遏制和约束大国竞争。东盟无法从根本上改变这两个大国间的关系，但在东盟防长扩大会框架内遏制一些竞争行为，将对地区稳定起到相当积极的作用。只要这种竞争是在地区机制范围内的，东盟就能发挥一定的影响力，而不是面临着被边缘化的风险。

---

① Ge Hongliang, "ASEAN war games with US meant to promote centrality of bloc in the region," Sep. 4, 2019, http://www.globaltimes.cn/content/1163659.shtml.（上网时间：2020年3月5日）

第五章

东盟防务外交中的互操作性

根据防务合作最为深入的北约和欧盟经验，互操作性可视为系统或单位向其他系统或单位提供服务和接受来自其他系统或单位的服务的能力，以及使用交换的服务使它们能够有效地一起工作的能力，是防务合作水平的关键指标，在很大程度上影响制度和规范的形成，可以从技术（装备、武器和系统的标准化）、程序（包括学说和程序）和人员（包括术语和培训）维度进行考察。① 互操作性是经常出现在东盟防务外交的各个范围、层次和领域中的关键衡量指标之一，能够使成员国在更大程度上共同实现连贯、有效和高效的合作。从某种程度看，东盟防务外交可被视作军事力量与互操作性的结合，包含技术、程序和人员三个层面：1. 从技术层面看，互操作性强调通过军事装备和国防工业现代化实现硬件、装备、军备和系统的标准化，以东盟国防工业合作（ADIC）为代表；2. 从程序层面看，互操作性强调通过制定准则、规范和流程实现防务理论和程序的通用性，主要依据国际、区域和东盟现有制度安排进行协调合作，为人道主义援助和救灾行动、打击恐怖主义、海空军事意外相遇、维和行动、后勤保障合作、军事医学合作等领域设计制度化框架，便于后续工作的开展和职

① "North Atlantic Treaty Organization. Interoperability: Connecting NATO Forces," Jan. 1, 2015, www. nato. int.（上网时间：2020 年 3 月 2 日）

能机制的迭代；3. 从人员层面看，互操作性强调通过多边防务合作、联合训练与演习、制度性防务人员合作实现术语的通用性和技能的一致性。为深入理解东盟防务外交，需要加强对互操作性的研究，分析东盟旨在实现军备互操作的国防工业合作、旨在实现准则和流程互操作的制度性安排，以及旨在提升东盟防务人员互操作的军事研讨、培训、训练和演习等。总之，在东盟防务外交的发展过程中，互操作性已经成为评价合作程度的重要指标，对于促进东盟防务外交、建设东盟政治安全共同体具有重要意义。

在美国印太战略不断走深走实的过程中，加强互操作性是关键目标之一。美国宣称，“我们的盟国和伙伴国网络是和平与互操作性的力量倍增器”，多次强调增强与盟国和伙伴国在联合行动中的互操作性，以确保各自的防务力量在竞争、危机和冲突中开展有效合作，确保美国的军用装备易于与盟国和伙伴国集成，便于提供融资和开展军售，并为更多印太国家军官提供专业的军事教育。在这一背景下，研究东盟防务外交中的互操作性就显得更为迫切。从某种程度看，加强东盟防务外交互操作性可以有效促进东盟政治安全共同体建设，可与美国印太战略网络状地区安全架构下的互操作性展开适度竞争，维护东盟在不断演变的地区安全架构中发挥中心作用，构建一个以对话与合作而不是对抗为主、对所有国家的发展和繁荣都有利的地区，为促进地区战略互信与共赢合作提供动力。

第一节　互操作性的概念界定

互操作性是能够使成员国连贯、有效和高效的实现战略（Strategic level）、战役（Operational level）、战术（Tactical level）和技术（Technological level）共同目标的能力。互操作性尤其强调部队、单位和/或体系间的共同行动，并允许他们分享共同的军事理论和流程，使用彼此的基础设施和基地，并能够进行相互交流。互操作性不必要求配置共同的军事装备，而是着重于装备之间可以共享的公共功能，保障交互和通信，交换数据和服务。互操作性只能通过标准化建设、联合训练演习、共同经验、实地展示和实验测量获得，还需要尽可能采用开放标准，加强安全和防务工业间的合作。①

互操作性通常取决于其应用场景，以不同形式和程度出现。从顶层角度来看，互操作性包含了标准化、集成、协作甚至协同的含义，能够衡量个人或组织间为实现共同目标能够在多大程度上共同运作。广义互操作性可以解释为系统、单位或部队向其他系统、单位或部队提供服务和接受来自其他系统、单位或部队的服务的能力，以及通过服务交换使它们有效地一起工作的能力。②互操作性通常是有代价的，实现互操作的成本包括军用开支以及相应的政治经济开支，可能难以估量。互操作性有助于国家之间的防务合作减少重复、整合资源、发展协同。基于技术（包括硬件、装备、军备和系统）、程序（包括理论和规范）和人员（包括术语使用和培训）等领域，并辅以信息作为重要的横向元素，互操作性支持了北约提出的“灵巧防御”（Smart Defence）和“连接部队”（Connected Forces）等倡议。③

互操作性一般可以从战略、战役、战术和技术四个层次进行分析：在战略层面，互操作性问题集中于协调成员国的世界观、战略、理论和部队结构。这个层次上的互操作性是成员国愿意长

① Myron Hura, Gary W. McLeod, Eric V. Larson, "Interoperability A Continuing Challenge in Coalition Air Operations," RAND Monograph Report, 2000, pp. 8 - 10.

② 东道国的支持，如通信网络、基础设施、空军基地、空军中队和特种部队，都是服务、单位和军队的例子。

③ "North Atlantic Treaty Organization. Interoperability: Connecting NATO Forces," Jan. 1, 2015, http://www.nato.int/cps/en/natohq/topics_84112.htm? selectedLocale = en accessed.（上网时间：2020 年 3 月 5 日）

期合作以维护共同利益、应对共同威胁的要素，有助于激励和塑造研发采购、战略战术、演习训练等。美国国防部在《联合愿景2010》（Joint Vision 2010）中描述了互操作性在多国作战的重要性：在将来的行动中，仅仅联合是不够的。我们必须找到最有效的方法来集成和改进与盟国和联盟伙伴的互操作性。① 但是，在国家级别实现互操作性的代价可能很高，而且很难保证公平。任意国家对他国的信任程度都是有限的，这限制了系统的开放性和相互依赖性（如智能、导航和通信领域），从而影响互操作性。

战役和战术层面的互操作性是战略和技术互操作性的连接层，其目的和重点是在给定的约束条件下，尽可能高效和经济地满足政治领导层的战略目标。战役和战术层面的互操作性要求部队单位具备可替代性或互换性，可以是紧密结合的行动（如混合联军打击方案），或者是将任务或战场空间协调地分割成不同的模块。实现一体化的方式也有很多，包括配备标准化通信和计算机数据网络的互操作指挥中心，情报、监视和侦察（ISR）系统，或者依靠特定的技术、程序和联动方式等。互操作性往往由于战略目标、军事理论等一系列可能因素的差异而效率低下。从优势方的角度看，虽然消耗更多自身的军事资源，但为了获得政治支持、使用同伴的军事基础设施，这些成本可能是必要的。

技术层面上的互操作性需要关注数据标准、硬件接口标准、术语规范、频率频段使用、软件编程、程序代码等内容。它侧重于电子和通讯，也涉及伙伴的系统技术能力、任务适应能力、硬/软件与数据的兼容能力。技术层面的高互操作性可以增强战役和战术层面的可替代性和灵活性（如安全语音、数据通信、作战识别、PGWs 等）。在理论上，完全互操作的系统和数据将支持组织间的战略、战役和战术接口。在实践中，这样完美的互操作系统

① "Chairman of the Joint Chiefs of Staff. Joint Vision 2010," 1996, p. 9, Oct. 15, 1996, https://apps.dtic.mil/dtic/tr/fulltext/u2/a398695.pdf.（上网时间：2020 年 3 月 10 日）

难以实现，因此，需要根据联盟成员的技术能力来划分任务和战场空间，这种分配可能会降低作战效率，增加成本和风险。

第二节　东盟防务合作中的互操作性

从互操作性角度看，东盟防务外交可以理解为军事力量和互操作性的结合，能够从技术（包括硬件、装备、军备和系统）、程序（包括理论和程序）和人员（包括术语使用和培训）三个层面进行考察。具体而言，技术层面强调通过防务装备现代化实现硬件、装备和系统的标准化；程序层面强调通过制定准则、规范和流程实现防务理论和程序的通用性；人员层面强调通过军事演习和训练实现术语统一性和技能一致性。由于东盟致力于建设共同体，维护在区域秩序中的主导地位，而东盟成员国在与外部行为体进行防务合作时，往往处于被动地位。因此在本章研究中，主要聚焦于东盟为摆脱外界影响发展内部互操作性的情况，以及东盟整体与外部行为体开展合作时，将外部行为体纳入自身互操作体系的情况。

一、技术互操作性

根据吉尔汉·马哈兹（Dzirhan Mahadzir）的观点，东南亚地区的防务合作大致可分为两类，即军事合作和国防工业合作。军事合作不仅出现在东南亚国家之间，还出现在东南亚国家与域外国家，特别是美国和澳大利亚之间；国防工业合作是有限的，尽管东南亚国家一直与区域外国家加强工业合作和伙伴关系，以便发展其自身防务工业和军备生产能力。[1] 笔者认为，东盟防务外交中的技术互操作性以东盟国防工业合作（ADIC）为重点。

（一）东盟国防工业合作的现实表现

东盟国防工业合作的概念文件于2011年5月在第5届东盟防长会上由马来西亚、印尼、新加坡和泰国4国通过。东盟国防工业合作倡议的主要推动者是时任马来西亚国防部长艾哈迈德·扎希德哈米迪（Ahmad Zahid Hamidi）。东盟近90%的国防装备和服务采购自海外供应商，主要是美国和西欧。东盟国防工业合作作为东盟成员国在防长会框架内进行国防工业合作的努力，旨在"鼓励发展工业和技术实力，寻求机会促进技术共享"，[2] 希望将来自非东盟成员国的年度国防采购从2010年的250亿美元减少到2030年的125亿美元，[3] 提高东盟在武器技术和工业领域的实力。因此，成立东盟国防工业合作是为了加强东盟内部国防工业的相互配合，加强建设东盟国防工业供应网络，从而促进军备生产的本土化和技术独立，为东南亚创造一个更加全面和巩固的国防和安全环境。

在概念文件中，国防工业被定义为与国防生产和制造有关的活动，包括生产基本设备、部件和备件，及维护和修理服务，以满足国家的军事、执法和安全需要。东盟国防工业合作的首要原则是灵活、无约束和自愿，强调本着互信、透明和符合国家有关法律法规的原则，在共同利益（合作）的基础上而不是在分歧（竞争）的基础上进行合作。东盟国防工业合作的目的是通过企业

---

① Dzirhan Mahadzir, "Southeast Asian Defence Cooperation," Asian Military Review, 2013, p. 57.

② Guy Ben - Ari, "Can ASEAN Integration Deliver in Defence Technology?" CSIS: CogitASIA, September 2011, p. 136.

③ Sneha Raghavan and Guy Ben - Ari, "DIIG Current Issues No. 25: ASEAN Defense Industry Collaboration," Center for Strategic and International Studies, Sep. 7, 2011, https://www.csis.org/analysis/dii g - current - issues - no - 25 - aseandefense - industry - collaboration.（上网时间：2020年3月7日）

合资与联合生产就共同项目进行合作，促进由东盟国防工业部门提供国防装备和配套服务的东盟内部贸易，支持东盟成员国举办国防贸易展览，提高东盟在国防和军民两用工业领域的科技水平和工业竞争力，促进东盟内部国防工业增长。东盟国防工业合作的范围和形式非常广泛，涉及国防产品、系统和流程、服务和技术等领域，具体包括：1. 国防工业部门的教育和培训；2. 合伙、合资和联合生产；3. 共同研究开发议定的国防工业项目；4. 共同推进国防工业项目开发。东盟国防工业合作旨在为深入开展多边合作、促进国防工业实力建设、技术援助、信息共享等领域进行有意义的合作搭建框架，推动在区域和全球范围共享国防工业装备和服务市场。①

从理论上看，国防工业合作一般分为三种形式：1. 互惠贸易（reciprocal trade），即合作国家同意相互采购彼此生产的国防装备；2. 共同生产（co - production），即合作国共同生产某种国防装备；3. 共同开发（co - development），即合作国共同开发某种国防装备。从东盟国家现状看，与东盟国防工业合作工作框架最为匹配的合作方式是共同开发，因为它包含全系列生产流程，能够为每个成员国提供科技附加值。② 这种模式还能够降低各国必须独自承担的国防装备研发支出。东盟国家希望，即便各自国防工业实力并不均衡，都能够从合作中获得回报。在成立之初，时任马来西亚国防部长大力支持共同开发模式，并指出至少三项获益：1. 经济规模，即降低每个成员的国防装备生产支出；2. 技术共享，即加速东盟国家掌握国防工业技术的趋同程度；3. 国家专业

① ASEAN Defence Ministers' Meeting, "Concept Paper on Establishing ASEAN Defence Industry Collaboration," Des. 22, 2015, https://admm.asean.org/dmdocuments/12.%20ANNEX%2010 - %20Concept%20Paper%20on%20Establishing%20ADIC.pdf.

② Baudouin Heuninckx, "A Primer to Collaborative Defence Procurement in Europe: Troubles, Achievements and Prospects," Public Procurement Law Review, Vol. 17, No. 3, 2008, pp. 123 - 145.

化，即每个国家都有擅长的技术控制领域。① 然而，共同开发模式的关键是确定具体开发的国防装备和武器平台，而东盟国防工业合作则没有确定其开发目标，导致其发展低效缓慢。

实际上，随着扎希德哈米迪部长的离职，东盟国防工业合作在促进地区国防工业合作方面的进展非常缓慢。虽然东盟国防工业合作的理念是减少成员国之间的技术差距，减少东南亚地区对于外部防务装备的依赖，促进有大量防务支出的东盟成员国在东盟内部循环其资金，并通过这种方式振兴每一个东盟成员国的经济，但由于东盟国防工业之间缺乏互补性，多数东盟国家的政府和军方对于共享技术或者放松对本国国防工业的保护心存疑虑，加之东盟国防工业合作的首要原则是灵活、无约束和自愿，所以它基本是一个协商性安排，缺乏实际执行力。另一方面，东盟国家与域外合作伙伴之间的防务合作正在与日俱增。这种合作的核心是将国防工业发展和技术转让作为军备采购的组成部分，即军售并不仅是纯粹的销售，而是涉及工业合作，比如印尼和越南与达门斯海尔德（Damen Schelde）造船厂联合建造军舰；印尼从韩国采购军舰并进行技术转让；印尼从空客公司采购的 C－295 型军用涡轮螺旋桨运输机最后在印尼总装；马来西亚在法国国有船舶制造集团（DCNS）的协助下在国内建造 6 艘第二代巡逻舰——濒海战斗舰，该集团的“追风”（Gowind）级护卫舰船体设计将用于该舰；马来西亚陆军、马来西亚防务技术公司（Deftech）和土耳其防务系统公司（FNSS）一起研发 AV－8 型八轮驱动装甲战车等。②

在 2016 年第 4 届东盟国防工业合作研讨会主席声明中出台了《东盟国防工业合作执行框架》（Framework for the Implementation of

① Ahmad Zahid Hamidi，“ASEAN Defence Industry Collaboration：Potential，Challenges and Way Forward，” The Journal of Defense and Security，Vol. 1，No. 2，2010，pp. 119－128.

② Dzirhan Mahadzir，“Southeast Asian Defence Cooperation，” Asian Military Review，October 2013.

ASEAN Defence Industry Collaboration）。框架规定，东盟国防工业合作接受东盟防长会的监督，基于灵活性、自愿性、无约束力、责权一致的参与原则，通过合资、合作生产约定项目、共同研究和开发约定项目、联合推进项目开发等方式进行产品、体系、流程、服务和技术合作，支持东盟国防工业增长，提高东盟在国防和军民两用领域的技术和工业竞争力。为此，东盟国防工业合作的执行框架包括：信息交流（展览会、东盟国防工业网络/讨论会/研讨会/讲习班、代表团互访）、建立教育培训体系、交换工业规范和军事标准。初步合作阶段在自愿的基础上包括：1. 东盟成员国之间零部件、产品、原料和机床的采购与供应；2. 分包合约；3. 合作生产商定项目并发放许可；4. 共同推进项目开发；5. 联合研发。东盟国防工业合作执行框架着重强调采取项目开发、起草执行准则和分享技术的方式实现技术共享。① 从执行框架可以看出，东盟国防工业合作开始表现出务实的趋势，但仍处于起步阶段，将通过较为松散的方式缓步推进技术层面的互操作性。

（二）东盟国防工业合作的制约因素

在实践过程中，由于各国的军事理论、组织构成、防务技术和武器体系存在差异，为国防工业合作带来不小的阻碍。印尼是世界上最大的群岛国家，面临多种海事安全威胁。印尼保卫国际海峡的实力直接影响了亚太地区乃至全世界的经济和安全形势。与此同时，印尼与多国陆地接壤，在边境地区时常发生各种跨国犯罪活动。因此，国土安全是印尼的首要安全目标。《2008 年印度尼西亚国防白皮书》指出，印尼的首要威胁是边界和海事安全，这要求印尼拥有尽可能覆盖全境的强大防务能力。② 根据第 Kep/

---

① "Framework for the Implementation of ASEAN Defence Industry Collaboration," Mar. 15, 2019, www. mod. gov. la/10thADMM/meeting - paper - - 4th - adic. html.（上网时间：2020 年 3 月 5 日）

② "Buku Putih Pertahanan Indonesia 2008," Jakarta: Departemen Pertahanan Republik Indonesia, 2008, p. 40.

2/I/2007号国民军司令决定，印尼国防战略奉行“三大学说”(Tridek)，即全民防御体系、战争军事行动和非战争军事行动。全民防御体系主张战略平衡，重点关注海洋，要求防务力量遍布全境，形成与地缘状况相适应的防务整体。① 因此，印尼需要适用于海事安全的国防装备。根据2024年“最低基本力量”（MEF）战略规划，印尼希望通过建设综合舰队体系加强海洋军事实力，建设重点是潜艇、快速舰和巡洋舰。② 因此，印尼亟需建设快速舰或巡洋舰武器平台。

新加坡领土狭小，容易面临传统安全威胁。在历史上，新加坡与近邻马来西亚和印尼之间都曾发生过争端。这些因素促使新加坡形成针对传统军事威胁的威慑性军事理论。③ 为此，新加坡推行将武装部队与平民社会结合起来的“全面防御”（total defense)。“全面防御”首创于1984年，规定每个人都被组织起来，抵御一切形式的军事威胁和非军事威胁。④ 新加坡的军事战略是发展武装部队的“以指挥和控制为基础的集成性知识”（IKC2），使军队配备先进的通讯网络，能够进行战场监视，提升应对传统军事入侵的实力。⑤ 这种战略依靠情报、监测和勘察系统（ISR），强调指挥和控制过程中的获取、开发和技术集成，以及综合精确

---

① “Buku Putih Pertahanan Indonesia 2008,” Jakarta: Departemen Pertahanan Republik Indonesia, 2008, p. 43.

② Perwita, AA Banyu and Yugolastarob Komeini, “Kesiapan Kekuatan Laut Indonesia dalam Menghadapi Keamanan Maritim Indonesia di Asia Tenggara,” Mar. 9, 2019, Pusat Pengkajian Maritim Seskoal, http://pusjianmarseskoal. tnial. mil. id/Portals/0/Kesi apan%20Kekuatan%20laut%20In donesia%20di%20kawasan-4. pdf.（上网时间：2020年3月4日）

③ “Defending Singapore in the 21st Century,” Singapura: The Ministry of Defence, 2000.

④ “Defending Singapore in the 21st Century,” Singapura: The Ministry of Defence, 2000.

⑤ Lam Peng Er., “Singapore's Security Outlook: The Immutability of History, Geography and Demography?”, National Institute for Defense Studies. Asia Pacific Countries' Security Outlook and Its Implications for the Defence Sector. Tokyo: National Institute for Defense Studies, 2010, p. 57.

性。由此，新加坡国防部指出，新加坡最需要配备拥有先进通信技术和威慑能力的国防装备，① 而能够增强威慑能力和发展通讯网络的武器平台是战斗机技术，主要配备于空中作战司令部（ACC）。②

泰国是世界上恐怖主义和分离主义高发的地区之一。泰国最大的安全威胁是内部威胁，即泰国南部出现的分裂集团和叛乱行动。③ 为应对这些分离组织和恐怖组织，泰国政府根据"反叛乱"（Counter Insurgency，COIN）理论制定相应的军事战略，其成效主要取决于情报能力和武器实力。因此，泰国着重发展陆军实力，遏制泰南分离势力。泰国的国防装备采购需求日益增加。其中，陆军武器采购占国防开支的49%，而海军和空军仅为19%和18%，装甲战斗车、陆军直升机、导弹、手枪、机枪和弹药等反叛乱武器是采购重点。④ 在进行国防工业合作时，泰国需要发展利于游击战的武器，即装甲战斗车、手枪、机枪和弹药等。

由于地理接近并存在领土纠纷，马来西亚认为其首要威胁来自于邻国印尼、泰国和新加坡。⑤ 为此，马来西亚采取"全面防御"学说（Hanruh），通过军事力量现代化建设提高马来西亚军队的实力，着力发展先进的国防装备，实施战略威慑。⑥ 合适马来

---

① R. Mokhamad Luthfi, "Implementasi Revolution in Military Affairs (RMA) dalam Kebijakan Pertahanan Indonesia", Tesis Universitas Indonesia, 2012, p. 17.

② The Ministry of Defence, "Singapore. Factsheet: Air Combat Command and Air Power Generation Command," https://www.mindef.gov.sg/imind ef/press_room/official_releases/nr/2008/aug/28aug08_nr/28aug08_fs.html, 28/08/2008.

③ National Institute for Defense Studies, "Asia Pacific Countries' Security Outlook and Its Implications for the Defence Sector", Tokyo: National Institute for Defense Studies, 2010, p. 85.

④ International Trade Administration, "Thailand - Defense and Security," https://www.export.gov/article? id = Thailand - defense - and - security, 11/03/2019.

⑤ Mohamad Faisol Keling, "The Malaysian Government's Efforts in Managing Military and Defence Development," International Journal of Business and Social Science, Vol. 2, No. 12, 2011, p. 182.

⑥ Abul'as, Mohammed Nazrene, Ahmad Abdul Rahman, dan Zulkifly Mat Radzi, "An Exploratory Study on Occupational Safety and Health Hazards (OSHH) in the Malaysian Army," Disertasi University of Malaya, 1998.

西亚的武器平台是战斗机技术。马来西亚目前拥有的米格－29战斗机和F/A－18大黄蜂战斗机属于第4代战斗机，需要配备更先进的战斗机型，以便与邻国的威慑力量形成平衡。

综上所述，由于各成员国对于首要威胁、军事理论和武器需求缺乏基本共识，且各国倾向于从域外大国进口先进军备，即便东盟采取“协同成长”（co－development）的合作模式，东盟国防工业合作仍步履维艰。即使印尼和新加坡在东南亚范围内拥有较强的国防工业实力，共同生产或开发某种武器的意愿仍难以实现。

二、程序互操作性

程序互操作性主要体现为制定通用准则、规范和流程，实现防务程序的通用性。在强调不干涉内政、非正式性、协商一致和循序渐进的背景下，东盟国家在程序建设层面主要依据国际、区域和东盟各级现有制度安排进行协调合作，同样体现出较强的非正式性和协商性。

就东盟防务外交总体框架的程序安排而言，主要包括《联合国宪章》《1982年联合国海洋法公约》《东盟宪章》《东南亚友好合作条约》《东盟2025：共同前进》《东盟安全共同体蓝图2025》等。就人道主义援助和救灾行动而言，相应的制度安排包括联合国大会第46/182号决议、《关于在救灾中使用外国军用和民防资产的指导方针》《东盟地区论坛人道主义援助和救灾战略指导》《一个东盟，一个声音：东盟应对灾害反应宣言》《东盟灾害管理和应急响应协议》和《人道主义援助和救灾中使用东盟军事资产和能力的标准操作流程》《联合救灾和应急响应行动中区域备用安排和协调的标准操作流程》《东盟军队在东南亚地区开展人道主义援助和救灾行动合作的标准操作流程》《将东盟军事资产用于人道主义援助和救灾行动的标准操作流程》《关于在人道主义援助和救灾中使用东盟军事资产和能力的概念文件》《建立后勤支持框架的概念文件》等。

东盟空军首脑会议是东盟各国空军首脑讨论军事航空问题和多边空军合作的平台。2018 年第 15 届东盟空军首脑会议改进了标准操作流程，在区域人道主义援助和救灾行动的飞机呼叫标志中加入统一的前缀，有助于迅速清关，加快空军反应速度。会议还设立了东盟空军反恐热线，就可疑的空中活动和恐怖主义威胁进行合作和信息共享。东盟海军也通过了非指令性的《东盟海军人道主义援助和救灾行动的标准操作程序》（The Standard Operating Procedures for ASEAN Navy Humanitarian Assistance and Disaster Relief Operations），为东盟各国海军根据国际标准和原则进行规划培训和开展人道主义援助和救灾行动提供共同的流程参考，要求所有执行相关行动的东盟海军始终遵循，以便在灾害期间统一作出迅速反应。该标准操作流程遵循“无害、公正、中立”（Do No Harm，Impartiality，Neutrality）原则，在准备阶段开展技术合作，培训交流，联合演习，指定联络点和联络军官，申请外交许可，进行态势感知和需求评估；在部署阶段强调各方相互配合；在反馈阶段完成后续事宜等，具备较强的程序互操作性。

值得一提的是，2018 年第 12 届东盟防长会采纳了一系列空中军事遭遇多边指导方针，包括《鼓励空中相互信任和信心》（Encouraging Mutual Trust and Confidence in the Air）、《空中军事遭遇准则》（Guidelines for Air Military Encounters）及操作附录（遵守现有航空惯例和规则、专业安全通信、标准飞行程序）。这些指导方针以现有民航规则和标准为基础，如《国际民用航空公约》（Convention on International Civil Aviation）和附件、《国际信号编码》（ICS）、《海上意外遭遇准则》（CUES）①和《国际海上防止碰撞

① 《海上意外相遇准则》是 2014 年西太平洋海军研讨会上达成的一项协议，旨在减少该协议成员国之间发生海上意外事件的可能性，并在意外发生时防止其升级。已有 21 个国家加入该协议，包括澳大利亚、文莱、柬埔寨、加拿大、智利、中国、法国、印度尼西亚、日本、马来西亚、新西兰、巴布亚新几内亚、秘鲁、菲律宾、俄罗斯、新加坡、韩国、泰国、汤加、美国和越南。

规则公约》（COLREGS）① 等。这些指导方针遵守现有的航空规则惯例和飞行标准程序，应对突发事件和紧急情况，鼓励空中相互信任，具有发展性和开放性，标志着东盟防务外交的程序互操作性取得重要进展。

东南亚地区的恐怖主义威胁具有跨国性质，深刻影响了全球安全。这些恐怖主义集团在行动组织和意识形态上相互联系，无法由任何一个国家单独应对。各国的法律法规阻碍了政府之间交流人员、建立共享数据库、联合业务培训以及共享经验和资源的意愿。目前，恐怖主义的规模和强度持续威胁着该地区的治安、执法、军事和情报机构。要遏制和消除恐怖主义威胁，东盟国家必须共同努力。东盟主导的区域机制是反恐合作的理想平台，相关程序安排包括：《东盟关于跨国犯罪的宣言》（ASEAN Declaration on Transnational Crime，1997）、《东盟反恐怖主义公约》（ASEAN Convention on Counter Terrorism，2007）、《东盟打击恐怖主义联合行动宣言》（ASEAN Declaration on Joint Action to Counter Terrorism，2001）、《打击亚洲海盗和武装抢劫船舶的区域合作协定》（The Regional Cooperation Agreement on Combating Piracy and Armed Robbery against Ships in Asia，2004）②、《兰卡威全球中庸运动宣言》（Langkawi Declaration on the Global Movement of the Moderates，2015）等。

随着恐怖主义威胁日益凸显，东盟防务领导人启动了“我们的眼睛”倡议（OEI）打击恐怖主义防务合作安排，希望就本地区恐怖主义、激进主义和暴力极端主义等非传统安全威胁开展战

① 1972 年《国际海上防止碰撞规则公约》由国际海事组织颁布，除其他外，还规定了船舶和其他船舶在海上为防止两艘或两艘以上船舶碰撞应遵守的航行规则。COLREGs 也可以指划分内河航道和沿海航道的具体政治界线，内河航道受其自身的航行规则管辖，沿海航道受国际航行规则管辖。

② 关于海事信息共享和海军对话，使海事执法机构能够单独或集体应对海事安全挑战。除印度尼西亚和马来西亚外，8 个东盟国家签署了协议。

略信息交流。[1] 目前成员包括文莱、印尼、马来西亚、菲律宾、新加坡和泰国。倡议设想在每个东盟成员国建立中心，促进区域内部交流、情报共享及反恐合作。据报道，澳大利亚、日本、新西兰和美国已被东盟确定为“我们的眼睛”倡议的第一批合作伙伴。在新加坡担任 2018 年轮值主席国期间，东盟建立了一个名为“3R”的合作框架，将该地区的反恐行动联系在一起。“3R”指的是适应能力（resilience，建立防范恐怖袭击的适应能力）、应对能力（response，应对持续存在的恐怖威胁的反应能力）和恢复能力（recovery，从任何确实发生的恐怖袭击中恢复的能力）。[2] 据报道，3R 框架不仅为打击恐怖主义提供了一个连贯和全面的地区协作途径，还在东盟成员国的各种反恐倡议之间进行协调，增强了东盟的中心地位。随着反恐斗争的升级，3R 框架呼吁东盟国家加强应对来自恐怖组织和个人的化学、生物、放射和核威胁（CBRN），这使得武装部队融入东盟国家的整体反恐战略变得更加重要。上述两种程序安排仍处于初始阶段。

此外，东盟维和中心网、东盟国防工业合作、后勤保障框架、东盟防务交流计划、直接通信链路、海上交互准则（ADMM Guidelines for Maritime Interaction）、东盟防长会教育和培训交流（ADMM – Wide Education and Training Exchanges）、东盟人道主义援助和救灾军事待命小组、东盟军事医学中心等都存在相应的概念文件和执行程序，共同为促进东盟防长会框架下的程序互操作性提供有据可依的标准。

---

① Prashanth Parameswaran, “What's Next for the New ASEAN ‘Our Eyes’ Intelligence Initiative?” Jan. 27, 2018, The Diplomat, https://thediplomat.com/2018/01/asean-launches-new-our-eyes-intelligence-initiative/.（上网时间：2020 年 3 月 5 日）

② Ministry of Defence, Singapore, “Joint Statement of the 15th ASEAN Chiefs of Defence Forces Informal Meeting,” Mar. 8, 2018, https://www.mindef.gov.sg/web/portal/mindef/news-and-events/latest-releases/article-detail/2018/march/08mar18_js.（上网时间：2020 年 3 月 15 日）

三、人员互操作性

人员互操作性强调通过开展研讨、培训、训练、演习等形式实现术语和技能的一致性，主要体现为多边军事训练演习和防务人员的制度性合作。

（一）多边军事训练与演习

仅包含东盟国家的多边防务合作较为有限。就多边演习而言，由于东盟一直强调自身是一个政治和经济集团，无意成为北约式的军事或安全联盟，且东盟国家的军事实力和规模存在巨大的差异，军事力量强的成员国相对军事力量弱的成员国而言，主办或参加多边演习的支出与回报不成比例。因此，大多数东盟国家主要与东盟邻国或域外国家进行双边演习，而多边演习则是在有非东盟国家参与的情况下进行的，尤其是美国。除多边演习外，还有马来西亚、新加坡、印尼和泰国开展的马六甲海峡巡逻，马来西亚、菲律宾和印尼开展的三方联合海空巡逻等。此外，在东盟范围内举办了大量对话会、研讨会、讲习班和会议，如东盟防长会和年度武装部队首长会、陆军、海军和空军首脑会等各级别东盟军事会议。而实地多边演习主要是在东盟防长扩大会、五国联防以及美国主导的区域多边框架下举行的。东盟防长扩大会的宗旨是促进防务官员间的战略对话和军事力量间的务实合作，曾于2013年6月在文莱举行人道主义援助救灾—军事医学联合演习、2013年9月在印尼举行反恐演习、2013年9月在澳大利亚举行海事安全实地训练演习、2014年4月在印尼举行海军演习、2016年3月在印度举行联合维和行动和人道主义排雷行动实地演训、2016年5月在文莱达鲁萨兰国和新加坡举行海事安全和反恐演习、2016年9月在泰国举行军事医学—人道主义援助与救灾联合演习、2016年11月在新西兰举行海军实地演习、2019年3月印度举行军事医学专家工作组演习、2019 年 5 月在新加坡举行海事安全实兵演习、2019 年 8 月在马来西亚举行人道主义援助和救灾演习、2019 年 11 月在中国举行反恐专家工作组联合实兵演习等。这些训练演习中体现出以东盟为主导的互操作性建设。

在五国联防框架下主要举行 5 个演习："五国之盾"（BERSAMA SHIELD）年度联合演习、"苏曼勇士"（SUMAN WARRIOR）年度地面演习、以 5 年为循环的"五国团结"（BERSAMA LIMA）联合演习、"五国联合"（BERSAMA PADU）联合演习和"苏曼保护者"（SUMAN PROTECTOR）联合计划演习。其中，"五国团结"联合演习在第一、第二和第四年举行，"五国联合"联合演习在第三年举行，"苏曼保护者"联合计划演习在第五年举行。在美国宣布"亚太再平衡"战略之前，东南亚区域内早已存在美国主导的"金色眼镜蛇"（COBRA GOLD）、"天虎"（COPE TIGER）、"东南亚合作与训练"（SEACAT）、"卡拉特"（CARAT）等多边演习。"金色眼镜蛇"是由美泰双边联合演习转变而成的多国多边军事演习，是东南亚地区最大规模的联合军事演习；"天虎"是新加坡、泰国和美国举办的年度三边防空训练，包括任务规划、空中控制、空中加油、空对空就业、战斗机演习、电子战、空运和近距离空中支援等内容，旨在加强三国联合空中力量的互操作性；"东南亚合作与训练"始于 2002 年，从海上反恐多边演习发展到海事安全多边演习，有助于各国海事安全专业人员在基于情境的模拟演练中分享应对海事安全挑战的经验；"卡拉特"年度海上联合军事演习是 1995 年开始的美国同多个东南亚国家在南海地区举行的一系列双边联合军事演习，旨在加强美国与东南亚国家间的军事合作，强化部队协同作战能力。五国联防演习和美国主导的演习中体现的互操作性主要以实力更强的域外行为体为主导。

另外，东盟海军为遏制海洋安全威胁，通过海军外交（Naval Diplomacy）和"建立信心措施"（CBM）不断加强安全合作，增强互操作性，解决共同面临的海洋领土纠纷、海盗和海上抢劫、非法移民、恐怖主义、非法捕鱼和海洋污染等问题，促进区域和平与稳定。东盟海军双边和多边合作的目标是促进信息共享、加强巡逻的协调性和有效性、通过指挥所演练和实地训练增强战役和战术互操作性、交流海事安全最佳实践等，通过对话、工作组、联合演习、联合巡逻等方式进行双边合作，依托西太平洋海军论坛、印度洋海军论坛、东盟海军司令会、东盟地区论坛、东盟防长扩大会专家工作组、五国联防等方式进行多边合作，通过“马新印海上巡逻行动”（MALSINDO，2004，全年海上监管和信息共享，2008 年更名为 MSP，吸收菲律宾为成员）、“空中之眼”（EIS，2005）、新加坡樟宜海军基地信息融合中心（The Information Fusion Center at Singapore's Changi Naval Base，汇集了包括东盟国家在内的约 20 个国家的海军联络官员，作为海上危机响应协调中心与国家总部直接联系）、东盟信息共享门户（The ASEAN Information Sharing Portal，促进东盟各国海军的各业务中心之间的信息交流）等方式增强互操作性。

东盟海军司令会（ANCM）通常采用海军首脑对话、交流和分享经验的方式加强务实合作，就海事安全问题交换意见，有助于增强海军间的了解、信任和信心，维护海洋的和平稳定与繁荣发展。东盟海军司令会最初名为“东盟海军互动”（ANI），第一次会议于 2001 年由泰国皇家海军举办，后于 2011 年越南人民海军举办的第 5 届东盟海军互动会上更名为“东盟海军司令会”。2014 年 8 月在曼谷举行的第 8 届东盟海军司令会上，东南亚国家指定泰国皇家海军主持国际舰队检阅（IFR），作为东盟 50 周年纪念活动计划的一部分。舰队检阅涵盖三项活动：检阅来自世界各地的海军舰艇、东盟海军司令会、东盟多边海军演习（AMNEX）。根据上述决议，2017 年 11 月 19—20 日在泰国举行了国际舰队检阅，8 个东盟成员国和澳大利亚、孟加拉国、中国、印度、伊朗、日本、巴基斯坦、俄罗斯、韩国、斯里兰卡和美国共 17 国海军参加。2017 年 11 月在泰国举行了东盟多边海军演习。

这次演习是由东南亚国家单独举行的第一次多边海军演习，采用了缅甸举行的第 9 届东盟海军司令会上通过的标准化行动流程，旨在加强互操作性，提升快速反应能力，促进认识和理解，培养组织和人员间的联系等，具有重大的防务外交意义。2020 年 11 月，第 14 届东盟海军司令会以视频形式举行，主题是“加强海军合作，致力于齐心协力与主动适应的东盟”，东盟各国海军司令和老挝人民军队总参谋长出席。与会者一致认为，东盟海军司令会作为东盟地区海军合作的首要年度论坛，有助于维持地区海上和平、稳定、安全，有助于建设一个可持续发展的东盟政治安全共同体。会议通过 2021 年由文莱皇家海军承办第 15 届东盟海军司令会，同意菲律宾海军于 2023 年承办第二届东盟海军多边演习、马来西亚海军于 2025 年承办第 3 届东盟海军多边演习。[①]

值得一提的是，2016 年由马来西亚主办的东盟海军司令会的主题是增强互操作性。与会者一致认为海事安全威胁的普遍性和跨国性要求区域国家采取合作的方式应对挑战。东盟海军将在尊重内部多样性和主权独立的基础上倡导互操作性建设。东盟还将制定相应机制，帮助技术无法相容的东盟伙伴国获得互操作性能。在人道主义援助和救灾领域，东盟考虑到各国海军的能力差异，倾向于开展联合培训，设计共同原则和标准，制定标准操作流程，为未来的人道主义援助与救灾演习制定共同准则。在演习中充分利用现有设备的互操作性，查找互操作缺陷，通过培训、训练和演习理解成员国间不同的军事理念，消除东盟各国海军之间的观点分歧。

（二）防务人员的制度性合作

在东盟范围内开展了多种形式的制度性防务人员交流合作，

---

① 《加强海军合作，致力于齐心协力与主动适应的东盟》，2020 年 11 月 6 日，https：//cn. qdnd. vn/cid－6126/7185/nid－578477. html。（上网时间：2020 年 3 月 5 日）

包括能够促进防务部门人员交流的“东盟防务交流项目”（AD-IP）；能够快速部署、统筹协调支持人道主义援助和救灾的“东盟人道主义援助和救灾军事待命小组”；由东盟防长扩大会成员国参与的、通过制定联合医疗计划、评估危机情况医疗需求、开展应急医疗培训和研究、推动地区军事医学合作的东盟军事医学中心；促进东盟防务机构在共同领域开展有效合作的后勤保障框架等。目前，最有代表性的制度性防务人员合作是维和行动及东盟维和中心网（APCN）。

维和属于低敏感度安全合作，是东盟防务外交的重点领域。统计表明，世界范围内武装冲突的热点地区有40%以上位于亚洲，而维和行动却只有10%发生在亚洲。① 面对这种状况，东盟认为需要建立一个专门解决安全问题的军事机构集体行动新机制，区域维和部队就是选择之一。2003年，“印尼提议建立一支东盟维和部队，可供调遣协助解决东盟内部争端”。② 然而，许多东盟国家担忧开展区域维和合作将违反东盟的不干涉原则。此后，《东盟宪章》、东盟政治安全共同体、东盟防长会和东盟防长扩大会共同为东盟成员国之间更为大胆的安全合作奠定了基础。

成立东盟维和中心网的想法源于“东盟成员国一贯参与联合国在世界各地的维和行动，且柬埔寨、印尼、马来西亚、菲律宾和泰国5个东盟成员国已经在本国建立了维和中心”，③ 一些东盟成员国已经为国际和区域各级维和任务提供了大量的维和人员。2011年第5届东盟防长会通过了关于建立东盟维和中心网的概念

---

① Belinda Helmke, “The Absence of ASEAN: Peacekeeping in Southeast Asia,” Pacific New, No. 31, 2009, p. 4.

② Simon S. C. Tay and Aaron Choo, “Peacekeeping, Peacebuilding, and Preventive Diplomacy,” in Rizal Sukma and Yoshihide Soeya eds., “Beyond 2015: ASEAN – Japan Strategic Partnership for Democracy, Peace, and Prosperity in Southeast Asia,” Japan: JCIE, 2013, pp. 228 – 229.

③ ADMM, “Concept Paper on the Establishment of ASEAN Peacekeeping Centre Network (Annex 9),” Dec. 22, 2015, https://www.asean.org/storage/images/archive/document/18471 – j. pdf. （上网时间：2020年3月5日）

文件，目标是“促进东盟各国现有和未来的维和中心开展联合规划/培训和交流经验”，分为短期、中期和长期：短期目标是东盟成员国共享维和培训课程、案例和方法，帮助东盟成员国在本国建立维和中心；中期目标是制订标准操作流程，开发联合培训流程，编写实践手册，开始联合培训；长期目标是建立一个共同的应急安排，增强互操作性，并将现有中心发展成英才中心。① 根据这些目标，维和中心网将能够确定“东盟维和实力和能力发展的差距和优先事项”。② 2012 年 9 月，东盟维和中心网在曼谷召开成立大会。

东盟之所以选择维和部队解决安全问题，主要因为：1. 整合解决东南亚安全问题的努力反映了东盟国家重塑东南亚安全架构、推动防务合作的愿望。③ 东盟维和部队将推动所有东盟国家共同参与解决地区安全问题，并在“东盟方式”面临僵局时发挥作用；2. 如果东盟维和部队遵循联合国维和行动的中立原则和公正原则，东盟可以派出联合维和部队，在成员国的特定地区执行维和任务，阻止公开冲突。这种联合维和行动不会被视为干涉内政，而是推动和平解决地区冲突的区域合作；3. 东盟维和部队通过共同执行需要密切协调的维和任务，能够促进各国之间的军事互操作性，既可以维护地区稳定，也可以在危机发生时主动自救。④

东盟最大的维和行动资助者是美国。通过始于布什政府时期

---

① David Capie, “Evolving Attitudes to Peacekeeping in ASEAN,” Oct. 14, 2015, http://59.80.44.100/www.nids.mod.go.jp/english/event/symposium/pdf/2014/E-06.pdf.（上网时间：2020 年 3 月 5 日）

② ADMM, “Concept Paper on the Establishment of ASEAN Peacekeeping Centre Network (Annex 9),” Dec. 22, 2015, https://www.asean.org/storage/images/archive/document/18471-j.pdf.（上网时间：2020 年 3 月 5 日）

③ Gema R. Bastari, “Pembentukan Regional Peacekeeping Operation untuk Mengatasi Isu Keamanan di ASEAN,” Dec. 11, 2014, https://penelitimudaindonesia.wordpress.com/hubungan-internasional/.（上网时间：2020 年 3 月 6 日）

④ Bantarto Bandoro, “Undesirable Consequences on ASEAN Peacekeeping Force,” Jan. 7, 2017, http://www.csis.or.id/Publications-OpinionsDetail.php?id=130.（上网时间：2020 年 3 月 5 日）

的“全球和平行动倡议”（GPOI），美国向包括东盟6个成员国在内的69个国家和地区组织提供援助。印尼和越南的维和培训中心都获得大量资助。[①] 其中，印尼的“和平与安全中心”（IPSC）是联合国在亚太地区最大的维和部队国际培训中心。马来西亚维和培训中心于2013年成为世界上第一个获得美国认证的培训中心。维和也是美国与区域国家开展军事演习的重点。在东南亚区域有3个由美国太平洋司令部支持、由维和中心网组织、通过全球和平行动倡议实施的维和训练项目，即泰国“金色眼镜蛇”、柬埔寨“吴哥前哨”（ANGKOR SENTINEL）和印尼“神鹰之盾”（GARUDA SHIELDS）联合演习，旨在加强东南亚国家和更广泛的亚太国家间的合作。这些联合演习是增强维和行动互操作性的有力措施。演习根据联合国标准，采用指挥所演练（CPX，如指挥所演练的指挥与控制、行动设计、情报/信息及媒体/公众信息等）的方式改善人员间的协作，采用实地训练演习（FTX，如检查站行动、巡逻、保卫分流点、车队业务、警戒线和搜索、解除武装、遣散和重返社会等）的方式改善部队的实地互操作性，并讲授维和技能、战斗战术和军事技术等内容，使维和人员具有相同的知识储备和行动原则。由于维和行动的特殊性，除战术和技术手段外，维和人员需要在执行任务的过程中坚持以和平方式解决冲突，武器只能用于自卫。[②] 这一点符合东盟的冲突解决原则。简而言之，联合演习通过从战斗到救援的军事行动全过程验证军事理论、任务流程、制度框架、战斗战术，增加所有人员的协同合作能力。除美国外，“神鹰—笑翠鸟”（GARUDA KOOKABURRA）维和演习成为澳大利亚与印尼的防务纽带之一。两国国防部长曾谈到要在澳大利亚国防部队的和平行动培训中心与印尼的维和培训中心

① State Department Fact Sheet, “US – Indonesia Cooperation on Peacekeeping, 18 November 2011,” in Raymond Drumsta, “Peacekeeping Operations Center Ribbon Cutting,” Jun. 11, 2013, www. army. mil.（上网时间：2020年3月5日）

② “United Nations Peacekeeping Operations: Principles and Guidelines,” New York, 2008, pp. 34 – 35.

之间建立联系，并在两国国防力量之间建立正式的维和关系。澳大利亚也为越南人民军提供大量语言训练。据《澳大利亚人报》报道，近年来，越南国防军已经让17000名越南军人接受了英语培训。① 日本也将维和作为与东盟接触的重点。2011—2015年《东盟—日本行动计划》将维和作为一个重要的合作领域，内容包括培训和人员交流等。

近年来，东盟成员国对于维和行动的兴趣不断增加，特别是越南于2014年以来改变了反对海外派兵的立场，将维和行动确定为全面战略的一部分，并在东南亚开设了第6个维和训练中心。2015年，马来西亚作为东盟主席国再次提出建立东盟维和部队（APF）。此刻东盟各国的态度发生了巨大变化，倾向于采取多边行动应对跨国安全挑战，如缅甸罗兴亚危机、曼谷和雅加达的恐怖袭击、泰国和菲律宾的地方冲突。但是，东盟维和部队仍然面临着一些根本性的挑战，如法理基础、基本原则、责任义务、融资结构等，在短期内无法获得突破性进展。可以预见，在维和领域，东盟国家将继续依托东盟维和中心网开展联合规划、培训和经验交流，不断增强互操作能力，但强制度性的东盟维和部队仍然需要经历时间的考验。（见表5－1）

表5－1　东南亚国家参加联合国维和情况

国家	设立维和中心	维和人员总数	在联合国排名
印度尼西亚	2007	2795	8
马来西亚	2006	847	25
柬埔寨	2010	765	27
泰国	2008	296	44
越南	2014	74	65
文莱	无	30	82

① Brendan Nicholson, "Australian Defence Force to Train Vietnamese Troops for UN Peacekeeping Role," The Australian, Mar. 20, 2013.

续表

国家	设立维和中心	维和人员总数	在联合国排名
菲律宾	2002	10	98
老挝	无		
缅甸	无		
新加坡	无		

资料来源：Troop and Police Contributors，https：//peacekeeping. un. org/en/troop – and – police – contributors，26/03/2020。

第六章

对东盟防务外交的整体认识及对策建议

当前，东南亚已经成为亚太地区的竞争热点，多套规则竞争性共存。一方面，东盟国家推出区域一体化目标，寻求掌握自身命运；另一方面，美国制定“亚太再平衡”“印太战略”等一系列地区战略，依托轴辐双边安全体系着力与盟国和伙伴国构建网络化安全架构，维持美国对印度洋和太平洋地区安全建设和经济秩序的影响力，阻止中国在地区政治安全规则、经济规则和海洋问题上取得话语权，企图将中国排除在区域经济和安全秩序建构之外。区域环境充满巨大的不确定性。

不可否认，印度洋和太平洋地区已经成为中国经济崛起和军事崛起的重要海洋空间。东盟国家作为连接印度洋和太平洋的枢纽地区，其重要性日益凸显。因此，东盟国家成为中国周边外交的优先方向和“一带一路”倡议的重点地区，中国和东盟逐步发展成为区域内最具实质性、最具活力和互利共赢的关系之一。在美国推进网络状安全架构的背景下深入开展中国和东盟之间的军事合作具有重要的现实意义。

第一节 对于东盟防务外交的整体认识

东盟国家普遍属于中小国家，其防务外交的发展深受国家实力、地区秩序和国际形势演进的影响。对于实力弱小的中小国家来说，国际和地区体系的特征对其外交战略的塑造作用比大国更大。① 东南亚的中小国家在维护生存安全方面的脆弱性明显高于大国，普遍难以凭借自身实力建构足以对大国产生威慑力的防御力量。为了更好地维护国家生存安全，它们都或多或少地依赖与大国的安全合作来缓解安全压力。而与中小国家建立紧密的安全关系，也是大国建立战略缓冲区及扩展势力范围的必由之路。因此，二战后至今，东盟国家或多或少都与大国建立了安全关系。与此同时，独立自主的诉求作为国内政治合法性的基础，要求中小国家在安全生存得以保障的条件下，尽可能减少安全依赖对其行动自由的限制。由此可见，由于东南亚中小国家需要权衡依赖大国与独立自主的两难，需要兼顾国家利益最大化和地区大国安全关系，冷战后普遍采取了平衡战略，利用区域机制与各大国进行接触，在各大国之间采取平衡外交，以应对来自大国的潜在威胁或不确定性。对冲最初是指金融学中的一种抵御风险的投资策略，基本方式是同时进行多笔方向不同的投资，用某一方向的投资收益冲抵另一方向的投资损失，以达到整体盈利的目的。从安全防务角度看，东南亚国家对于中国普遍采取的对冲策略，是指一种既非制衡又非追随的政策，通过一方面依靠美国和其他大国对中国实施软制衡、另一方面保持与中国深层次的政治安全接触来抵消结构变迁带来的风险，降低国家长期利益面临的风险，并通过

① Jack Snyder, "Myths of Empire. Domestic Politics and International Ambitions," Ithaca: Cornell University Press, 1991, p. 62.

发展多元化、多方向的安全关系应对不确定性或潜在威胁。①

奉行对冲战略有助于东南亚国家在自主性和安全保障之间寻求平衡，但大国安全竞争的态势又会影响东南亚国家对冲战略的实施，并在防务外交上有所体现。冷战时期，美苏两国进行军事对抗，大多数东南亚国家的战略空间都被压缩，面临在大国之间选边站队的巨大压力，战略追随成为中小国家普遍采取的外交战略。这时，东南亚国家的战略空间相对有限，希望保持独立性的国家往往难以摆脱大国安全竞争的影响，依赖域外大国防范内部和外部威胁成为主流。这一时期出现了域外大国主导、区域国家参与的东南亚条约组织和东南亚联盟，引发了区域国家独立合作的尝试。1967 年成立的东盟最初带有反共意味，因受到美苏对抗态势的影响，长期未能在地区一体化方面发挥显著作用。东盟坚持不在其内部发展多边军事合作，而是将成员国之间的防务合作限制在东盟框架外的双边层面。东盟成员国之间、东盟成员国与域外大国之间开展了形式多样的防务合作，通过与大国的安全合作来缓解安全压力。美国在东亚地区建立了以美日、美澳、美韩、美菲、美泰 5 个双边联盟为基础的非对称同盟安全保护体系，驻有军队，拥有军事基地的所有权或使用权，并将该体系延续到冷战结束后。这些同盟成为美国施加控制的工具，美国可以通过与盟友达成一系列双边安排，最大限度地提高自己在亚太地区的影响力。

1991 年冷战结束后至 1997 年金融危机前，在东亚尚未形成中美结构性安全矛盾，东南亚国家在安全威胁减弱时依赖大国的需求降低，希望在确保核心安全利益的前提下在政治安全上争取更大的自主性。因此，东盟发生了结构重组和功能拓展，安全合作的目标大幅扩展，旨在通过加强安全合作减少区域内日益严重的“低烈度威胁”，但在合作机制上仍以双边为主，对于多边乃至

① 刘若楠：《东南亚国家对冲战略的动因 1997—2015》，清华大学法学博士学位论文，2016 年，第 10—14 页。

东盟全体成员国的集体安全合作机制仍保持谨慎，仅出现了东盟地区论坛这一多边安全机制。这一时期美国对于东南亚的关注十分有限，更重视与同盟和伙伴国的双边关系，对于东盟等地区多边机制态度冷淡，不愿自身影响力在多边机制中遭到稀释。

1997年金融危机后，中国成为地区影响力仅次于美国的大国，中美两国因结构性安全矛盾产生的安全竞争成为塑造地区安全秩序的决定性因素。中国将地区战略由内向转为外向，成为东亚秩序的全面参与者。面对具有强大战略优势的美国安全保护体系，中国一度采取安抚与克制战略，缓和与美国安全体系的关系，客观上扩大了地区国家的战略空间。在这一包容性安全竞争时期里，地区国家利用对冲战略空间与中国建立和发展了安全关系，最大限度维护自身利益。中国也着力推动周边整体安全环境的改善，通过签署《南海各方行为宣言》和《东南亚友好合作条约》主动融入东盟主导的地区机制，与东盟国家的关系出现重大进展，客观上强化了东盟在区域多边合作中的主导地位。在大国的参与下，东盟国家对于地区格局和机制的塑造能力获得提升并开启一体化进程，于2003年提出建设东盟共同体，于2015年底宣布正式成立东盟共同体，并通过东盟防长会（2006）和东盟防长扩大会（2010）促进东盟防务外交的内部整合与外部加强，构建东盟安全合作框架。“东盟方式”“东盟规范”和“东盟中心性”成为东盟国家对大国施加压力和影响的基本机制。通过多边主义合作，东盟不仅实现了约束大国、阻止单边主义、维护自身安全、提高自身话语权的目标，也增强了对于区域秩序和架构的影响和塑造能力，进一步巩固了东盟的主导能力。由此可见，中国面对美国东亚安全保护体系采取的克制和安抚战略是塑造包容性竞争的关键，中美包容性安全竞争提供的战略空间允许东南亚国家普遍采取对冲战略，而普遍对冲使东南亚国家对于地区秩序的影响不断增强，开启东南亚一体化进程并强调东盟在多边区域架构中的核心作用。美国虽然在东亚地区采取了一定程度的战略收缩，但在双边层面上，盟国和安全伙伴对其安全依赖并未显著弱化。以美日、美韩、美澳、美菲、美泰双边同盟关系构成的轴辐体系成为美国在东亚最持久、最核心的安全架构。此外，美国还与新加坡建立了重要的保护与被保护关系。在反恐战争期间，美国通过协同配合，进一步强化了东亚安全保护体系。

2010 年美国正式宣布重返亚太后，中美包容性安全竞争开始向对抗性安全竞争过渡。美国亚太再平衡的重点是通过参与和引导多边进程加强美国安全保护体系，重塑与亚太国家的伙伴关系，并在东海、南海等地区安全议题上与中国公开对立。2017 年特朗普上台后，推出的美国印太战略与亚太再平衡一脉相承，注重战备能力、伙伴关系、地区网络建设三大支柱：战备能力是指美军部署先进高科技武器和各军兵种协同行动；伙伴关系是指不断发展与盟国和伙伴国的安全关系；地区网络建设主要鼓励其印太盟国和伙伴国之间扩大相互的安全网络关系。换句话说，就是美国要升级东亚安全体系，通过与盟国和安全伙伴进行合纵连横与军事协同，对中国进行军事封锁和经济制裁。美国作为安全保护国，能够在一定程度上左右被保护国的安全政策，一方面使其在战略上辅助美国的地区和全球霸权角色，低成本增加实现其目标的战略战术资源；另一方面使被保护国更有资本对抗中国，与美国进行战略协同，强化其亚太投射能力，对抗中国的“反介入”和“区域拒止能力”（A2/AD）。

美国印太战略除依靠轴辐式双边安全合作外，还开始重视三边及多边安全合作，主要包含三个面向：美国与盟国和伙伴国发展三边及更多边安全合作、美国的盟国和伙伴国与地区重点国家发展安全合作、美国与盟国和伙伴国参与地区多边架构合作。美国与盟国和伙伴国发展三边及更多边安全合作如：2019 年 2 月美、日、澳三国海军在关岛举行“对抗北方演习”，7 月在澳大利亚海域进行“护身符军刀”海上联演；美国推动美、日、印、澳四边合作取得进展，并于 2019 年 9 月在纽约举行了第一次部长级会议等。美国的盟国和伙伴国与地区重点国家发展安全合作如：印尼被列入2019年日本《防卫白皮书》中东盟安保合作的首位，2018年印尼和澳大利亚签署了《全面战略伙伴关系联合声明》，越南与日本建立“广泛战略伙伴关系”，2018年澳大利亚与越南将全面伙伴关系上升为战略伙伴关系等。美国与盟国和伙伴国参与地区多边安全架构合作体现为美国、日本、澳大利亚、印度、韩国参与东盟多边安全机制，利用东盟多边主义和美国双边同盟的约束机制来建立以美国为中心的区域安全网。

从现实主义角度看，大部分东盟国家不愿意丧失对冲空间，被迫在中美之间选边站队。在东盟国家之中，菲律宾既与中国存在争端，又与美国签署安保条约；泰国虽签有安保条约，但与中国之间不存在重大安全争端；越南和马来西亚与中国存在争端但没有签署安保条约；其他东盟国家既没有争端也没有签署安保条约。研究表明，菲律宾与美国的安全合作水平最高，虽然在杜特尔特任期内出现一定水平的下降，仍与美国维持了较高水平的制度化军事合作。泰国与美国的安全合作水平远低于菲律宾，且波动较大。印尼和马来西亚与美国的安全合作水平整体较低，但在佐科治下美国军售出现明显增长。新加坡与美国的安全合作水平较高，并在李显龙治下得到明显加强。①

因此，中国现阶段发展周边外交、尤其是与东盟发展军事合作的关键目标是避免受到美国主导的地区安全秩序的封锁，缓解中国周边安全压力，为发展创造相对缓和的地区安全环境。当今这个充满不确定性的时代具有多元化的特点，更多安全行为者和更多安全问题构成了一个更大的系统条件，出现了经济、安全和制度在不同领域的分散变化。中国与东盟的关系是东盟与对话伙伴关系中最富内涵、最具活力的一组关系。在新冠肺炎疫情进入常态化防控的背景下，2020年上半年中国对东盟进出口总值占中

① 查雯、吕蕙伊：《东南亚五国对华制衡差异的分析——基于模糊集定性比较分析的解释》，《国际政治科学》2019年第4卷第1期，第116—144页。

国贸易总值的14.7%。东盟首次成为中国第一大贸易伙伴，地区国家从中国经济发展中获得了巨大的红利。随着中国“一带一路”倡议的推进，地区国家从中国的投资热潮中获得收益，有力推动了当地能源及基础设施建设。对此，大部分地区国家是欢迎的。虽然东盟国家都希望维持美国安全体系的存在，但更希望从中美适度竞争中获益，不愿完全追随某一大国。我国应首先密切关注美日印澳四国之间双边、三边和四边安全防务关系的发展，其次要不断跟踪美日印澳与东盟国家（尤其是南海周边国家）之间的双边和小多边安全防务关系发展，最后要深入分析东盟多边安全机制会否被直接或间接捆绑至美国安全体系之中。在这里，可以大量安全领域的国家客观事件为数据，根据弱关系（支持其安全政策的声明或批评对手的安全政策、武器售卖或军事援助）、中等关系（例行联合训练、演习或作战行动、部队轮换部署或有限准入协定）、强关系（永久或半永久的军事基地、正式的双边或多边条例）三类指标衡量印太战略相关国家间安全关系的强弱变化，①随时观察美国如何在巩固、强化并扩大现有双边伙伴关系的同时推进多边安全网络建设，实时掌握四方机制的动态变化，迅速判断印太热点地区，辅助进行相应的战略决策。

第二节　我国与东盟开展防务合作的对策建议

中国与东盟于1991年建立正式关系，于2003年建立战略伙伴关系，在政治安全、经济贸易、社会人文等领域开展了全方位、宽领域的合作。中国历来主张开展“军事外交”，即“国家或国

① D. J. Lim and Z. Cooper, “Reassessing Hedging: The Logic of Alignment in East Asia,” Security Studies, 2015 (4), pp. 696 – 727.

家集团在军事及其相关领域所进行的对外交往活动，包括军事人员交往、军事谈判和军备控制谈判、军事援助、军事情报合作、军事技术合作、国家维持和平行动、军事同盟活动等”。① 1998年《中国国防白皮书》首次规定“中国军队积极参与多边军事外交”，②“军事外交”成为我国外交实践的重要组成部分。党的十八大报告指出：“将一如既往同各国加强军事合作、增进军事互信，参与地区和国际安全事务，在国际政治和安全领域发挥积极作用。”随着中国外交政策理念与实践的日益多元，军队在对外安全政策中的作用不断演变，辐射范围不断扩大。十八大以来，中国军队实现从寻求“自身安全”到倡导“共同安全”的转变，积极与各方携手应对全球性安全挑战，符合合作共赢的时代特征，体现了中国军队的大国担当。中国开展国际军事合作的首要目标是承担国际责任和义务，提升军事影响力；其次是树立我国是国际秩序维护者的形象；最终是为维护地区和世界安全稳定提供有效的解决方案，借助具有中国特色的公共安全产品逐步体现世界一流军队的责任和使命担当。历史表明，中国和中国军队的发展壮大，就是世界和平力量的发展壮大。③

由于防务外交起源于冷战背景，主张利用防务同盟保卫并宣传西方意识形态，有中国学者认为军事外交与防务外交存在概念冲突。实际上，冷战后防务外交逐渐淡化了意识形态性，强调通过合作应对传统和非传统威胁，获得共同安全。东盟防务外交经过多年的本土化适应和发展后，已经形成了奉行“东盟中心”，依据“东盟规范”，遵循“东盟方式”的模式，强调非正式、不干涉、非武力、协商与共识。中国的军事外交服务于独立自主的和

---

① 《中国人民解放军军语》（全本），军事科学出版社2001年，第1063页。

② 《中国的国防白皮书》，“四、国际安全合作”，中华人民共和国国务院新闻办公室，1998年。

③ 《十九大时光：国防部新闻发言人：中国和中国军队的发展壮大就是世界和平力量的发展壮大》，2017年10月17日，http://news.cri.cn/20171017/c5a5eab1-40b9-553b-2be1-365e5c9a62ca.html。（上网时间：2020年3月5日）

平外交政策，坚持相互尊重、合作共赢，以和平共处五项原则为基本准则，即相互尊重主权和领土完整、互不侵犯、互不干涉内政、平等互利、和平共处。中国军事外交与东盟防务外交都具有互相尊重、互不干涉的特点，不仅已经开展了类型丰富的双边和多边合作，而且具有开展深层次合作的基础。

在双边层面，中国与东盟国家的防务合作包含高层交流、军事教育和培训、联合演训、军援军售、舰艇访问、国防工业等领域，已先后与泰国（2002）、越南（2005）、菲律宾（2005）、印尼（2006）、马来西亚（2006）、新加坡（2008）、缅甸（2013）建立年度防务磋商机制，与印尼建立了海军对话机制和国防科技工业合作委员会、与越南建立了北部湾联合巡逻机制和边境高层会晤机制、与缅甸建立了外交国防“2+2”高级别磋商机制、与泰国签署《战略合作联合行动计划》、与马来西亚签署《防务合作谅解备忘录》、与新加坡达成防务合作“四点共识”、与缅甸签署《中缅两军关于建立边防会谈会晤联系和处理边境事务的谅解备忘录》等。① 中泰“突击”“蓝色突击”联合训练、中新“合作”系列联合训练、中印尼“利刃”系列联合反恐训练、中马“和平友谊”系列联合演习、中柬“金龙”联合演习等成为近年来中国与东盟国家军事关系取得突破性进展的重要标志。中泰的国防工业合作、中马签署的2016《关于共同开发建造马海军濒海任务舰合作框架协议》、中国向印尼出售反舰导弹、向老挝出售近程空空导弹、地空导弹等、向泰国出售制导火箭、反舰导弹、潜艇等都体现出双方加强国防工业合作的意愿。在多边层面，中国积极参与一系列地区多边安全机制，如东盟地区论坛、西太平洋海军论坛、香格里拉对话会、东盟防长扩大会等多边安全论坛。中国还通过主办的香山论坛、东盟地区论坛安全政策会议、10+3武装部队国际救灾研讨会、中国—东盟维和研讨会、中国—东盟

① 刘琳：《中国与东盟国家防务合作探析》，《国际问题研究》2017年第3期，第16—26页。

高级别防务学者对话等一系列防务交流和研讨活动，表达中国加强中外军事学术交流、推动地区和平安全的意愿。中国还多次参加多边联合军事演习，如中马联合主办的2015东盟地区论坛第四次救灾演习、中方派员参加历次东盟防长扩大会人道主义援助与救灾、军事医学、反恐、海事、维和联合演习、中国于2018年两次与东盟开展海上联演等。然而，相比在亚太地区深耕多年的美日等国，我国与大多数东盟国家的防务合作起步较晚，程度尚浅，且主要集中于非传统安全领域。因此，不断推进中国与东盟开展防务合作，在高敏感度防务合作领域提升双方军事互信，可以遵循以下思路：

一、把握东南亚区域主义的实质

历史表明，东南亚区域主义充分体现出一个地理区域从一个被动客体转化成为一个主动主体、并面向区域一体化不断发展的过程，其规范和原则被称作“东盟方式”，体现为偏好非正式性、不使用武力与和平解决争端、区域自治和集体自主、不干涉国家内部事务，采用协商一致的方式等内容；其特点是“东盟中心性”，内涵是东盟需要在区域架构中起到中心和引领作用。近年来，多层次、多领域的安全需要促使东南亚区域里内部驱动的安全依存程度日益增强，结合了综合安全与集体安全的“合作安全”成为应对传统和非传统安全威胁的必然选择。

在很长一段时期里，东南亚地区的经济和安全前景体现出二元对立的状态。东盟国家越来越期望经济关系与中国挂钩，但它们仍希望获得美国联盟的安全保护。由于东盟对于本地区可能发生的长期性权力结构变化表示担忧，提出了基于东南亚区域主义的印太战略构想。不仅强调发展和繁荣等东盟共同利益，更希望通过双边机制和多边机制，充当大国间力量平衡的中间人。除某些南海声索国外，大部分东盟国家希望避免在中美之间选边站队，而是试图寻求战略对冲，在自主性和安全保障之间寻求平衡，一方面依靠美国和其他大国对中国实施软制衡、另一方面保持与中国深层次的政治安全接触，通过发展多元化、多方向的安全关系应对不确定性或潜在威胁，降低国家长期利益面临的风险。

在这种背景下，中国若要承担国际责任和义务、提升国家影响力，需要深入把握东南亚区域主义的演变逻辑和实质内涵，理解东盟的权力平衡诉求和区域自主心理，并通过开展合作清晰地表明自身立场和融入区域的善意，展示出从寻求“自身安全”到倡导“共同安全”的转变，切实指导双方开展进一步的防务合作。

二、支持东盟一体化和东盟中心性

中国和东盟是好邻居、好朋友、好伙伴。东盟是中国周边外交的优先方向。在东盟对话伙伴中，中国第一个加入《东南亚友好合作条约》，第一个与东盟建立战略伙伴关系，第一个明确支持《东南亚无核武器区条约》，第一个确定同东盟建立自贸区，第一个与东盟制定双方中长期愿景规划。中国—东盟关系已成为东盟同对话伙伴中最具活力、最富内涵的一组关系。

东盟一体化和东盟中心性是东南亚区域主义的核心内容，强调东盟在区域架构中发挥中心和引领作用，不愿外部势力掌控区域自身命运，不希望大国竞争对于区域安全稳定造成破坏性影响。东盟在建构地区安全架构、处理域内外大国关系以及在地区议程设置和秩序塑造等方面发挥主导作用有利于区域一体化的推进；东盟共同体建设的不断完善能够增强自身实力，有助于东盟在地区秩序中发挥主导作用，两者相互促进。从本质上看，东盟中心性主要来源于东盟维持主体间关系互动与平衡的间接权力，发挥桥接作用。东盟必须奉行“关系平衡”原则，将相关大国纳入东盟的关系网络中，通过对关系的主动管理和调节，实现各种关系的亲疏均衡和关系体系的环境最优，从而维护自身安全和利益。

如果美国不愿通过以东盟为中心的多边机制推进区域合作，必将深刻影响东盟主导的区域合作的有效性。不仅如此，美国明确提出要在“轴辐”双边模式的基础上建立印太网络化安全架构，强调“印太的共同安全持续依赖于美国的军事存在以及不断成长的同盟网络和密切的伙伴关系”，“美国正在以三边和多边安排加强双边关系，并鼓励亚洲内部的安全关系发展为有目的的伙伴关系”，即依靠日本、澳大利亚、韩国、印度与东盟国家的安全合作与东盟的约束机制将东盟纳入美国主导的安全网络之中。因此，东盟在美国主导的区域秩序中处于工具和手段的被动地位，这也是东盟国家极力避免的局面。

鉴于此，东盟主动作为，提出“东盟印太展望”，主张开放、包容、基于规则、东盟主导的机制、东盟中心性、互联互通、不涉及第三方。东盟印太展望不建立新的机制或取代现有机制，而是谋求强化东盟共同体建设进程，致力于建构一种包容性的地区架构，继续在促进和塑造印太更紧密合作方面发挥集体领导作用，在不断演变的地区架构中发挥中心作用，将东盟中心性作为促进印太地区合作的根本原则。由此可见，东盟一体化和东盟中心性是东盟一以贯之的根本原则，也是东盟寻求区域自主、消解美方印太战略的关键。中国可以通过维护东盟系列机制的运作模式，为东盟一体化和东盟中心性提供支持。在防务合作上，中国一方面要建立信任机制，积极参与东盟防长扩大会等合作机制，认真开展专家工作组各项工作，切实支持东盟在区域安全防务领域发挥主导作用；另一方面要深入把握东盟的大国平衡战略实质，认识到东盟推进一体化建设和维护中心性作用的诉求。

三、推动中国东盟防务合作机制化

在特朗普领导下，美国加速脱离各类多边机制，强调基于双边关系的安全网络。拜登上台后，美国开始重回多边机制。在这种背景下，中国更应当强化这些多边机制，利用多边机制的约束能力防止单个国家完全追随美国，并利用普遍规则和多边机制约束美国。就东盟而言，中国一方面应积极参与东盟主导的各种区域安全合作，切实支持东盟防务外交的机制化建设；另一方面应推进与东盟开展机制化和常态化防务合作，推动双方各级别安全磋商与防务对话常态化，推动双方海事安全、反恐、维和、军事医学、人道主义排雷、网络安全等非传统安全合作机制化，为现有中国—东盟海上联合军事演习的课目设计、任务职责等内容设立科学机制和标准操作流程，积极探索军事医学、情报共享、军事基地的使用、国防工业合作、维和任务等领域的机制化合作，常态化参与"一轨"的官方外交和"二轨"的非官方外交等。

当前，中国与东盟的防务合作发展步入快车道。仅就2019年而言，中国与东盟在防务合作上取得丰硕成果，成功举办了第十次中国—东盟防长会晤、首届中国—东盟中青年军官友好交流活动、中国—东盟防务智库交流活动、第二次中国—东盟海上联合演习、东盟防长扩大会反恐专家组联合实兵演习等活动，有力地推进了双方防务合作的机制化。常态机制的设立，有助于使东盟国家对于中国的防务合作态度形成稳定的认知和期待，逐步彰显中国的区域安全价值。2019年11月，国防部新闻局副局长、国防部新闻发言人任国强大校在国防部例行记者会上指出："中国—东盟积极落实双方共识，防务安全合作成果丰硕。具体体现在以下四个方面：一是双方坚持密切互动，利用双多边场合深入沟通，互信基础不断深化；二是坚持互利合作，举行两次海上联演、首次防务智库交流，共创双赢格局；三是坚持真诚相待，举行首次中青年军官友好交流活动，厚植友谊土壤；四是坚持以和为贵，有效管控分歧、积极推进合作，共同维护地区和平稳定大局。"①

---

①《国防部：中国—东盟防务安全合作成果丰硕》，2019年11月28日，http://www.mod.gov.cn/info/2019-11/28/content_4856058.htm。（上网时间：2020年3月7日）

中国将推动双方常态化开展各层级防务合作，携手维护地区安全稳定，推动构建中国—东盟命运共同体。

四、寻找非传统安全合作增长点

在传统安全领域里，美国与东盟国家的防务合作持续时间长、覆盖范围广、发展程度深，占据绝对优势。尽管我国与东盟国家的防务合作自21世纪以来取得了全方位迅速发展，但合作层次与深度明显不足。我国从现实情况出发，决定将非传统安全挑战作为当前和未来中国与东盟国家进行军事合作的重要领域。与此同时，由于多层次、多领域的安全需要促使东南亚区域的安全依存程度日益增强，东盟选择人道主义援助和救灾、海事安全、反恐、维和、军事医学、人道主义排雷、网络安全等非传统安全领域与域外国家展开合作，合作安全成为应对非传统安全威胁的必然选择。

因此，中国与东盟国家就非传统安全威胁展开了一系列军事合作。双方意识到有效应对恐怖主义、跨境犯罪等非传统安全威胁和跨境挑战的紧迫性，同意在防务、安全、非传统安全和应对跨境威胁等领域通过开展对话、建立信任措施和加强合作，增进双方理解与互信。双方将在东盟防长扩大会机制下深化务实合作，增进理解与友谊，共同应对威胁地区和平稳定的跨境和非传统安全挑战。① 此外，中国还与许多东盟国家建立了年度安全防务磋商机制，开展联合军事训练和演习、边界联合巡逻执法、军舰互访、国防工业合作与军售、联合义诊和人道主义医学等内容，既展示了中国的担当和善意，有助于打消对方疑虑，又增强了友好交流与务实合作，推动双方合作不断升级。

① 《中国—东盟战略伙伴关系2030年愿景》，2018年11月15日，http://www.xinhuanet.com/world/2018-11/15/c_1123718487.htm。（上网时间：2020年3月5日）

为进一步推进防务合作发展，我国可以根据自身优势寻找合作增长点，以点带面深化合作。比如，新冠肺炎疫情期间，中国军事医疗系统做出的防疫贡献可以成为未来双方军事医学合作的重要增长点。据2020年3月2日国防部联防联控机制发布，在此次抗击新冠肺炎疫情中，中央军委迅速启动应急机制，成立专门领导小组，加强军地协同和军队医疗力量一线指导。采用多种投送方式组织军队医疗力量迅速支援武汉，形成了前方指导组、联勤保障部队、一线医护人员的支援力量体系。军队医护人员坚持军地协作、科学防治、精准救治，及时总结救治经验，优化诊疗方案，提升救治水平。军队联防联控机制向武汉紧急空运大量军队医疗力量和物资，配合地方完成外来人员管理、场所消毒、物资运输、防疫宣传等任务。与此同时，军队单位组织应急科研攻关，紧急推进药物研发、抗体制备、疫苗研究、病毒溯源等工作。① 中国军队在防疫工作中运用的应急机制、军地协同机制、联防联控机制、应急科研机制等机制措施都能够成为鲜活的素材，成为中国与东盟在军事医学领域推进防务合作的增长点之一。2020年2月，参加东盟国防部长务虚会的各国防长发表联合声明，高度评价中国抗击新冠肺炎疫情的努力，并同时强调东盟各国需加强应对疫情相关的防务合作，承诺加强军事医学、信息共享等方面的防务合作。中国的抗疫表现及为东盟抗疫提供的宝贵经验和援助，能够进一步让东盟国家打消疑虑，切实体会到中国的大国责任与担当，树立起中国负责任大国的形象。

五、与东盟各国开展差异化防务合作

中国在总体上主张与东盟国家建立与传统安全联盟不同的不

① 《军队支援地方抗击新冠肺炎疫情新闻发布会》，2020年3月2日，http://www.scio.gov.cn/xwfbh/xwbfbh/wqfbh/42311/42634/index.htm。（上网时间：2020年3月5日）

结盟强伙伴关系，将非传统安全挑战视为与东盟国家当前和未来合作的重要领域，既积极参与东盟主导的区域合作，又依托“一带一路”倡议推进中国与东盟国家的双边合作，取得了长足进展。然而，东盟国家国情各异，对于危险的感知和安全的需求也各不相同。针对不同的东盟国家制定差异化的防务合作领域和级别，有助于我国依靠自身优势，在双边层面开展有针对性的防务合作，实现合作效果最大化。

具体而言，印尼认为首要威胁是边界和海事安全，亟需提升海军实力；新加坡认为首要威胁来自邻国，需要发展通信技术和威慑能力；泰国认为首要危险是内部分裂和叛乱，要着重发展陆军实力；马来西亚认为首要威胁来自邻国，希望拥有一定的威慑能力。此外，由于历史演变和现实发展不同，东盟国家对于中美的态度也存在差异。美国的传统盟国菲律宾在杜特尔特上台后，不断弱化与美防务关系，曾向美国发出终止《访问部队协议》的通知，使美菲同盟遭受重创；越南与美国关系于近年来急速上升，大有成为美国安全网络核心伙伴之势。东盟国家与日本、韩国、澳大利亚等美国盟国的关系也互不相同。日本尤其重视与越南和菲律宾的防务关系，韩国的军售重点是印尼，澳大利亚将印尼关系作为外交政策的首要优先事项之一。因此，我国应对东盟各国国情进行个别分析，既要认识到东盟国家各自不同的现实安全需求，又要理解它们高度重视自身主权的态度，了解它们倾向于缓慢渐进地顺应国际关系格局的变化，而不是“生拉硬拽”式的军事合作。

六、重视美国集团的区域防务合作

美国“轴辐”结构是美国与澳大利亚、日本、韩国、菲律宾等盟国捆绑形成的一系列双边安全联盟，目前仍是地区秩序的支配性内容。在印太背景下，美国一方面希望依托日本、韩国、澳大利亚、菲律宾、泰国等盟国保持对于亚太区域的军事存在和军事参与，另一方面鼓励日本、澳大利亚、韩国等通过与东盟国家发展防务合作在美国的印太网络安全架构中扮演适当的角色，通过与东盟国家建立约束力较弱的双边、小多边和多边安全伙伴关系促进美国主导的网络安全架构。

从现实作用看，美国及其亚太盟国和伙伴国基于实力和利益交换原则，以前所未有的力度推进在南海的军事部署和联合军事行动，既导致了海上紧张态势，也可能破坏中国与东盟国家以《南海行为准则》磋商和海上务实合作为抓手、构建基于互相信任、和平共存原则的地区秩序的努力。其中，日本着力协调与地区伙伴日益增长的安全关系，虽然美国在东南亚的信任度不断降低，但美国的主要盟国（尤其是日本）在东南亚地区拥有较高声望，能够实现与美国战略目标的协同，作用尤为突出；韩国专注于与东盟国家发展国防工业合作；印度奉行"东向政策"，在地区多边机制和安全架构中日益活跃；澳大利亚以维护美国主导的地区安全秩序为核心与地区国家加大防务合作力度。

根据兰德公司2019年的研究报告《The Thickening Web of Asian Security Cooperation：Deepening Defense Ties Among U. S. Allies and Partners in the Indo－Pacific》，中国威胁论和中国崛起的不确定性已成为一些东南亚国家选择与美国及其亚太盟国和伙伴国（日本、澳大利亚、韩国、印度）加强防务合作、增加军费开支、加大军备进口的首要原因。① 某些南海声索国，特别是越南，一直在利用美国、日本甚至澳大利亚来平衡中国在该地区影响力快速增长的力量。近年来，美国帮助越南加强指挥、控制、通信、电子和作战系统及情报、监视和侦查能力，帮助越南发展海域意识、配备美式军备，希望将越南纳入其安全网络之中。美国历来看重

---

① Scott W. Harold，"The Thickening Web of Asian Security Cooperation：Deepening Defense Ties Among U. S. Allies and Partners in the Indo－Pacific，" Rand Corporation，2019，pp. 1－9.

东盟大国印尼，希望通过澳大利亚、日本、韩国与印尼的合作将其发展为牢固的伙伴，并试图通过加强管制非法的、未报告的、无管制的（IUU）海洋捕捞拉拢印尼。不过，大多数东盟国家普遍对大国竞争的地缘政治溢出后果表示担忧，而是通过对冲战略获得自身最大利益。因此，我国应高度重视美国及其盟国和伙伴国与东盟国家开展防务合作的机制、目的和动向，并制定相应的应对措施。

结　语

在本书中，防务外交可以与防务合作、军事合作、军事外交等概念通用，理解为将防务力量用于发挥外交功能，通过和平合作建立信任关系、实现共同安全的行为。东盟防务外交是指东盟成员国间、东盟成员国与域外行为体间、东盟与域外行为体间为保障地区安全与稳定而协调防务政策、从事防务合作、通过多轨合作机制实施的制度化安排。东盟防务外交这一安全合作新术语首次出现在2006年首届东盟防长会上，标志着东盟启动其正式防务轨道。东盟防务外交是随着东盟一体化的确立、集体身份与共同意识的强化和非传统安全挑战的凸显而对东南亚安全区域主义进行的机制升级，表明东盟国家在防务合作领域已经形成了一定程度的共识，体现出区域防务合作的机制化。东盟防务外交作为东盟中心性和东盟政治安全共同体的关键支柱，是应对战略环境变化和安全威胁变化的重要手段。

东盟防务外交的出现与东南亚（安全）区域主义的演变密切相关。区域主义主张通过多边主义和区域组织促进区域各国的团结与合作，实现区域和平与稳定。东南亚地区曾面临着从两极到多极、从双边到多边的国际局势转变。区域国家经历了从依赖域外大国防范内外威胁，到意识到大国竞争的危险，转而认为有必要面对外部势力联合自强，做出统一回应的动态演变。因此，从区域主义角度看，东南亚地区体现出一个地理区域从被动客体转化成为主动主体的过程。在这一过程中，东南亚国家第一次自主决定自身命运，拒止外部力量插手地区事务，由此产生了一系列以“东盟方式”和“东盟中心性”为代表的区域合作，体现出区域国家试图在不断演变的国际环境中通过设置区域机制安排，实现约束域外大国、阻止单边主义、给予小国参与并引导建构区域合作机制话语权的目的。安全区域主义是区域主义在安全领域的体现，是指区域国家通过合作安全的模式实现区域的共同稳定和安全。冷战以后，非传统安全威胁取代传统安全威胁，成为东南亚地区的最大挑战。东盟领导人更新了国家安全的内涵，着重将非传统安全威胁纳入合作议程。由于非传统安全威胁往往需要区域治理与多边合作，合作安全成为应对危害国家主权、领土完整和人民安全的传统和非传统安全威胁的必然选择，开展防务外交进而成为建设东盟共同体的重要保障。

东盟防务外交可以大致分为初创期（1954—1991 年）、发展期（1992—2002 年）和加强期（2003 至今）三个发展阶段。在初创期产生了域外大国主导、区域国家参与的东南亚条约组织和东南亚联盟，并引发了区域国家独立合作的尝试，即马菲印联盟和东南亚国家联盟。东盟于 1967 年成立时只是一个松散的联盟。1976 年首次首脑会通过《东南亚友好合作条约》与《东盟协调一致宣言》后，东盟开始实质性合作阶段，并将政治和地区安全合作问题正式提上日程，开启了东盟发展史上的“突出政治的时代”。然而，东盟坚持不在其内部发展多边军事合作，而是将成员国之间的防务合作限制在东盟框架外的双边层面，产生了被称作“防务蜘蛛网”的密集的双边合作。1991 年冷战结束后，东盟发生了结构重组和功能拓展。由于国际和区域安全环境发生重大变化，东盟成员国安全合作的目标大幅扩展，希望通过加强安全合作减少区域内日益严重的“低烈度威胁”，提高“地区恢复力”，但在合作机制上仍以双边为主，对多边乃至东盟全体成员国的集体安全合作机制保持谨慎。这一时期出现的东盟地区论坛为解决地区传统和非传统安全问题提供了新路径，是在东盟内部建立多边安全机制的重大进展。2003 年第 9 次东盟首脑会通过《东盟第二协议宣言》，提出建设东盟共同体。2006 年启动的东盟防长会和 2010 年启动的东盟防长扩大会成为最新的东盟安全合作框架，标志着东盟防务外交出现内部整合与外部加强。东盟防长会和防长扩大会作为东盟倡议、以东盟为核心和主要驱动力的防务合作机制，能够保障东盟对于域外大国的影响力、保持区域安全架构的中心地位，促进建设东盟安全共同体。

2015 年底，东盟宣布正式建立以政治安全、经济、社会文化为三大支柱的东盟共同体。东盟政治安全共同体依据共同安全理念确保东南亚地区的安全，而不是防务条约或军事联盟的方式。建设政治安全共同体的目标促使东南亚区域内的防务外交出现东盟化和规范化的转变，而东盟化和规范化的防务外交趋势能够保障东盟一体化进程并维护东盟的区域中心地位。东盟政治安全共同体框架内主持防务外交的最高协调与合作机构是东盟防长会和防长扩大会，被称为“东盟政治安全共同体建设进程中的里程碑”。东盟防长会和防长扩大会引领其他防务合作向东盟化、制度化和务实化发展，辅以二轨机制和东盟地区论坛下的防务合作，在多层次、多轨道、多领域上进行协作，共同推进东盟共同体建设。

观察东盟防务外交可以从东盟内部、东盟成员国与外部行为体、东盟与外部行为体三个层面进行。就东盟内部防务合作而言，在不同的历史时期里，东盟成员国之间存在双边防务合作，如缔结伙伴关系、开展军队联训、联合军演、联合巡逻、海上联合检察、共同使用军事设施、交换分享情报、指挥员联席会等，包括印尼与新加坡的互补性军事合作、印尼与马来西亚的边界合作、印尼与马来西亚的“马林多”年度联合演习、新加坡与马来西亚的联合演习、马来西亚与文莱的联合演习、菲律宾与马来西亚的联合双边训练、印尼与菲律宾的联合巡逻等；小多边防务合作，如印尼—马来西亚—新加坡—泰国马六甲海峡巡逻、马来西亚—菲律宾—印尼联合海空巡逻、印尼—马来西亚—菲律宾—新加坡—泰国—文莱“我们的眼睛”情报合作协定等，以及以东盟防长会为代表的多边防务合作。东盟防长会是东盟内部最高的部长级防务与安全磋商与合作机制，通过促进东盟对话准则和基于共识的决策为发展防务安全合作提供机制，将现有的防务和军事互动从建立信任倡议提升到防务与安全的切实合作。东盟防长会是东盟框架内所有防务相关会议的顶点，东盟国家间现有和未来的相关防务会议和活动都属于东盟防长会职权范围。东盟防长会开展的务实合作包括人道主义援助与救灾、军事医学、维和行动、国防工业与后勤合作、人员交流、通信与网络安全合作、反恐合作、海空安全和第二轨道合作等内容，是推动东南亚地区防务对话与合作的主要动力。

东盟与外部行为体开展的防务合作主要包括东盟地区论坛防务轨道和东盟防长扩大会两部分。东盟地区论坛防务轨道包括国防院校长会、高官会、国防官员对话、安全政策会和系列会间会，并已启动多边防务演练。东盟防长扩大会是东盟与 8 个扩大合作国进行安全防务磋商与合作的最高机制。东盟在与伙伴国和对话国的防务互动关系中充当“驾驶员”的角色，领导东盟防长扩大会进程的发展。东盟防长扩大会下设人道主义援助与救灾、海事安全、军事医学、反恐、人道主义排雷、维和行动、网络安全 7 个专家工作组，领导开展东盟与伙伴国之间的务实合作和联合演习，对于增进各国的了解和信任，维护地区和平稳定发挥了重要作用。

东盟成员国与外部行为体之间的防务合作历史悠久。就双边防务合作而言，主要在美国、中国、日本、印度、韩国、澳大利亚等国间开展。美国一方面积极参加区域多边安全倡议并为己所用，另一方面倚重亚太双边同盟体系，以美日印澳四边机制为核心，着重巩固和加强与盟友和伙伴国之间的防务关系，利用东盟多边主义和美国“轴辐”双边同盟的机制约束建立以美国为中心的区域安全网。中国与东盟是战略伙伴关系，与许多东盟国家建立了伙伴关系，双方的防务合作主要集中在非传统安全领域，并通过开展双边和多边联合军事演训和联合巡逻执法、建立国防装备开发生产与采购伙伴关系等方式积极推进防务合作。日本是美国盟国，在安全合作方面紧随美国，特别重视发展与越南和菲律宾的安全关系。日本与许多东盟国家是战略伙伴，双方通过防务对话、双边、三边和多边演训、情报分享、人员交流、赠送军备等方式开展防务合作。日本谋求加强亚洲安全合作网，可以加强美国的地区存在，实现与美国战略目标的协同。印度虽奉行不结盟理念，但已经开始日益扩大和深化与亚太伙伴国的防务合作，可是目前发展不够均衡，主要集中于越南等国，以高级别对话、军备采购、联合演训为主。韩国与东盟国家之间防务合作的主要内容是军备合作与出口，印尼是韩国最重要的武器出口国。澳大利亚认为，美国在地区的存在是安全与稳定的保障，必须通过扩大与地区伙伴的防务接触努力维护美国主导的地区安全秩序。澳大利亚最重视的东盟国家是印尼和菲律宾，其防务合作形式包括高级别对话、联合军事行动和演习、国防装备出口等内容。就多边防务外交而言，主要有五国联防、西太平洋海军论坛、香格里拉对话会、北京香山论坛等形式。

进入21世纪后，区域机制建设进程开始出现由亚洲—太平洋向印度洋的拓展。美国、中国、日本、印度等主要大国都积极参与印太范式的塑造。印太概念的逐步走实引起了东盟各国的高度关注。为防止遭到美国网络状安全架构战略的分化，维护东盟的区域中心地位，东盟在政策延续的基础上主动寻求机制升级，推出《东盟印太展望》，正式参与印太地区的机制建构竞争。东盟用防务和安全领域的合作保障东盟内部团结，通过加强与美国及其盟国的双边和多边合作提高协同作战能力和应对非传统安全挑战能力，并在大国平衡的前提下主动提升防务合作水平，通过与中美分别举行海上联演的方式彰显东盟中心性。

互操作性是东盟防务外交的关键概念之一，是合作程度的重要评价指标。互操作性可以从技术、程序和人员三个领域探讨。从技术领域看，互操作性强调通过军事装备和国防工业现代化实现硬件、装备、军备和系统的标准化，以东盟国防工业合作为代表；从程序领域看，互操作性强调实现防务理论和程序通用性，主要依据国际、区域和东盟现有制度安排进行协调合作，设计制度化框架，便于实际工作的开展和职能的升级迭代；从人员领域看，互操作性强调通过多边防务合作、训练与演习、制度性防务人员合作实现术语和技能的一致性，以维和行动及东盟维和中心网最具代表性。互操作性对于理解东盟防务外交具有重要意义。

东盟国家普遍属于中小国家，其防务外交的发展深受国家实力、地区秩序和国际形势演进的影响，需要权衡依赖大国与独立自主的两难，需要兼顾国家利益最大化和地区大国安全关系，以应对来自大国的潜在威胁或不确定性。奉行对冲战略有助于东南亚国家在自主性和安全保障之间寻求平衡，但大国安全竞争的态势又会影响东南亚国家对冲战略的实施，并在防务外交上有所体现，由此出现了东盟国家普遍重视双边防务合作、冷战后东盟开始一体化进程、发展多边防务合作的现象。美国重返亚太后，在强调不断发展与盟国和伙伴国安全关系的同时，鼓励其盟国和伙伴国扩大相互之间的安全网络关系，希望利用东盟多边主义和美国双边同盟的约束机制来建立以美国为中心的区域安全网。在这种背景下，东盟国家成为美国争取的目标，面临较为艰难的外交抉择。中国需要本着避免受到美国主导的地区安全秩序的封锁、缓解中国周边安全压力的目标与东盟发展防务合作，衡量印太战略相关国家间安全关系的强弱变化。基于此，中国首先应把握东南亚区域主义的实质，支持东盟一体化和东盟中心性，推动中国和东盟的防务合作机制化，寻找非传统安全合作增长点，与东盟各国开展差异化防务合作，并重视美国集团的区域防务合作发展，加快推进南海行为准则磋商。希望中国与东盟在战略伙伴框架下不断增加理解和互信，不断推进防务合作向纵深发展，对冲印太战略背景下美国同盟体系的演进为亚太地区安全框架带来的非均衡性，保证区域的长久安全与稳定，共同向建立亚洲命运共同体的目标稳步迈进。

参考文献

中文文献

著作：

[加] 阿米塔·阿查亚，王正毅、冯怀信译：《建构安全共同体：东盟与地区秩序》，上海人民出版社 2004 年版。

曹云华主编：《东南亚国家联盟：结构、运作与对外关系》，中国经济出版社 2008 年版。

曹云华：《探究东南亚新秩序》，世界知识出版社 2015 年版。

曹云华、唐翀：《新中国—东盟关系论》，世界知识出版社 2005 年版。

陈显泗主编：《和谐东亚：东亚安全的必由之路》，时事出版社 2008 年版。

郭新宁主编：《亚太地区多边安全合作研究》，时事出版社 2009 年版。

[美] 汉斯·摩根索：《国家间政治：权力斗争与和平》，北京大学出版社 2006 年版。

[澳] 克雷格·A. 斯奈德等编：《当代安全与战略》，吉林人民出版社 2001 年版。

[澳] 克雷格·A. 斯奈德：《区域安全结构》，吉林人民出版社 2001 年版。

[美] 孔润华、沃伦·I. 科恩主编，周桂银等译:《剑桥美国对外关系史（下)》，新华出版社 2004 年版。

李文主编:《东南亚：政治变革与社会转型》，中国社会科学出版社 2006 年版。

[新西兰] 尼古拉斯·塔林:《剑桥东南亚史》，云南人民出版社 2003 年版。

王士录、王国平著:《从东盟到大东盟—东盟 30 年发展研究》，世界知识出版社 1998 年版。

[美] 亚历山大·温特:《国际政治的社会理论》，上海世纪出版集团 2000 年版。

伊曼纽尔·阿德勒、文森特·波略特主编，秦亚青、孙吉胜等译:《国际实践》，上海人民出版社 2015 年版。

[美] 约翰·F. 卡迪著，姚楠等译:《战后东南亚史》，上海译文出版社 1984 年版。

张芳:《当代中国军事外交—历史与现实》，时事出版社 2014 年版。

张锡镇:《当代东南亚政治》，广西人民出版社 1994 年版。

郑先武:《安全、合作与共同体：东南亚安全区域主义理论与实践》，南京大学出版社 2009 年版。

郑先武:《区域间主义治理模式》，社会科学文献出版社 2014 年版。

朱瀛泉等:《全球化背景下安全区域主义研究》，南京大学出版社 2015 年版。

论文:

[日] 福田保:《美国和中国与东南亚的军事合作比较——权力转移与军事合作平衡》，《南洋资料译丛》2012 年第 4 期，第 12—23 页。

刘稚:《90 年代东盟国家防务战略的调整变化》，《当代亚太》，1995 年第 2 期，第 35—40 页。

郭锐、王文军：《韩国—东盟防务安全合作探究》，《南洋问题研究》2012 年第 3 期，第 37—46 页。

胡志勇：《东盟防务合作及其前景》，《东南亚纵横》1999 年第 1 期，第 39—41 页。

刘琳：《美菲防务关系的演变与发展前景》，《当代美国评论》，2017 年第 1 期，第 57—68 + 124—125 页。

刘琳：《中国与东盟国家防务合作探析》，《国际问题研究》，2017 年第 3 期，第 16—26 页。

肖斌、张晓慧：《东亚区域间主义：理论与现实》，《当代亚太》，2010 年第 6 期，第 33—48 + 32 页。

《新时代的中国国防》，国务院新闻办公室，2019 年。

邢瑞利，谭树林：《东南亚防务外交的演变与发展前景》，《东南亚纵横》2015 年第 8 期，第 11—18 页。

徐景芳：《东盟国家防务浅析》，《东南亚研究》1993 年第 4 期，第 33—37 + 18 页。

张洁：《东盟版“印太”愿景：对地区秩序变化的认知与战略选择》，《太平洋学报》2019 年第 6 期，第 1—13 页。

张振江：《区域主义的新旧辨析》，《暨南学报》（哲学社会科学版）2009 年第 3 期，第 101—108 页。

郑先武：《东盟安全共同体建设与东南亚多边防务外交转型》，《南洋问题研究》2018 年第 3 期，第 31—51 页。

郑先武：《东南亚早期区域合作：历史演进与规范建构》，《中国社会科学》2017 年第 6 期，第 187—204 + 209 页。

郑先武：《区域间主义与“东盟模式”》，《现代国际关系》2008 年第 5 期，第 44—50 页。

郑先武：《“新区域主义”的核心特征》，《国际观察》2007 年第 5 期，第 58—64 页。

朱滨：《印尼对地区安全的认知及其防务外交的应对》，《军事文摘》2015 年第 8 期，第 17—20 页。

外文文献

著作：

Alexandra Retno Wulan and Bantarto Bandoro, "ASEAN's Quest for a Full - Fledged Community", Jakarta: CSIS, 2007.

Almagul Aisarieva, "ASEAN and Security Institutions: Focusing on the ASEAN Regional Forum and the ASEAN Political - Security Community", Jumonjibaru: Ritsumeikan Asia Pacific University, 2013.

Amitav Acharya, "Constructing A Security Community in Southeast Asia: ASEAN and Problem ofRegional Order (Third Edition)", London: Routledge, 2014.

Andrew Cottey and Anthony Forster, "Reshaping Defence Diplomacy: New Roles for Military Cooperation and Assistance", London: Oxford University Press for IISS, 2004.

Alexandra Retno Wulan and Bantarto Bandoro eds. , "ASEAN's Quest for a Full Fledge Community", Jakarta: CSIS, 2007.

Alison Broinowskieds. , "Understanding ASEAN", London: Macmillan Press, 1982.

Andrew F. Cooper and Jorge Heine eds. , "The Oxford Handbook of Modern Diplomacy", Oxford: Oxford University Press, 2013.

Arnfinn Jorgensen - Dahl, "Regional Organization and Order in South - East Asia", New York: St. Martin's Press, 1982.

Bantarto, "ASEAN Defence Cooperation: Current Trends and Future Development", Bandar Seri Begawan: Southeast Asia Security Public Lecture Series III, 2009.

Barry Buzan, "Ole Weaver. Regions and Powers: The Structure of International Security", United Kingdom: Cambridge University Press,

2003.

Benedict Anderson, "Imagine Communities, Revised and Expanded Edition", London: Verso, 1991.

Björn Hettne, "Beyond the 'New' Regionalism", Sweden: New Political Economy, 2006.

Björn Hettne andAndrαs Innotai eds., "Comparing Regionalism: Implications for Global Development", Basingstoke: Palgrave, 2001.

Björn Hettne and Andrάs Innotaieds., "Globalism and the New Regionalism", Basingstoke: Macmillan, 1999.

Björn Hettne and Andrάs Inotai, "The New Regionalism: Implications for Global Development and International Security", Tokyo: UNU/WIDER, 1994.

Björn Hettne and Fredrik Söderbaum, "Theorizing the Rise of Regionness". London: Routledge, 2002.

Bhubhindar Singh and See Seng Tan eds., "From 'Boots' to 'Brogues': The Rise of Defence Diplomacy in Southeast Asia", Singapore: S. Rajaratnam School of International Studies, 2011.

Barry Buzan, Ole Weaver and Jaap de Wilde, "Security: A New Framework for Analysis", Boulder: Lynne Rienner, 1998.

Craig A. Snyder, "Regional Security and Regional Conflict", Geelong: SIPS, 2007.

Derek da Cunhaeds., "Southeast Asian Perspectives on Security", Singapore: ISAS, 2000.

David A. Lake and Patrick M. Morganeds., "Regional Orders: Building Security in a New World", University Park: The Pennsylvania State University Press, 1997.

Donald E. Weatherbee, "International Relations in Southeast Asia", Plymouth: Rowman and Littlefield Publisher, 2009.

Emanuel Adler and Michael Barnett eds., "Security Communities", Cambridge: Cambridge University Press, 1998.

Fredrik Söderbaum and Timothy M. Shaw eds., "Theories of New Regionalism: A Palgrave Reader", Basingstoke: Palgrave Macmillan, 2003.

Furthermore Robert O. Keohane, "After Hegemon: Cooperation and Discord in the World Political Economy", Princeton: Princeton University Press, 1984.

G. R. Berridge, "Diplomacy: Theory and Practice (5th edition)", Houndmills: Palgrave Macmillan, 2015.

Hedley Bull, "The Anarchical Society: A Study of Order in World Politics", Basingstoke: Macmillan, 1977.

Ian Storey, Ralf Emmers and Daljit Singh eds., "Five Power Defence Arrangements at Forty", Singapore: Institute of Southeast Asian studies, 2011.

Louise Fawcett and Andrew Hurrel eds., "Regionalism in World Politics: Regional Organization and International Order", Oxford: Oxford University Press, 1995.

Mark Beeson and Richard Stubbs eds., "Routledge handbook of Asian Regionalism", Abingdon (etc.): Routledge, 2012.

Martin Edmonds and Greg Mills, "Beyond the Horizon: Defence Diplomacy and South Africa's Naval Opportunities", Braamfontein: South African Institute of International Affairs, 1998.

Michael Leifer, "ASEAN and the Security of Southeast Asia", London: Routledge, 1989.

Report of the Commission on the Future of the Alliance, "The US – Japan Alliance to 2030: Power and Principle", Washington, D. C.: Center for Strategic and International Studies and Sasakawa Peace Foundation USA, 2016.

Rosecrance R, "International Relations: Peace or War?", New

York: McGraw – Hill Book Company 1973.

Scott W. Harold, "The Thickening Web of Asian Security Cooperation: Deepening Defense Ties among U. S. Allies and Partners in the Indo – Pacific", Calif.: Rand Corporation, 2019.

Scott W. Harold, Martin C. Libicki, Motohiro Tsuchiya, Yurie Ito, Roger Cliff, Ken Jimbo, Yuki Tatsumi, "The U. S. – Japan Alliance Conference: Strengthening Strategic Cooperation", Calif.: RAND Corporation, 2016.

Seng Tan, "From 'Boots' to 'Brogues': The Rise of Defence Diplomacy in Southeast Asia", Singapore: RSIS, 2011.

Shaun Breslin eds., "New Regionalisms in the Global Political Economy: Theories and Cases", Coventry: Routledge, 2002.

Hung Mao Tien and Tun Jen Cheng, "The Security Environment in the Asia – Pacific", New York: Institute for National Policy Research, 2000.

The International Institute for Strategic Studies, "The Military Balance 2013 Asia", London: Routledge, 2013.

William T. Tow, "Asia – Pacific Security Relations: Seeking Convergent Security", Cambridge: Cambridge University Press, 2001.

Victor D. Cha, "Alignment Despite Antagonism: The U. S. – Korea – Japan Security Triangle", Stanford, Calif.: Stanford University Press, 1999.

论文:

Alexander Wendt, "Constructing International Politics", International Security, Vol. 20, 1995.

Alice D. Ba, "ASEAN and the Changing Regional Order. The ARF, ADMM, and ADMM – Plus", in Aileen Baviera and Larry Maramis eds., "Building ASEAN Community: Political – Security and Socio – Cultural Reflections”, Jakarta: Economic Research Institute for ASEAN and East Asia, 2017.

Amitav Acharya, “Regional Military Security Cooperation in the Third World: A Conceptual Analysis of the Relevance and Limitation of ASEAN”, Journal of Peace Research, Vol. 29, No. 1, 1992.

Amitav Acharya, “The Association of Southeast Asian Nations: ‘Security Community’ or ‘Defence Community’?”, Pacific Affairs, Vol. 64, No. 2, 1991.

Andrew Carr and Daniel Baldino, “An Indo – Pacific Norm Entrepreneur? Australia and Defence Diplomacy”, Journal of the Indian Ocean Region, Vol. 11, No. 1, 2015.

Andrew Hurrell, “Regionalism in Theoretical Perspective”, in Louise Fawcett and Andrew Hurrel eds., “Regionalism in World Politics: Regional Organization and International Order”, Oxford: Oxford University Press, 1995.

Anton Du Plessis, “Defence Diplomacy: Conceptual and Practical Dimensions with SpecificReference to South Africa”, Strategic Review for Southern Africa, Vol. 30, No. 2, 2008.

Amitav Acharya, “How Ideas Spread: Whose Norms Matter? Norms Localization and Institutional Change in Asian Regionalism”, International Organization, Vol. 58, No. 1, 2004.

Björn Hettne, “Development, Security and World Order: A Regionalist Approach”, European Journal of Development Research, Vol. 9, No. 1, 1997.

Capie David, “Structures, Shocks and Norm Change: Explaining the Late Rise of Asia’ s Defence Diplomacy”, Contemporary Southeast Asia, Vol. 35, No. 1, 2013.

Carlyle A, “Thayer. Arms Control in Southeast Asia”, Defence Analysis, Vol. 12, No. 1, 1996.

Chungyao Yi, "Emergence of Regionalism: About State Preference Formation", POLIS Working Paper, No. 23, 2007.

Daniel Baldino and Andrew Carr, "Defence Diplomacy and the Australian Defence Force: Smokescreen or Strategy?", Australian Journal of International Affairs, Vol. 70, No. 2, 2016.

David B. Dewitt, "Common, Comprehensive and Cooperative Security", The Pacific Review, Vol. 7, No. 1, 1994.

David Capie, "Structures, Shocks and Norm Change: Explaining the Late Rise of Asia's Defence Diplomacy", Contemporary Southeast Asia, Vol. 35, No. 1, 2013.

David Capie and Brendan Taylor, "The Shangri – La Dialogue and the Institutionalization of Defence Diplomacy in Asia", The Pacific Review, Vol. 23, No. 3, 2010.

Desmonn Ball, "Reflections on Defence Security in East Asia", RSIS Working Paper, No. 237, 2012.

Ektewan Manowong eds., "Investigating the Contributions of Thailand' s Defence Diplomacy for ASEAN Community Integration", Rangsit Journal of Social Sciences and Humanities, Vol. 4, No. 1, 2017.

Evan A. Laksmana, "Regional Order by Other Means? Examining the Rise of Defense Diplomacy in Southeast Asia", Asian Security, Vol. 8, No. 3, 2012.

He Tao, "From Bilateralism to Multilateralism: Evolution and Prospects of ASEAN Defense Cooperation", China International Studies, Vol. 49, No. 6, 2014.

Hiro Katsumata, "TheRole of ASEAN Institutes of Strategic and International Studies in Developing Security Cooperation in the Asia – Pacific Region", Asian Journal of Political Science, Vol. 11, No. 1, 2003.

Ian Storey, "China's Bilateral Defense Diplomacy in Southeast Asia", Asian Security, Vol. 8, No. 3, 2012.

Iis Gindarsah, "Strategic Hedging in Indonesia's Defense Diplomacy", Defense & Security Analysis, Vol. 32, No. 4, 2016.

John J. Mearsheimer, "Back to the Future: Instability in Europe after the Cold War", International Security, Vol. 15, No. 1, 1990.

John J. Mearsheimer, "The False Promise of International Institutions", International Security, Vol. 19, No. 3, 1994.

Mely Caballero – Anthony, "Non – Traditional Security Challenges, Regional Governance, and the ASEAN Political – Security Community", Asia Security Initiative Policy Series, Working Paper, No. 7, 2010.

Pankaj Kumar Jha, "India's Defence Diplomacy in Southeast Asia", Journal of Defence Studies, Vol. 5, No. 1, 2011.

Paridah Abdul Samad and Mochtar Mohammad, "ASEAN's Role and Development as a Security Community", The Indonesian Quarterly, Vol. 23, No. 1, 1995.

Rizal Sukma, "The Future of ASEAN: Towards A Security Community", Paper presented at the Seminar on ASEAN Cooperation: Challenges and Prospects in the Current International Situation, Permanent Mission of the Republic of Indonesia to the United Nation, New York, 2003.

See Seng Tan, "'Talking Their Walk'? The Evolution of DefenseRegionalism in Southeast Asia", Asian Security, Vol. 8, No. 3, 2012.

Sheldon Simon, "TheRegionalization of Defence in Southeast Asia", The Pacific Review, Vol. 5, No. 2, 1992.

Siew Mun Tang, "ASEAN and the ADMM +: Balancing between Strategic Imperatives and Functionality", Asia Policy, No. 22, 2016.

主要文件：

Concept Paper on Enhancing the Defence Attaché Post among ASEAN Member States, adopted by the 14th ADMM, 9 December 2020

Concept Paper on Developing the Linkage between the ADMM and the ASEAN Chiefs of Defence Forces Meeting, adopted by the 14th ADMM, 9 December 2020

SOP on the ASEAN Militaries Ready Group on Humanitarian Assistance and Disaster Relief, adopted by the 14th ADMM, 9 June 2020

Discussion Paper on Illegal, Unreported and Unregulated Fishing: Security Implications and the Role of Defence Establishments, noted by the 13th ADMM, Bangkok, 11 July 2019

ADMM Guidelines for Maritime Interaction, adopted at the 13th ADMM, Bangkok, 11 July 2019

Terms of Reference on the ASEAN Our Eyes, adopted at the 13th ADMM, Bangkok, 11 July 2019

Concept Paper on the Establishment of ASEAN Military Medicine Conference, adopted 13th ADMM, Bangkok, 11 July 2019

Concept Paper on the Expansion of the ADI in the ADMM Process to the Plus Countries, adopted at 13th ADMM, Bangkok, 11 July 2019

Concept Paper on the Guidelines for the Assessment of the ADMM Initiatives, adopted at the 13th ADMM, Bangkok, 11 July 2019

Amended Terms of Reference of the ASEAN Center of Military Medicine, approved (ad referendum) by the ADMM, May 2019

Concept Paper on "Our Eyes" Initiative, adopted at the 12th ADMM, Singapore, 19 October 2018

Guidelines for Air Military Encounters, at the 12th ADMM, Singapore, 19 October 2018

Discussion Paper on the 3R Concept of CT, noted by the 12th

ADMM, Singapore, 19 October 2018

TOR of the Military Representative to the AHA Centre for the AMRG on HADR, adopted at the 12th ADMM, Singapore, 19 October 2018

ADMM Three Year Work Program (2017 – 2019), as adopted by the 11th ADMM, Clark, the Philippines, 23 October 2017

Concept Paper on ADMM and ADMM – Plus Initiatives, adopted at the 11th ADMM, Clark, the Philippines, 23 October 2017

Concept Paper on Enhancing the Linkages between the ADMM and NADI, adopted at the 11th ADMM, Clark, the Philippines, 23 October 2017

Concept Paper on the Guidelines for Maritime Interaction (as of 19 September 2017), adopted at the 11th ADMM, Clark, the Philippines, 23 October 2017

Guidelines re the Conduct of ADMM's Informal Engagements or Meetings with Plus Countries (as of 19 September 2017), adopted at the 11th ADMM, Clark, the Philippines, 23 October 2017

Principles for ADMM – Wide Training and Education Exchanges, adopted at the 11th ADMM, Clark, the Philippines, 23 October 2017

Concept Paper on Guidelines for Air Encounters, adopted at the 11th ADMM, Clark, the Philippines, 23 October 2017

Terms of Reference on the ASEAN Militaries Ready Group on Humanitarian Assistance and Disaster Relief, adopted at the 10th ADMM, Vientiane, 25 May 2016

Terms of Reference of the ASEAN Center of Military Medicine, adopted at the 10th ADMM, Vientiane, 25 May 2016

Concept Paper on the Establishment of the ADMM – Plus Experts' Working Group on Cyber Security, adopted at the 10th ADMM, Vientiane, 25 May 2016

Concept Paper on the Establishment of the ASEAN Center of Military Medicine, adopted at the 9th ADMM, Langkawi, 16 March 2015

Concept Paper on the ASEAN Militaries Ready Group on Humanitarian Assistance and Disaster Relief, adopted at the 9th ADMM, Langkawi, 16 March 2015

ADMM Three - Year Work Programme 2014 - 2016, adopted at the 8th ADMM, Nay Pyi Taw, 20 May 2014

术语对照表

1	AADMER	《东盟灾害管理和应急响应协议》
2	AAFCC	东盟空军参谋长会
3	AARM	东盟陆军步枪会议
4	ACAMM	东盟陆军参谋长多边会议
5	ACDFIM	东盟武装部队首长非正式会议
6	ADMM	东盟国防部长会
7	ADMM +	东盟国防部长扩大会
8	ADMM – wide Education and Training Exchanges	东盟防长会教育和培训交流
9	AFTA	东盟自由贸易区
10	AHEx	东盟 HA/DR 演习
11	ALSF	东盟后勤保障框架
12	AM – HEx	东盟军事医学—人道主义援助与救灾联合演习
13	AMIIM	东盟军事情报非正式会议
14	AMM	东盟部长级会议
15	AMNEX	东盟多边海军演习
16	AMRG	东盟人道主义救援和减灾军事待命小组
17	AMRG	军事待命小组
18	AMRG on HA/DR	《东盟 HA/DR 军事待命小组概念文件》
19	ANI	东盟海军互动

续表

20	AOIP	《东盟印太展望》
21	APF	东盟维和部队
22	ARDEX	东盟地区自然灾害应急救助演练
23	ARF Defence Officials' Dialogue	东盟地区论坛防务官员对话
24	ARF - DOD	东盟地区论坛国防官员对话
25	ARF - ISG - CBM	东盟地区论坛建立信任措施会间组
26	ASEAN 2025: Forging Ahead Together	《东盟 2025：共同前进》
27	ASEAN Agreement on Disaster Management and Emergency Response	《东盟灾害管理和应急协定》
28	ASEAN Agreement on Disaster Management and Emergency Response, AADMER	《东盟灾害管理和应急响应协议》
29	ASEAN Air Chiefs Conference	东盟空军首脑会议
30	ASEAN Center of Military Medicine	东盟军事医学中心
31	ASEAN Centrality	东盟中心性
32	ASEAN Chiefs of Defence Forces Meeting	东盟武装部队首脑会议
33	ASEAN Chiefs of Military Medicine Conference	东盟军事医学首脑会议
34	ASEAN Community	东盟共同体
35	ASEAN Convention on Counter Terrorism	《东盟反恐怖主义公约》
36	ASEAN Declaration on Joint Action to Counter Terrorism	《东盟打击恐怖主义联合行动宣言》
37	ASEAN Declaration on Transnational Crime	《东盟关于跨国犯罪的宣言》
38	ASEAN Defence Industry Collaboration	东盟国防工业合作
39	ASEAN Defence Interaction Programmes	东盟国防互动计划
40	ASEAN Defence Senior Officials' Meeting	东盟防务高官会

续表

41	ASEAN Direct Communications Infrastructure	东盟直接通信基础设施
42	ASEAN Militaries Ready Group	东盟军事待命小组
43	ASEAN Militaries Ready Group on HA/DR	东盟人道主义援助和救灾军事待命小组
44	ASEAN Military Intelligence Meeting	东盟军事情报会议
45	ASEAN Military Operations Meeting	东盟军事行动会议
46	ASEAN Our Eyes	东盟－我们的眼睛
47	ASEAN Peacekeeping Centres Network	东盟维和中心网
48	ASEAN Regional Forum Strategic Guidance for Humanitarian Assistance and Disaster Relief	东盟地区论坛人道主义援助和救灾战略指导
49	ASEAN Security Community Plan of Action	《东盟安全共同体行动计划》
50	ASEAN Security Dialogue	东盟安全对话
51	ASEAN Special SOM	东盟特别高官会
52	ASEAN Way	东盟方式
53	Association of Southeast Asia	东南亚联盟
54	BIMSTEC	孟加拉湾多部门技术经济合作倡议
55	CARAT	联合备战与训练
56	CBM	信心建立措施
57	CBRN	化学、生物、放射和核威胁
58	CBRN	马六甲海峡巡逻
59	Cobra Gold	金色眼镜蛇演习
60	Concept Paper on Our Eyes Initiative	《“我们的眼睛”倡议概念文件》
61	Concept Paper on the Establishment of APCN	《建立东盟维和中心网的概念文件》
62	Concept Paper on the Guidelines for Maritime Interaction	《关于海上互动准则的概念文件》

续表

63	Concept Paper on the Use of ASEAN Military Assets and Capacities in Humanitarian Assistance and Disaster Relief	《在人道主义援助和救灾中使用东盟军事资产和能力的概念文件》
64	Concept Paper: Establishment of Ad Hoc Working Group to Develop Guidelines on Air Encounters between Military Aircraft	《关于制定军用飞机空中相遇准则、设立特别工作组的概念文件》
65	Connected Forces	连接部队
66	Convention on International Civil Aviation	《国际民用航空公约》
67	Counter Insurgency，COIN	反叛乱
68	CPX	指挥所演练
69	CSIS	华盛顿国际战略研究中心
70	CSO	民间社会组织
71	Declaration of ASEAN Concord II	《东盟第二协议宣言》
72	defence diplomacy	防务外交
73	DiREx	东盟地区论坛救灾演习
74	Do No Harm，Impartiality，Neutrality	无害、公正、中立
75	EIS	空中之眼
76	Encouraging Mutual Trust and Confidence in the Air	《鼓励空中相互信任和信心》
77	Enhanced Defense Cooperation Agreement，EDCA	《增强防卫合作协议》
78	Enhancing the Linkages between the ADMM and the Network of ASEAN Defence and Security Institutions	增强东盟防长会与东盟国防和安全机构网络
79	Five – Power Defence Arrangements	五国联防
80	Framework for the Implementation of ASEAN Defence Industry Collaboration	《ADIC 执行框架》

续表

81	FTX	实地训练
82	GMA	全球海洋支点
83	GPOI	全球和平行动倡议
84	Guidelines for Air Military Encounters	空中军事相遇准则
85	Guidelines for Air Military Encounters	《空中军事遭遇准则》
86	Guidelines for Maritime Interaction	海上互动准则
87	high betweenness	高度中间性
88	Humanitarian Assistance and Disaster Relief (HA/DR)	人道主义援助和救灾
89	ICS	《国际信号编码》
90	ICT	信息和通信技术
91	IFR	国际舰队检阅
92	IORA	环印度洋区域合作联盟
93	ISPF	印度尼西亚－南太平洋论坛
94	ISR	情报、监视和侦察
95	ISR	情报、监测和勘察系统
96	Joint Vision 2010	《联合愿景 2010》
97	Langkawi Declaration on the Global Movement of the Moderates	《兰卡威全球中庸运动宣言》
98	limited brokerage	有限的中间人
99	Logistics Support Framework	后勤支持框架
100	MAPHILINDO	马菲印联盟
101	MDT	《共同防御协定》
102	Minimum Essential Force, MEF	最低基本力量
103	MPAC	《东盟互联互通总体规划 2025》
104	MSI, Maritime Security Initiative	海洋安全倡议
105	NADI	东盟防务与安全制度网络
106	Network Centric Warfare, NCW	网络中心战

续表

107	One ASEAN, One Response: ASEAN Responding to Disasters as One in the Region and Outside the Region	《一个东盟，一种应对：东盟联合应对区域内外灾害宣言》
108	Oslo Guidelines	《关于在救灾中使用外国军用和民防资产的指导方针》
109	PKO	维和
110	PLAN	中国人民解放军海军
111	RSN	新加坡共和国海军
112	RTN	泰国皇家海军
113	SAR	搜救
114	SASOP	《东盟区域联合救灾和应急行动待命机制和标准操作流程》
115	SEACAT	东南亚合作与训练
116	SEANWFZ	《东南亚无核武器区条约》
117	Smart Defence	灵巧防御
118	SOP	标准操作流程
119	South – East Asia Collective Defense Treaty	东南亚条约组织
120	Standard Operating Procedures for ASEAN Armies Cooperation in HA/DR Operations in Southeast Asia Region	地区开展 HA/DR 行动合作的标准操作流程
121	TAC	《东南亚友好合作条约》
122	the ASEAN Chiefs of Army Multilateral Meeting	东盟陆军首脑多边会议
123	the ASEAN Navy Chiefs' Meeting	东盟海军司令会
124	the Military Representative to the AHA Centre	AHA 中心军事代表
125	The Regional Cooperation Agreement on Combating Piracy and Armed Robbery against Ships in Asia	《打击亚洲海盗和武装抢劫船舶的区域合作协定》

续表

126	TOR	职权范围
127	U. S. PACOM	美国太平洋司令部
128	VFA	访问部队协议
129	Vientiane Action Programme	《万象行动纲领（2004—2010）》
130	Virtual Network of ASEAN Chemical, Biological and Radiological Defence Experts	东盟化学、生物和辐射防御专家虚拟网络
131	Zone of Peace, Freedom and Neutrality Declaration, ZOPFAN	《和平、自由和中立区宣言》

致　谢

人生的意义，就是不断征服一座座高峰。攀登的力量，来自我敬爱的师长、热情的朋友和亲爱的家人。

回忆博士后研究的两年时光，我要特别感谢我的导师梁明研究员。导师支持我走进博士后科研工作站的大家庭，引导我转型研究陌生的领域，在我遭遇瓶颈时为我指明方向，在我面对挫折时帮我耐心疏导。出站报告的每一阶段都凝结着导师的心血，我的每一个进步都寄托了导师的期望。导师在学术领域里的深厚积淀、在工作研究中的细致严谨、在科研方向上的敏锐研判、在处世为人时的胸怀宽广是我毕生学习的榜样。导师带给我的归属感、使命感和价值感是我此生最珍贵的财富。

衷心感谢答辩主席张钦贞将军。张将军是相关领域的知名专家，在论文撰写和答辩过程中给予我大力支持和无私指导，为我提出了宝贵的意见和建议。张将军的襟怀广阔、格局博大与平易近人深深影响了我，使我明确了将来的奋斗方向。

衷心感谢李德木教授、袁扬研究员、王宏琦研究员、靳晓龙研究员、黄平研究员、任国军教授、杨久成副教授。作为相关研究领域的知名专家，他们具有广阔的学术视野，掌握先进的前沿知识，在我撰写报告和出站答辩时给予我慷慨的指导。博学求实的李德木教授为报告严格把关；和蔼睿智的袁扬研究员要求报告严谨论证；学养深厚的王宏琦研究员高标准严要求；学识渊博的靳晓龙研究员提出宝贵意见；经验丰富的黄平研究员为我点拨思路；严谨细致的任国军教授仔细勘误；精益求精的杨久成副教授激励我不断钻研。报告撰写的每一点进步都离不开老师们的关怀和付出。师恩难忘，唯有用加倍的努力回报老师们的殷切期望。

衷心感谢博士后科研工作站的兄弟姐妹。他们一直在工作上帮助我，在科研上鼓励我，在生活上照顾我，热心慷慨地帮我解决各种困难，让我在站里感受到家的温暖，这样的情谊让我倍加珍惜。

感谢所有关心我的师长、同事、朋友，他们的热情帮助让我深深动容，他们的真诚鼓励让我倍感温暖。

感谢我的家人们。父母默默付出、不求回报地支持我；爱人为支持我参与科研项目，承担了照顾教育女儿的重任；女儿伴随我一起进步，鼓舞我克服困难、超越自我。他们始终如一的理解、支持和爱是我最坚实的精神支柱和前进动力。

感谢博士后学习的历练使我成为更好的自己，获得迎难而上的勇气，树立勇攀高峰的信心，激励我继续努力，勇敢前进。

如果你曾拥有归属感
那是我现在的感觉
如果你曾体会使命感
那是我现在的感受
如果你曾获得价值感
那是我现在的感慨
惟知跃进
惟知雄飞
感谢！感动！感恩！

图书在版编目（CIP）数据

东盟防务外交/张燕著．—北京：时事出版社，2022.7
ISBN 978-7-5195-0493-9

Ⅰ.①东…　Ⅱ.①张…　Ⅲ.①军事外交—研究—东南亚国家联盟
Ⅳ.①E0－053

中国版本图书馆 CIP 数据核字（2022）第 096379 号

出版发行：时事出版社
地　　址：北京市海淀区彰化路 138 号西荣阁 B 座 G2 层
邮　　编：100097
发行热线：（010）88869831　88869832
传　　真：（010）88869875
电子邮箱：shishichubanshe@ sina. com
网　　址：www. shishishe. com
印　　刷：北京良义印刷科技有限公司

开本：787×1092　1/16　印张：18　字数：250 千字
2022 年 7 月第 1 版　2022 年 7 月第 1 次印刷
定价：98.00 元